S. N. LAZAREV

KARMA-DIAGNOSTIK

BAND 3

DAS REINE KARMA I

KARMA VERLAG

INTERNET:
http://www.karmaverlag.de
http://www.lazarew.com

© *2011 by KARMA VERLAG, Berlin*

ISBN 978-3-9809005-2-2

INHALT

Einleitung 4

Zeit und Raum 9

Andere Welten 13

Kontaktpersonen 29

Doppelgänger 36

Zukunft 41

Künftige Kinder 44

Abhängigkeiten 54

Anbetung des Irdischen 64

Kontakt zur dritten Ebene des Irdischen 92

Anbetung der Fähigkeiten 111

Anbetung der Weisheit 138

Anbetung des Schicksals 156

Anbetung des geistigen Vaters 164

Image 190

Selbstsucht und Stolz 210

EINLEITUNG

Es ist unbestreitbar, dass die Schulmedizin zurzeit Fortschritte macht. Eine der Hauptaufgaben der Medizin besteht darin, Krankheiten bereits im Frühstadium zu erkennen, wodurch es ermöglicht wird, die Menschen wesentlich effektiver zu heilen. Doch wie bisher hat die Medizin ein Problem damit zu verstehen, was Krankheit eigentlich ist, was ihre Ursachen sind und was getan werden muss, damit sie nicht entsteht. Einen großen Fortschritt hat die Schulmedizin damals gemacht, als die Ärzte begriffen, dass es wenig aussichtsreich ist, ein einzelnes Organ zu behandeln, weil nämlich der ganze Organismus krank ist und deshalb der Organismus insgesamt geheilt werden muss. In diesem Zusammenhang nahm das Interesse für fernöstliche Heilkunst zu, die sich die Heilung des ganzen Organismus zum Ziel setzt. Die Mediziner mussten sich nun mit solchen Begriffen wie Energiemeridiane und -kanäle befassen. Allmählich setzte sich bei jedem Arzt die Erkenntnis durch, dass der Organismus nicht nur als physisches, sondern auch als Energiesystem betrachtet werden muss.

Nach der fernöstlichen Heilkunst ist der Mensch in erster Linie ein Energiesystem, das mit der ganzen Welt in Wechselwirkung steht. Der Fortschritt der Schulmedizin führte zu der Erkenntnis, dass eine Erkrankung durch Abnahme der Immunität verursacht wird und auch onkologischen Krankheiten eine Störung des Immunsystems zugrunde liegt. Das Immunsystem ist mit dem Energiesystem des Organismus verbunden und hängt von ihm ab. Diagnostik und Einwirkung auf das Energiesystem sind aussichtsreiche Gebiete der modernen Medizin. Doch es gibt noch andere Faktoren, von denen der physische Zustand des Menschen abhängt.

Vor vielen Jahrhunderten hat Avicenna ein Experiment durchgeführt, bei dem er ein Schaf in Sichtweite eines Wolfs platzierte.

Nach drei Tagen war das Schaf tot, obwohl es physisch gesund gewesen war. Es wird daran deutlich, dass das, was wir Bewusstsein und Psyche nennen, in beträchtlichem Maße den Zustand des Organismus bestimmen kann. Bei den Hirten in Mittelasien gab es folgende Heilmethode. Wenn nach einer Todgeburt das kranke Mutterschaf nicht mehr aufstehen konnte und keinerlei Mittel halfen, wurde ihm statt des toten Lamms das lebende Lamm eines anderen Schafs untergeschoben. Das Schaf tränkte es, kümmerte sich um es und wurde gesund. Das heißt, dass das, was wir Psyche nennen, helfen kann, wenn keinerlei Arzneimittel helfen können. Beim Menschen, dessen psychisches Entwicklungsniveau unvergleichlich höher als bei den Tieren ist, ist dieser Effekt entsprechend vielfach stärker. Eine harmonische Entwicklung der modernen Medizin ist ohne Kenntnis der Gesetze der Existenz der menschlichen Psyche unmöglich.

Eine wesentliche Etappe bei der Erkenntnis, wie die Psyche des Menschen mit seiner Gesundheit verbunden ist, wurde dank der Experimente von Franz Mesmer und Sigmund Freud erreicht. Mesmer stellte fest, dass auf die Gesundheit des Menschen in hohem Maße nicht nur heftige, starke Erregungen und Stress, sondern auch unbedeutende Erlebnisse einwirken. Es ist sehr wichtig zu verstehen, wie tief sie in die Psyche eindringen. Tiefe Einwirkungen beeinflussen ernsthaft die Gesundheit des Menschen. Sigmund Freud machte eine Entdeckung, die Psychologie und Medizin vereinte. Er wies nach, dass die tiefen Strukturen des Unterbewusstseins nach eigenen Gesetzen leben und einmal erlebter Stress nie mehr verschwindet, gespeichert wird und mit der Zeit Krankheit hervorrufen kann.

Mit meinen Forschungen auf dem Gebiet der Bioenergetik habe ich vor etwa fünfzehn Jahren begonnen. Die Grundprämisse war, dass man auf das kranke Organ nicht nur mit Arzneimitteln und physiotherapeutischen Methoden, sondern auch energetisch einwirken kann, indem man willensverstärkte Energieströme dorthin schickt. In den 80er Jahren setzte sich in der Wunderheilkunde, welche die gleichen Etappen wie die Schulmedizin durchlaufen hat, die Erkenntnis durch, dass bei der Heilung einer Krankheit auf den ganzen Organismus eingewirkt werden muss. Und noch eins: Je früher die Energiekorrektur durchgeführt wird, umso leichter ist die Bekämpfung der Krankheit. Im Jahr 1986 unternahm ich den Versuch der Frühdiagnostik von Krankheiten, indem ich den Energiezustand des Organismus untersuchte. Es stellte sich heraus, dass die Analyse der Energie- und Informationsfelder gestattet, die Krankheit weitaus früher als mit modernsten Geräten zu erkennen. Das heißt, dass für die weitere Entwicklung der Frühdiagnostik die Anwendung von Methoden, die den Energie- und Informationszustand des Organismus bestimmen, erforderlich ist. Indem ich unablässig in dieser Richtung arbeitete, erzielte ich eine exakte Frühdiagnostik der Krankheit und drang zu den feineren Ebenen der Energie- und Informationsfeldstrukturen vor.

Im Jahr 1990 erschloss sich meinen Forschungen eine völlig neue Ebene. Ich stellte fest, dass in den Energie- und Informationsstrukturen, die den Menschen umgeben, spezifische Felddeformationen vorkommen, die zu Krankheiten und Störungen des physischen Befindens führen. Ihre Beseitigung auf energetische Weise erzielte hervorragende Heileffekte. Außerdem stellte sich heraus, dass die Feldstruktur des Menschen einen komplizierten Aufbau hat und eben diese Energie- und Informationsstrukturen den physischen Zustand des Menschen bestimmen, d.h. die Krankheit beginnt auf Energie- und Informationsfeldebene. Als ich meine Forschungen fortsetzte, entdeckte ich eine interessante Gesetzmäßigkeit: Bei der Einwirkung auf die Feldstrukturen änderte sich nicht nur der physische Zustand des Menschen, sondern änderten sich auch seine Emotionen, sein Charakter und die Ereignisse, die mit ihm geschehen – das, was wir Schicksal nennen. Somit stellt auf Feldebene der physische, emotionale und psychische Zustand des Menschen ein einheitliches Gebilde dar, bei dem eins mit dem anderen verbunden ist. Damit lässt sich erklären, warum psychische und emotionale Ausbrüche einen so starken Einfluss auf den physischen Zustand des Menschen ausüben können. Das heißt, bei der Heilung wirken wir nicht nur auf den Körper ein, sondern in gewissem Maße auch auf die Emotionen und die Psyche des Menschen. Umso gerechtfertigter ist der Umkehrschluss: Indem wir den Intellekt, die Psyche und die Emotionen des Menschen beeinflussen, wirken wir auf seinen physischen Zustand ein.

Im Jahr 1991 gelang mir eine Entdeckung, die Folgendes beinhaltet: Auf Energie- und Informationsebene stellen Eltern, Kinder und Enkel ein einheitliches Ganzes dar. Psyche, Emotionen und Verhalten der Eltern beeinflussen die Psyche, Emotionen und den physischen Zustand der Kinder. Wenn man die Psyche der Eltern ändert, kann man den physischen Zustand der Kinder ändern.

Die Forschungsergebnisse zeigten, dass der genetische Code nicht die Hauptquelle der Informationsweitergabe ist. Eine keineswegs geringere Rolle spielen in diesem Prozess die Energie- und Informationsfelder. Davon ausgehend kann man von einem Feldgenotyp sprechen, der umfassender als der physische ist und Emotionen, Charakter und sogar Weltsicht vererbt. Das ermöglichte, eine Verbindung zwischen Pädagogik, Psychiatrie, Physiologie und anderen Wissenschaften, die den Menschen studieren, herzustellen.

Im Prinzip ist es gelungen, den Mechanismus des Karmas zu enthüllen, der in verschiedenen Quellen erwähnt wurde, doch dessen reale Erforschung bisher niemand gelungen ist. Im Ergebnis jahrelanger Forschungen, die durch die physische Heilung von Kranken bestätigt wurden, wurde der Mechanismus erkannt, der die Gedanken, Emotionen und das Verhalten des Menschen mit seinen Krankheiten und den Krankheiten seiner Kinder in Zusammenhang bringt. Der Mensch hat nicht nur eine physische Hülle, sondern auch eine Feldhülle. Während für die physische Hülle räumliche Parameter wichtig sind, sind es für die Feldhülle Zeitparameter. Der physische Körper umfasst den Raum, der Feldkörper die Zeit. Wenn der Mensch gewisse Handlungen begeht, Gedanken und Emotionen auf physischer Ebene realisiert, wirkt er auf seinen Zeitkörper ein, d.h. er beeinflusst durch sein Verhalten und seine Emotionen schlechtweg seine Zukunft. Die Weltsicht des Menschen und seine Emotionen wirken auf seinen Zeitkörper stärker als seine physischen Handlungen ein. Hierin besteht der Mechanismus des Karmas, der in einschlägiger Literatur annähernd beschrieben wird. Wenn wir davon ausgehen, so gewinnt die Herausbildung einer wahren Weltsicht und von Emotionen für das Überleben und die Entwicklung der Menschheit bei weitem größere Bedeutung als alle Erfolge der modernen Medizin. Diese Forschungen gestatten es, das Wissen über den Menschen zu einem einheitlichen System zu vereinen, wobei die Zukunftsperspektiven entsprechend vergrößert und erschlossen werden.

In Russland erschien dieser Band der Reihe „Karma-Diagnostik" ursprünglich als 2. Band mit dem Untertitel „Das reine Karma". Im deutschsprachigen Raum wurde er in zwei Bände aufgeteilt:

Band 3 „Das reine Karma I"
Band 4 „Das reine Karma II"

ZEIT UND RAUM

Ich hielt die Begriffe „Zeit" und „Raum" für abstrakt und hatte nie erwartet, dass sie irgendwie mit meinen Forschungen in Zusammenhang stehen könnten. Wie sich herausstellte, ist die Wechselwirkung mit allen Erscheinungsformen der Umwelt umso stärker, je mehr man auf die feinere Ebene vordringt. Anfangs, als ich nur mit dem Karma der Familie arbeitete, aber schon wusste, dass es ein persönliches Karma gibt, sah ich, dass zuweilen das Karma der Familie „versagt", d.h. der Mensch reinigt sein Karma, doch es sind keine sichtbaren Änderungen zu verspüren. Mit dem persönlichen Karma begann ich aus einem gegebenen Anlass zu arbeiten.

Eine Wunderheilerin arbeitete mit einer meiner Bekannten, erzählte ihr Ereignisse aus ihrem früheren Leben und versprach, das persönliche Karma zu reinigen. Doch nachdem die Heilerin gegangen war, wurde ihr schlecht.

„Ich spüre, dass das Betrug war", sagte die Bekannte. „Sie hat mir nicht geholfen, sondern geschadet."

Um der Bekannten zu helfen, musste ich in die tiefen Schichten ihrer Felder eindringen und die Vergangenheit durch Reue reinigen. Hierbei verändert sich in den ersten Momenten der Einwirkung bei dem Menschen die Wahrnehmung der Farbe der Welt, und es kommt zu seltsamen Empfindungen.

„Ich habe das Gefühl, dass ich in der Gegenwart nicht existiere", behauptete eine meiner Mitarbeiterinnen. „Ich fühle, in der Zukunft zu sein."

Ich betrachtete auf der feinen Ebene ihre zeitliche Präsenz, und es stellte sich heraus, dass sie Recht hatte, da sie auf der feinen Ebene drei Zeitkörper hatte.

Ich beschäftigte mich mit diesem Thema genauer und stellte fest, dass die Verlagerung von Zeitpunkten in die Zukunft den Zustand des Menschen verbessert, während eine Verschiebung in die Vergangenheit zu schwerer Erkrankung führen kann. Ich betrachtete einen Menschen, der vor langer Zeit gestorben ist, genauer gesagt Selbstmord begangen hat. Die Zeitpunkte waren bei ihm in die Vergangenheit verlagert. In diesem Moment spürte ich einen bitteren Geschmack auf der Zunge und Trockenheit im Mund. Die Anwesenden hatten dasselbe Empfinden.

„Etwas geschieht mit dem Raum", sagte einer meiner Freunde. „Die Entfernung ändert sich, alles pulsiert gleichsam."

Ich betrachtete die feine Ebene und sah, wie der Raum gleichsam explodierte. Ich spürte, dass das sehr gefährlich war, dass ich mit meinem groben Eindringen nicht nur die zeitlichen, sondern auch die räumlichen Strukturen verrückt hatte. In der Folge hörte ich dann, wenn ich spürte, dass mein Eindringen gefährlich war, weil sich die Parameter von Zeit und Raum änderten, sofort auf zu arbeiten, um die Balance wiederherzustellen.

Die Experimente mit dem Raum habe ich nach einem seltsamen Vorfall eingestellt.

Einmal, bei einem erneuten Versuch, die räumlichen Strukturen zu erschließen und Methoden der Einwirkung auf sie zu finden, erhielt ich eine unerwartete Botschaft, welche lautete: „Wenn du die Raumgrenzen überschreitest, geht das Weltall unter." Wer diese Information geschickt hatte, konnte ich nicht ermitteln. Was für „Raumgrenzen" gemeint waren und warum das Weltall untergehen könnte, habe ich nicht verstanden, doch auf jeden Fall stellte ich diese Forschungen ein. Um Kranke zu heilen, waren sie im Augenblick nicht erforderlich. Hinzu kam noch, dass mit denen, die mir geholfen hatten, seltsame Dinge passierten: Sie hatten Träume, in denen sie durch Wände gingen. Ich werde nicht auf Einzelheiten meiner Forschungen mit Zeit und Raum eingehen, sondern nur kurz berichten.

Auf das Phänomen der Zeit stieß ich, als ich feststellte, dass ich, als ich die Karmastrukturen von Personen diagnostizierte, schnell zu altern begann, viele Falten bekam und mir die Haare ausfielen. Außerdem alterten auch diejenigen, die mit mir zusammen waren. Ich geriet in Panik, versuchte aber, den Sachverhalt zu klären. Nach einem Monat wurde klar, dass sich jedes Ereignis auf feiner Ebene in der Zukunft widerspiegelt. Das, was ich gegenwärtig tue, wird im Spiegel der Zukunft reflektiert, und die Karmaschichten fluktuieren stufenlos und realisieren sich in der Gegenwart. Das, was ich in der Vergangenheit getan habe, kehrt aus der Zukunft zu mir zurück. Die Fluktuationsgeschwindigkeit der Karmaschichten ist mit der Zeit verknüpft. Die meisten Heiler reinigen nur den Körper des Menschen und nicht seine Seele. Heiler höherer Qualifikation reinigen die Gegenwart und verlagern das Unreine in die Zukunft. Wenn der Mensch nicht selbst an sich arbeitet und sich während der Heilung ändert, tritt es irgendwo zutage. Um den Menschen zu reinigen, hatte ich die Geschwindigkeit der Fluktuation der Karmaschichten erhöht und der Zukunft das Unreine entnommen, damit der Mensch durch Reue seine Seele in der Gegenwart reinigen konnte. Doch gleichzeitig hatte ich damit die Zeit beschleunigt. Und hier wurde mir klar, dass dieses mechanische „Säubern" der Karmaschichten, das chirurgische Herangehen an Zeit und Raum aussichtslos ist. Das heißt, die Hauptsache ist nicht die mechanische Reinigung in Vergangenheit und Zukunft (auch wenn dies durch Reue geschieht), sondern die Änderung des Charakters und der Weltsicht des Menschen.

Als ich mich mit der Zeit beschäftigte, ging meine Uhr in fünf Stunden vier Stunden nach. Dann stellte ich fest, dass sich bei der Verletzung höherer Gesetze die Zeit beschleunigt und der Mensch schneller altert. Je stärker die Seele am Irdischen hängt, desto schneller laufen die Zeitprozesse ab und beschleunigt sich das Altern. Für mich war von Interesse, die mit der Zeit verbundenen Strukturen zu zeichnen, wobei sich ergab, dass die Abhängigkeit vom Irdischen eine gegen den Uhrzeigersinn gerichtete Spirale darstellt. Als ich die Struktur harmonischer Zeitabläufe zeichnete, sah ich ein Bild, das an buddhistische Pagoden mit zahlreichen Dächern erinnerte. Demnach kann die Architek-

tur mit ihren Formen auf Zeit und Raum einwirken. Jetzt nähere
ich mich der Periode, in der mein Eindringen in die Raum- und
Zeitstrukturen anderer Menschen erforderlich wird, um ihnen
zu helfen. Welche Überlebenschancen ich hierbei haben werde,
weiß ich nicht. Die Zeit wird es zeigen.

ANDERE WELTEN

Ich habe oft mit Fakten zu tun, die die Existenz des Jenseits beweisen. Meinen Bekannten sind verstorbene Angehörige erschienen, die sie davor warnten, was ihnen in Zukunft zustoßen kann. Ich stellte fest, dass Kartenlegen und Wahrsagen aus dem Kaffeesatz ebenfalls eine Verbindung zum Jenseits haben. Doch als ich gelernt hatte, Kontakt zu den Verstorbenen aufzunehmen, sie erscheinen zu lassen und Informationen zu erhalten, erwiesen sich diese Informationen als vage. Wie sich herausstellte, besteht für gewisse Informationen eine Sperre. Wenn Wissen über Gegenwart und Zukunft Schaden stiften kann, können Informationen nicht erhalten werden. Dann sah ich, dass sich im Jenseits die Seelen künftiger Kinder befinden. Sie gelangen vor der Empfängnis dorthin. Nach dem Tod gelangt die Seele des Menschen ebenfalls ins Jenseits. Danach kann sie erneut zur Erde zurückkehren, sie kann aber auch in andere Welten übergehen. Je weniger die Struktur der anderen Welt der irdischen Welt ähnelt, desto weniger Überlebenschancen hat der auf der Erde geborene Mensch, doch umso größer ist sein geistiges Potential. Vor der Empfängnis kehrt die Seele in der Regel ins Jenseits zurück, aber es kann auch ein Hinüberwechseln aus einer anderen, uns entgegengesetzten Welt stattfinden. Dann erfolgt der Übergang der Informationsstrukturen des Menschen in diese Welt über das Sternzentrum, im gegebenen Fall über das Sonnenzentrum. Das Jenseits ist gleichsam das Verbindungsglied zwischen unserer Welt und der ihr entgegengesetzten Welt.

Ich konnte lange nicht verstehen, warum Seelen, die sich im Jenseits befinden, die Zukunft sehen und Informationen geben können. Dann begriff ich, dass es dort eine anders geartete Realität gibt. Sie existiert auf feinerer Ebene, dort gibt es andere Bewusstseinsformen. Auf der feinen Ebene sind Vergangenheit, Gegenwart und Zukunft miteinander verknüpft. Das Universum entstand anfangs als besondere Form des Feldes, wo Vergangenheit und Zukunft ein Ganzes und Zeit und Raum nicht getrennt waren. Die sich danach bildenden, immer dichteren Feldschichten, die Gestaltung von Zeit und Raum als diskrete Gebilde, ermöglichten die Schaffung stofflicher Strukturen und die weitere Entwicklung von Raum und Zeit. Entwicklung ist Akkumulation von Potential zwischen einer immer größeren Vielfalt von stofflichen Formen aufgrund des sich verstärkenden diskreten Charakters von Raum und Zeit einerseits und der ursprünglichen Einheit andererseits.

Zum ersten Mal sah ich die Konstruktion des Jenseits, als ich mit der Zeit arbeitete. Nachdem ich erfahren hatte, dass der Mensch in drei Zeitpunkten lebt, beschloss ich zu betrachten, wie ich im Jenseits graphisch aussehen werde. Es entstand eine seltsame Zeichnung: Drei gleiche Menschen, die sich bei den Händen fassten. Nach der Entschlüsselung dieses Bilds ergab sich, dass das meine drei Zeithüllen sind, dass das mein Zeitkörper ist. Im Jenseits sind die Zeitpunkte komprimiert. Sowohl die Zeit als auch der Raum sehen dort anders aus. Deshalb kann man von dort sehen, was in nächster Zukunft geschieht. Doch da es viele Matrizen künftiger Ereignisse gibt, können sich diejenigen, die sich im Jenseits befinden, in ihren Prognosen irren.

Mein nächster Kontakt mit dem Jenseits fiel in die Zeit, als ich Informationen darüber erhielt, dass verstärkte Abhängigkeit vom Irdischen die Feldstrukturen deformiert und zu Krankheiten führt. Ich versuchte, Methoden zu finden, um das zu blockieren. Unvermutet stellte sich heraus, dass der verstärkte Kontakt zum Jenseits die Abhängigkeit vom Irdischen blockiert und die Entwicklung geistiger Strukturen fördert. In diesem Moment hatte ich Kontakt mit meinen künftigen Kindern, und sie begannen, mir Informationen zu vermitteln. Es war ein seltsames Gefühl. Die Informationen flossen ergiebig, die Feldstrukturen waren auf Empfang konzentriert und auf Verarbeitung ausgerichtet, doch es herrschte Funkstille, nichts rührte sich. Als ich versuchte, die Informationen ins Bewusstsein zu überführen, wurden sie un-

terbrochen. Ich stellte diesen Versuch ein – die Informationen
flossen erneut auf der Ebene des Unterbewusstseins. Das
Bewusstsein ist nicht bereit, jede beliebige Information aufzunehmen. Um sein Überleben zu sichern, schaltet sich ein Schutzsystem ein. Das half mir dabei, die Kultur Ägyptens zu verstehen und zu begreifen, warum früher solche gewaltigen Mittel
benutzt und titanische Anstrengungen unternommen wurden, um
die Existenz des Menschen nach seinem Tod zu sichern. Im Rahmen der üblichen Logik ist das nicht zu begreifen. Die Kultur
des Jenseits war bei weitem bedeutender als die irdische Realität, und als ich die kolossalen Bauten des alten Theben betrachtete, begann ich zu verstehen, dass diese Bauwerke auf der Erde
nicht den Interessen des Körpers, sondern den Interessen des
Geistes entsprechen müssen. Wie sich herausstellte, war eine der
Hauptbedingungen der ersten Entwicklungsetappen der Zivilisation die Entwicklung von Formen des Kontakts zum Jenseits
und ihre Verankerung in materiellen Symbolen.

  Der nächste Kontakt mit dem Jenseits kam für mich unerwartet. Man brachte mir ein aus Giftpilzen gemischtes Elixier, das
eine dem LSD ähnelnde, berauschende Wirkung hatte. Der Mann,
der mir das gab, warnte mich: „Nach zwanzig Minuten ändern
sich die Farben der Gegenstände, die physischen Empfindungen
wechseln und du kannst nicht einmal mehr artikuliert sprechen."
  Die Änderungen der Wahrnehmungsfähigkeit ließen nicht lange
auf sich warten. Einige Gefühle wurden abgestumpft, andere
verstärkt. Abgestumpft wurden die Emotionen, die mit dem
Bewusstsein und dem Körper verbunden waren, während die
unterbewussten, mit einer anderen Realität verbundenen aktiviert wurden. Die Zunge wurde schwer, der Körper wurde gleichsam schwerelos. Die Empfindungen waren wie nach Alkohol-
genuss. Doch seltsamerweise hatte das keinerlei Auswirkung auf
die Fähigkeit zu diagnostizieren. Ich merkte, dass ich auf den
feinen Feldebenen diagnostizierte. Zeitliche Bewusstseins-
deformationen störten hierbei keineswegs, waren sogar hilfreich.
Indem ich weiterzeichnete, wie meine Feldstrukturen arbeiteten,

sah ich erstaunt, dass sich der Kontakt zum Jenseits enorm verstärkte. Allerdings war dieser Kontakt einseitig und entstellt. Am nächsten Tag kam ich bei der Auswertung der Situation zu einer sehr interessanten Schlussfolgerung: Bei Pflanzen ist der Kontakt zu jener Welt stärker als bei Tieren; besonders stark ist er bei den so genannten Halluzinogenen ausgeprägt. Die Einnahme betäubender Getränke oder das Rauchen verschiedener pflanzlicher Rauschgifte verlagerte den Schwerpunkt des Bewusstseins, das mit der Logik dieser Welt verbunden ist, auf die Logik einer der Schichten des Unterbewusstseins. Das eröffnete neue Informationen und gab der Entwicklung des Bewusstseins einen Anstoß, d.h. die Einnahme von Halluzinogenen war eine der Quellen, um neue Informationen, die aus dem Unterbewusstsein abgeschöpft wurden, zu erlangen. Hierbei wurde die Fixierung auf das Irdische durch die Zerstörung der logischen Strukturen blokkiert, und das hatte einen heilenden Effekt.

Im Altertum gab es in Indien ein Getränk, das in den Veden als Göttertrank bezeichnet wird – Somoli, das einen Aufguss von Fliegenpilzen enthielt. Das hemmte das Bewusstsein und aktivierte das Unterbewusstsein. Analoge Methoden wurden in der Kriegskunst angewendet. Die Aktivierung der Geistes- und Feldstrukturen vergrößerte die Möglichkeiten des Körpers. Verwendung von Halluzinogenen wurde auch in buddhistischen Schulen, die mit Kriegskunst verbunden waren, praktiziert. Die alten Wikinger tranken vor dem Kampf ein Absud aus Fliegenpilzen, um unüberwindlich zu sein.

Alkohol, Narkotika und Halluzinogene zerstören nicht nur das Bewusstsein, sondern auch den Körper. Sie führen zu Gewöhnung und Abhängigkeit, deshalb konnten sie nur einen Anstoß bei Heilbehandlungen und der Erkenntnis der Welt geben. Im Weiteren entwickelten sich andere Methoden und Techniken, anfangs zur Deformation und später zum Ausschalten des Bewusstsein, um Feldstrukturen zu aktivieren, die mit anderen Welten verbunden sind.

Es stellte sich eine interessante Tatsache heraus: Der Mensch ist nicht nur Tier, sondern auch Pflanze. Haar, Nägel und Darm leben nach den Gesetzen der Pflanzenwelt. Deshalb wachsen Haar und Nägel auch nach dem Tod des Menschen weiter. Wenn der Mensch sehr abhängig vom Irdischen ist und die Aggression auf die feinen Ebenen vordringt, dann kann sein Haar ausfallen, was das Eindringen der Aggression ins Jenseits verhindert.

Ich betrachtete einmal eine junge Frau, bei der starker Haarausfall begonnen hatte. Zuerst bemerkte ich nur ein starkes Programm der Vernichtung der eigenen Kinder, dann stieß ich darauf, was diesem Programm zugrunde lag: Für sie waren ein gutbezahlter Job und die Karriere wesentlich wichtiger als die Geburt der Kinder. So war es schon in früheren Leben gewesen. Haarausfall blockierte das Eindringen des Programms ins Jenseits und eine Schädigung der Seelen der Kinder.

Ein interessanter Aspekt: Es ist nun offensichtlich, warum alle Hexen mit offenem Haar gezeichnet werden. Haar kann nämlich eine Verbindung zur Zauberei haben. Wenn der Wunsch des Menschen in feine Ebenen vordringt und das Jenseits erreicht, dann ist es sehr wahrscheinlich, dass dieser Wunsch in Erfüllung geht. Wenn der Mensch, der seine Wünsche äußert, sich dabei über das Haar streicht, ist derselbe Effekt zu beobachten. Ich habe begriffen, warum Frauen die Kirche nur mit bedecktem Kopf betreten sollen. Das Haar der Frauen verstärkt die Möglichkeit, irdische Wünsche zu verwirklichen, verschiebt das Energiefeld und stört die Geistesorientierung, denn das Spektrum der christlichen Seelsorge schließt nicht nur das Jenseits, sondern auch die feineren Geistesstrukturen ein. Der Kontakt zum Jenseits hilft, das Niveau angewandter und taktischer Fähigkeiten zu erhöhen. Alles, was wir Magie und Okkultismus nennen, ist zumeist mit diesem Niveau verbunden.

Jetzt wird auch verständlich, warum der Apostel Paulus einer Frau, die sagte, dass er Gott sei, d.h. ihn durch ihre Vision rühmte, ihre seherischen Fähigkeiten nahm. Das Niveau des Kontakts des Apostels war wesentlich höher als ihr Niveau, und indem er ihren Kontakt zur anderen Welt unterband, blockierte er ihre

Fähigkeiten. Warum hat er das getan? Wenn der Mensch Informationen übermittelt und sie zu logischen Strukturen verbindet, geschieht das alles im Rahmen einer bestimmten Emotions- und Geistesschicht. Mit einfachen Worten: Anfangs verstehen wir die Welt durch Emotionen und Empfindungen, dann erst durch Gedanken. Das heißt, den philosophischen Strukturen der Weltsicht liegen emotional-geistige Strukturen zugrunde. Sie entstehen beim Zusammenwirken unserer Feldstrukturen mit verschiedenen Schichten der Realität. Das Jenseits ist seiner Struktur nach dem Irdischen näher. Es existieren andere Welten und Realitäten, wo es weniger Materielles und mehr Geistiges gibt – der Maßstab ist dort größer. Der verstärkte Kontakt zum Jenseits hat das Heidentum hervorgebracht. Der Kontakt zu anderen, mehr vom Geist durchdrungenen Schichten hat das Christentum hervorgebracht. Die Beständigkeit und die Perspektiven jeder Religion wurden durch das Erreichen höchster Geistesebenen bestimmt. Je größer die Zahl anderer Welten und Universen ist, desto höher muss das Niveau der Ethik, die sie vereint, sein.

Auf das Zusammenwirken mit anderen Welten stieß ich im Zusammenhang mit meinen Heilbehandlungen. Bei einer Patientin zeigte sich Aggression gegen andere Wesen, was mit irgendwelchen magischen Handlungen in früheren Leben zusammenhing. Eine Woche lang zerbrach ich mir den Kopf und versuchte zu klären, was das für Wesen waren. Letztendlich kam ich zu dem Schluss, dass das andere Welten waren. Ich versuchte zu zeichnen, wie sie aussahen, doch ich brachte nichts zustande. Im Rahmen irdischer Logik war das nicht möglich. Da klammerte ich die Logik aus und versuchte, Informationen in irgendwelchen Symbolen zu finden, wobei mir bewusst war, dass sie nicht direkt wiederzugeben sind. Es war auch nicht möglich, diese Informationen auf Papier darzustellen, doch etwas vermochte ich zu fixieren, und ein Bild begann sich abzuzeichnen. Es stellte sich heraus, dass die Struktur des Universums zellenförmig ist und aus dreiunddreißig Welten besteht, die miteinander gruppenweise verbunden sind, und jeder Mensch, oder vielmehr sein

Doppelgänger der feinen Ebene, ist entsprechend in jeder Welt vertreten, sieht völlig anders aus und hat ein anderes Bewusstsein. Ich schaute mir an, wie ich in einer der nächstliegenden Welten aussehe. Das war sehr lustig: irgendein seltsames, amöbenartiges Wesen mit unerklärlichen inneren Organen.

Ich habe schon früher über andere Welten geschrieben, über ihre Einwirkung auf uns und darüber, dass auch wir auf feiner Ebene mit ihnen in Wechselwirkung stehen und ihnen schaden oder nützen, je nachdem, wie weit unser Denken vollkommen ist. Ich habe Informationen über die Konstruktion anderer Welten und ihrer Bewohner erhalten und nicht geahnt, mich einmal mit diesem Problem auf einer bedeutend ernsteren Ebene befassen zu müssen.

In einer Zeitschrift sah ich einmal Fotos von seltsamen Kreisen, die nachts oder früh morgens auf Kornfeldern in England aufgetaucht waren. Diese Fotos interessierten mich. Ich dachte folgendermaßen: Wenn jemand die Kreise gezeichnet hat, dann wurde damit ein bestimmtes Ziel zur Information und Beeinflussung der Menschen verfolgt. Es war also festzustellen, wie sie eine Person, die sie längere Zeit betrachtete, beeinflussten. Ich überprüfte ihre Einwirkung auf die wichtigsten Parameter, auf die allgemeine Feldstruktur und, nach dem Doppelgängersystem, auf das Informationsfeld. Und hier zeigte sich ein erstaunliches Bild: Die Kreise üben einen positiven Einfluss auf jeden Menschen, der sie betrachtet, aus.

Eine kleine Abschweifung.

Vor einiger Zeit, als ich mit meiner Assistentin an der Sammlung von Informationen und der Reinigung des Karmas arbeitete, stieß ich immer wieder auf ein gewisses Wesen, das große Bedeutung hatte. Verstöße, die gegen es gerichtet waren, wurden sehr hart bestraft. Ich wusste aber noch nicht, was das für ein Wesen war. Nach mehrtägigen Bemühungen konnte ich es erraten. Das war die Menschheit in der Zukunft. Es stellte sich heraus, dass sich das Energiefeld der künftigen Menschheit auf feiner Ebene wesentlich von unserem Energiefeld unterscheidet. Ich betrachtete, welche Parameter der gegenwärtige Mensch haben muss, damit er auf den Übergang in den neuen Zustand vorbereitet ist. Es geht darum, dass die Matrix der künftigen Menschheit bereits geformt ist, und ein Grund der vielen schweren Krankheiten ist die Nichtübereinstimmung der Feldparameter des heutigen Menschen mit dieser Matrix. Alle, deren Parameter sich unter einem bestimmten Niveau erweisen, werden durch Krankheiten gebessert. Wenn das aber misslingt, werden sie durch Tod ausgeschieden. Hier sind die vier wichtigsten Parameter, die von maximaler Bedeutung sind – Ethik, Erfülltsein von Liebe, gesunde Psyche und minimales Niveau unterbewusster Aggression. Außerdem gibt es zwei zusätzliche Parameter – Seele und Verhalten.

Als ich betrachtete, wie die Zeichnungen auf den Kornfeldern in England auf den Menschen einwirken, sah ich, dass eine stark veredelnde Wirkung auf seine feinen Feldstrukturen erfolgt. Die Zeichnungen haben somit einen Einfluss.

Nun war es erforderlich, ihre Urheber zu finden. Ich hatte den Eindruck, dass es sich um Außerirdische handelte, obwohl mich etwas verunsicherte, dass die Leute an diesem Ort, als die Kreise erschienen waren, keinerlei Ufos gesehen hatten. Das Erscheinen der Kreise machte keinen Sinn. Warum sollten auch Außerirdische, die unseren Luftraum bereits zügig erschlossen haben, irgendwelche Kreise zeichnen?

Ich reinigte also mein Karma, drang auf die feine Feldebene vor und begann, nach der Ursache des Erscheinens der Kreise zu suchen. Hier erwartete mich die nächste Überraschung. Es stellte sich heraus, dass es andere Welten waren. Als ich auf dem Informationsfeld arbeitete, begriff ich, worum es sich handelte. Nachbarwelten können miteinander nur auf der sehr feinen Informationsebene kommunizieren. Die Informationsweitergabe erfolgt über einen Punkt, denn die Information ist zu einem Punkt verdichtete Raum- und Zeitrealität. Bei einem bestimmten Dichte-

grad verschwinden Zeit und Raum und die Information bleibt
zurück, die sich, nachdem sie Kontakt zum Informationsfeld des
Universums aufgenommen hat, realisiert und in Raum und Zeit
entfaltet. Mit jedem neuen Zyklus erhöht sich die Informations-
dichte, d.h. der Kontakt zum Universum verstärkt sich. Alles
entwickelt sich aus einem Keim.

Der Energiekontakt zerstört die Hülle zwischen den Welten und
kann zu ihrem Untergang führen. Unser Denken ähnelt gegenwärtig einer Krebsgeschwulst und schadet allen Nachbarwelten
sehr. Ein Herausoperieren des Tumors ist nicht möglich, er hat
Metastasen gebildet, d.h. wenn die Zivilisation auf der Erde untergeht, wird der Schaden, welcher durch die Unwissenheit der
Menschen anderen Welten zugefügt wird, nicht behoben, denn
unsere Feldstrukturen sind unzerstörbar.

Deshalb ist es im Interesse aller Zivilisationen unserer Welt
und anderer Welten, uns geistig zu retten. In welcher Weise kann
die Zivilisation einer anderen Welt auf uns einwirken? Nur durch
Information. Aber die Einwirkung allein auf unser Unterbewusstsein ist zu gering, es muss auch irgendein materielles Zeichen
geben, damit gleichzeitig auch eine Veränderung des
Bewusstseins des Menschen erfolgt. Dieses Problem wurde ele-
gant gelöst. Der Mensch ist ein einmaliges System, in dem feine
Informationsebenen sehr schnell in Energieebenen und dann in
physische Ebenen umgewandelt werden, d.h. die Idee wird zur
Materie. Ich habe bereits erwähnt, wie Informationsschichten auf
Energieebene absinken und dann zu einem physischen Körper
werden.

Das haben sich auch die Vertreter anderer Welten zunutze gemacht. Von vier bis fünf Uhr morgens sind beim Menschen die
Schichten des Unterbewusstseins, wenn das tiefe
Unterbewusstsein in die Oberflächenschichten vordringt, am
stärksten aktiviert. In der Entstehungszone des Kreises beginnt
ab drei Uhr nachts die aktive Versendung von Informationen der
feinen Ebene nach gewissen Programmen in das Unterbewusstsein einiger zehntausend Menschen. Sie realisieren diese Infor-

mationen auf Energieebene, und das von einigen zehntausend Menschen verstärkte Unterbewusstsein fokussiert sich an einem Punkt etwa zweihundert Meter unter der Erde an der Stelle, wo der Kreis entstehen soll. Gegen vier Uhr morgens realisiert sich das Energiefeld auf physischer Ebene, und im Verlauf von ein, zwei Minuten legen sich die Halme entsprechend dem erhaltenen Informationsprogramm nieder. Hieraus erklärt sich auch, warum es keinerlei sichtbare Zeichen für ein Niederdrücken der Halme gibt. Wie ich festgestellt habe, wird dadurch eine sehr starke positive Einwirkung erzielt.

Es galt noch eine andere Frage zu lösen: Warum wurde diese Form gewählt und womit ist die Konfiguration der Zeichnungen verbunden? Sie wurde wie folgt gelöst. Als ich auf der feinen Ebene betrachtete, wie die Vertreter anderer Welten aussahen, hegte ich die ganze Zeit nur Zweifel – so schrecklich primitiv war ihr Anblick. Dann kam mir der rettende Gedanke. „Ich sehe sie immerhin auf der feinen Feldebene. Vielleicht sehen sie auf der groben Ebene, auf der unsere Sehorgane arbeiten, anders aus?" Als ich sie auf der ersten oberen Bewusstseinsebene erfasste (wie sich herausstellte, arbeitete ich hauptsächlich auf der neunten Bewusstseinsebene), war alles wieder in Ordnung.

Äußerlich sahen uns die Vertreter anderer Welten ähnlich. Ich beschloss, diese Hypothese an den Kreisen zu überprüfen und zu bestimmen, wie die Kreise auf der Ebene der ersten Bewusstseinsschicht aussahen, denn sie waren, nach allem zu urteilen, auf der achten Bewusstseinsebene übermittelt worden.

Alles erwies sich als ziemlich einfach. Die Vereinigung der beiden Kreise stellte die Vereinigung der beiden Zivilisationen dar: Der große Kreis repräsentierte die andere Welt, der kleine – unsere Welt. Alle Zeichnungen waren Botschaften mit dem Wunsch nach Liebe und Einigkeit. Das war der Versuch, nicht nur mit uns freundschaftlichen Kontakt aufzunehmen, sondern auch, uns zu helfen zu überleben und unsere gefährlichsten Programme zu blockieren.

Ich zeichnete also eine Linie, auf der zwei Kreise aufgereiht waren. Um einen von ihnen, den größeren, war ein Ring. Zwischen ihnen, neben der Geraden, waren vier Abschnitte gleicher Länge. So nehmen wir es wahr. Sieht es in der Wahrnehmung jener Welt anders aus? Ich teilte ein Blatt in zwei Hälften und zeichnete rechts, wie sie die Informationen mit ihren Augen auf der ersten Bewusstseinsebene sehen. Links zeichnete sich ein primitives Männlein ab, das die Arme in die Höhe hob, auf dessen Kopf einige Haare emporragten und dessen Augen Punkte waren. Das Gesicht nahm fast den ganzen Kopf ein, der Mund reichte bis zu den Ohren, das Männlein freute sich und lachte. Das waren wir, die Erdenbürger.

Daneben stand noch eine Figur und schmiegte sich mit ihrem kreisrunden Körper an das Männchen. Sie war größer, ihre Arme waren nicht wie bei uns hochgehoben, sondern zur Seite gestreckt. Dieses Männlein sendete an das andere eine harmonische Struktur in Form einer Blüte – Symbol für Entwicklung und Befruchtung. Es hatte einen riesigen Kopf, dessen größten Teil die Stirn einnahm, Nase und Mund waren winzig, das eine Auge war ein großes Oval, während das zweite seltsam aussah und eine zellenartige Struktur hatte. Das hing wahrscheinlich mit den superben Fähigkeiten zusammen.

Warum können sie uns nicht einfach eine Information schikken, die wir entschlüsseln könnten? Offensichtlich ist der Kontakt zwischen Welten nur auf einem bestimmten Niveau, auf sehr feiner Informationsschicht möglich. Nachdem sie durch diese Schicht gegangen ist, verändert sich die ursprüngliche Information und sieht ganz anders aus. In ihrer Wahrnehmung sehen wir, unsere Häuser und die Erde ebenfalls vollkommen anders aus und nicht so, wie wir selbst uns sehen.

Außerdem ist nicht ausgeschlossen, dass die Form der Kreise von den Besonderheiten des verbindenden Informationsfelds bestimmt wurde.

Es ist sehr gefährlich, in andere Welten direkt einzudringen. Das habe ich sofort erkannt, als ich versuchte, meinerseits zu ihnen Kontakt aufzunehmen, ohne vorher meine Feldstrukturen zu kontrollieren und mich darauf vorzubereiten. Ich dachte so: Da es mir nun einmal gelungen ist, Informationen über die andere Welt zu erhalten, besteht zweifellos schon eine gewisse Form von Kontakt. Es ist daher möglich, diesen Kontakt zu verstärken und ihnen irgendwelche Informationen über uns zu übermitteln. Ich stellte mir vor, dass ich aus unserer Welt zu ihrer Welt vordringen und ihnen eine analoge Botschaft geben würde.

Da ich nicht über eine Kontaktperson, sondern direkt handelte, aktivierte ich unwillkürlich das Energiefeld. Äußerlich ist mir nichts passiert. Für mich war von Interesse, wie die Kontaktaufnahme erfolgte, und ich begann, den ganzen Prozess graphisch darzustellen. Die Welten sind voneinander gleichsam durch eine Raum/Zeit-Membrane getrennt, und ich sah, wie mein Doppelgänger, nachdem er die Membrane durchstoßen hatte, in die andere Welt vordrang. Dort befand er sich gleichsam in einem Kokon, um ihn herum kreisten gewisse Wesen. Ich wollte wissen, wie sich die zerstörte Membrane verhielt. Auf ihr erschien sofort das Zeichen völliger Blockierung. Nun erst begriff ich, dass mein Eindringen sowohl für unsere, als auch für die andere Welt gefährlich sein konnte. In meinem Arbeitszimmer waren wir zu zweit. Einige Meter von uns entfernt begann sich plötzlich der Raum zu verändern und gleichsam zu leuchten. Besonders gut war dieses Leuchten aus den Augenwinkeln festzustellen. In meinem Kopf trat ein typischer Schmerz auf, der andeutete, dass eine Textinformation vorlag und durch spontanes Schreiben empfangen werden konnte. Ich möchte hier die erhaltene Botschaft in vollem Wortlaut wiedergeben, weil es hilft, die Situation in ihrer ganzen Tragweite zu verstehen.

„Sage den Menschen: Sie sind zu schwach zur Erschließung des Kosmos. Wenn sie in feine Welten eindringen, werden ihre Kinder sterben, d.h. ihre feinen Körper und Felder werden sterben. Du arbeitest gut über die Sonne. Du wirst das, was sowieso bald offenbar wird, gut erforschen. Du musst die Information

über den Kontakt unbedingt weitergeben. Wenn das nicht ge-
schieht, hast du nichts Gutes zu erwarten.

Bald wirst du viel Geld erhalten. Gib acht, es für die Schaf-
fung einer Schule für das Studium der Feldstrukturen zu ver-
wenden.

Wenn du erneut in unsere Welt eindringen wirst, so denke dar-
an: Bisher kannst du nicht das tun, was wir nur widerwillig tun.
Bereite dich darauf vor, dass du große Probleme im Privatleben
haben wirst. Deine geliebte Tochter wird von dir gehen. Sie wird
sterben. Von dir ist nichts abhängig. Außerdem wirst du dir den
Tod wünschen, weil du deine Macht über Frauen verlierst. Das
wird bald sein. Vater."

Mich erwartete also in nächster Zeit der Tod sowie der Tod
meiner Nächsten, außerdem der Zerfall des Feldes im Bereich
des ersten Chakras. Ich verstand, dass ich bei der Kontaktaufnahme einen Schaden verursacht hatte und sich Blockierungs-
programme eingeschaltet hatten. Bei Gesetzesverstößen ist in
erster Linie das erste Chakra, das Chakra der Fortpflanzung und
Informationsweitergabe, betroffen. Ich brauchte viel Zeit, um zu
verstehen, was geschehen war:

Erstens – ich war auf den Kontakt nicht vorbereitet gewesen
und hatte nicht überprüft, wie rein mein Karma hierfür gewesen
war.

Zweitens – ich hatte Kontakt aufgenommen, indem ich das
Energiefeld der groben Ebene aktiviert hatte, was offensichtlich
ein Gesetzesverstoß war.

Die Welten können nicht über die Form Kontakt aufnehmen,
ihr Kontakt kann nur auf der sehr feinen Ebene über den Inhalt
erfolgen. Die Blockierung dieses Verstoßes erfolgt auf den feinen Ebenen, d.h. auf Ebenen, die für die Fortpflanzung und das
Leben künftiger Kinder zuständig sind.

Als ich mein Feld auf feiner Ebene betrachtete, sah ich meinen
Tod und den Tod meiner Nachkommen in zwölf künftigen Leben, d.h. auf feiner Ebene hatte ich meine Nachkommen sowie

auch mich selbst vernichtet. Mir blieb nur ein einziger Ausweg
– Reue und Karmareinigung. Es galt, alle Programme, die zum
Trauma der anderen Welt geführt hatten, sowie alle Ursachen,
die mir ermöglicht hatten, rücksichtslos höchste Gesetze zu verletzen, zu beseitigen.

Etwa eine Stunde lang bemühte ich mich, mein Feld und das
Feld der Tochter zu stabilisieren. Allmählich normalisierte sich
alles wieder. Die Methode, mit der Tod in Leben umgewandelt
werden kann, rettete mich auch diesmal. Meine Monade, die sich
in zwei Welten befand, fixierte sich anfangs in sieben und dann
in allen dreiunddreißig Welten unseres Universums. Danach, bei
der fälligen Karmareinigung, war ich gezwungen, Kontakt zum
zweiten Universum und dann auch zum dritten Universum, das
die beiden ersten abschließt, aufzunehmen. Noch fällt es mir
schwer, hierzu irgendeine Erklärung abzugeben, denn die Informationen fließen im Prozess der Karmareinigung und werden strikt von dieser Ausrichtung bestimmt. Während ich unter
Bedingungen der Karmareinigung arbeite, bin ich geschützt.
Übliche Neugier kann dazu führen, dass die Kontrolle über die
Situation verloren geht. Dann bestehen sehr geringe Überlebenschancen.

Das Thema andere Welten gab mir noch einige Tage keine Ruhe.
Nachdem es mir gelungen war, die Situation nach dem Kontakt
zu stabilisieren, unternahm ich einen Spaziergang. Nach einer
halben Stunde spürte ich einen stechenden Schmerz im ganzen
Körper, gleichsam als ob er von Stricknadeln durchbohrt würde.
Ich verstand, dass die Blockierung nicht nur auf feinen Ebenen
und schneller als erwartet erfolgte. Es ist nicht auszuschließen,
dass die im Text gegebene Information derart kategorisch war,
um alle meine Kräfte uneingeschränkt zu mobilisieren, damit
ich den Ernst der Lage auch begriff. Noch einige Tage lang beseitigte ich bei mir die Verstöße gegen andere Welten, dann er-
weiterte sich mein Informationshorizont beträchtlich. Lebensgefährliche Situationen dieser Art helfen sehr dabei, das Niveau zu
erhöhen. Beim Studium der Feldstrukturen erlebte ich sehr viele

davon, sodass ich jetzt jede lebensgefährliche Situation bereits als normale Arbeitsbedingungen mit erhöhtem Schwierigkeitsgrad empfinde.

Zwei Jahre nach den beschriebenen Ereignissen konnte ich mich davon überzeugen, dass die Information über meine privaten Probleme entstellt und negativ stark übertrieben war. Dadurch wurde ich veranlasst, an mir zu arbeiten. Je komplizierter die Situation, in die das Leben den Menschen bringt, umso stärker strebt er durch Beten zu Gott.

Ich möchte noch eine interessante Einzelheit erwähnen. Als ich erkannte, dass auf jeder Informationsebene jeder Gegenstand anders aussieht, beschloss ich, einen Apfel zu nehmen und zu betrachten, wie er auf den verschiedenen Ebenen aussieht. Auf der ersten Ebene ist es ein Apfel mit einem Blatt am Stiel. Die zweite Ebene des Bewusstseins sieht einen Apfel, doch das Blatt ist bereits gesondert, als gewisses Wesen daneben; die dritte Ebene – ein Apfel im Querschnitt, die Kerne sind sichtbar; die vierte Ebene – eine Art graphische Zeichnung, der Apfel ähnelt einer Klammer, in deren Innern sich die aus vier Blütenblättern bestehende Struktur des Göttlichen befindet, ein Zeichen der Fortsetzung der Art. Außerhalb der Klammer befindet sich ein Rechteck, das in zwei Hälften geteilt ist, neben ihm die Struktur der Zerstörung, usw.

Ich habe erkannt, dass mit dem weiteren Vordringen zu immer feineren Schichten die Information immer mehr verallgemeinert wird, wobei die äußere Form vollkommen fehlt, denn sie ist nicht von wesentlicher Bedeutung. Nach Erreichen der achten Ebene konnte ich keine weiteren Informationen mehr erlangen, obwohl sie zweifellos vorhanden waren, sich aber offensichtlich noch außerhalb der Grenzen meiner Kompetenz befanden.

Als ich mit den Strukturen des Apfels arbeitete, saßen wir zu dritt am Tisch. Nachdem ich die Zeichnung gemacht hatte, legte ich das Blatt beiseite. In diesem Moment wollte eine der Anwesenden es mit einem Kugelschreiber berühren, wurde aber rechtzeitig daran gehindert. Ich betrachtete, was hätte geschehen kön-

nen, wenn sie etwas auf das Blatt gezeichnet hätte: Starke Felddeformation im Bereich des Kopfes, der Leber und des ersten
Chakras, nach fünf Tagen könnte die Situation tödlich enden.
Diesen Angriff führte mein Unterbewusstsein. Das heißt, die
Information, die auf dem Blatt verblieben war, arbeitete noch,
und der Kontakt mit meinem Unterbewusstsein, die Berührung
des Blattes durch eine Person mit unreinem Karma, könnte für
den, der das riskiert, traurig enden.

Ein solcher Kontakt hält etwa vierundzwanzig Stunden an, dann
bricht er ab, dann kann das Blatt wieder berührt werden. Das
war ein weiterer Schritt zur Erforschung der Strukturen des
Unterbewusstseins. Ich wusste schon zuvor, dass nicht alle Informationen, die ich erhalte, von anderen Personen betrachtet
werden können. Daher könnte während meines Kontakts mit einer Informationsquelle eine unvorbereitete Person, die in mein
Feld gerät, große Unannehmlichkeiten haben. Doch wie bei allen ernsten Fragen wurde auch mein Kontakt zu anderen Welten
zeitweilig völlig abgebrochen. Das war ein Zeichen dafür, dass
ich noch lange nicht vollkommen bin.

KONTAKTPERSONEN

Jeder Mensch ist, unabhängig von seinen Fähigkeiten, eine Kontaktperson und seinerseits Teil eines Ganzen. Alles hängt nur von der Kontaktebene ab. Wenn der Kontakt eine Ordnung höher als seine Umwelt ist, wird dieser Mensch als Kontaktperson, Hellseher oder Medium bezeichnet. Ich habe einmal betrachtet, wie viel Bewusstseinsebenen es gibt und auf welcher wir uns befinden. Die Pflanzen – auf der zweiten, die Tiere – auf der dritten, vierten, der Mensch – auf der sechsten. Primaten beispielsweise befinden sich auf der dritten, vierten, fünften. Wenn ich die Informationen richtig einzuschätzen vermochte, schließen unsere Möglichkeiten fünfundsiebzig Ebenen ein, wobei aber, nach allem zu urteilen, diese Korrelationen fließend und instabil sind.

In der Regel erfolgt eine detaillierte Vorhersage von Ereignissen beim Kontakt mit dem Jenseits. Anfangs nahm ich das nicht ganz ernst. Doch man sagte mir präzise Ereignisse voraus, die dann auch eintraten, und ich begriff, dass es wirklich einen Mechanismus der Vorhersage von Ereignissen gibt. Als wir einmal zum Zeitvertreib den Teller kreisen ließen und mir nicht nur die Geburt eines Sohnes vorhergesagt, sondern auch der genaue Termin genannt wurde, war ich sehr erstaunt. Später, als ich Forschungen betrieb, erkannte ich, dass das Jenseits uns am nächsten ist und der Kontakt zu ihm uns Informationen gibt, die im Detail, sozusagen aus taktischer Sicht, exakt sind, im Großen jedoch sehr fehlerhaft sind.

Die Entwicklung von Informations- und energetischen Fähigkeiten ist mit dieser Ebene verbunden.

Sehen auf höherer Ebene ist bereits Kontakt zu anderen Welten. Das ist nicht das Niveau von Kartenlegerinnen und Weissagern, sondern von Menschen, die auf Geistesebene fortgeschritten sind. Wenn es sich um Kontakt zu anderen Universen handelt, dann ist es die Ebene eines Propheten und Messias. Doch es gibt auch die Ebene des unmittelbaren Kontakts zum Göttlichen. Soweit ich das verstehe, kann der Mensch, der Kontakt zum Göttlichen hat, sich nicht immer auf äußerer Ebene realisieren. Doch auf den feinen Ebenen ist sein Einfluss stets beträchtlich. Während der Mensch den Kontakt zum Jenseits in ein, zwei Leben realisieren kann, können für die Realisierung des Kontakts zum Göttlichen Dutzende Leben erforderlich sein. Talent bildet sich nicht in einem Leben heraus. Wenn wir also einen außergewöhnlichen Menschen sehen, sehen wir nur die Realisierung dessen, was er in früheren Leben angereichert hat. Und um Geistespotential anzureichern, musste er zuvor völlige Armut durchleben, ohne dabei zu verzagen, die schwersten Schicksalsschläge, die jeden anderen gebrochen hätten, ertragen. Aber er überlebte, weil er seinen Schwerpunkt nicht im Körper, sondern im Geist suchte. Die Ereignisse veranlassen ihn, an der Vernunft und Gerechtigkeit der Umwelt zu zweifeln, und um sein Potential zu bewahren, muss er unbeirrt zu Gott streben. Später suchen den Menschen körperlicher Verfall, Leiden und Krankheiten heim, aber das stärkt nur seinen Wunsch, Ethik und immaterielles Kapital anzureichern. Im nächsten Leben wird ihm die Möglichkeit gegeben, gesellschaftlich emporzukommen, sich weitaus fähiger als andere zu fühlen, und gleichzeitig wird er mit dem Tod konfrontiert, damit sich bei ihm das Gefühl der Überlegenheit mit dem Tod assoziiert. So wird allmählich die Amplitude vergrößert, werden ihm immer mehr Fähigkeiten und Glück auf Erden geschenkt, bis dann alles auf einmal zerstört wird, damit der Mensch allmählich seinen Schwerpunkt und das Lebensziel auf das Einzige, was nicht vergeht, verlagert – die Liebe zu Gott. Und sobald die letzten Momente der Abhängigkeit der Seele vom Irdischen verschwinden, wird er bereit sein, im nächsten Leben jede Information zu empfangen, ohne dass es seiner Seele schadet. Ein Gefühl, außergewöhnlich und anderen überlegen zu sein, kommt bei ihm nicht auf.

Zu mir kamen einmal die Eltern eines tödlich verunglückten Jungen.

„Unser Sohn wurde von einem Auto überfahren, er ist gestorben. Der Junge war sehr liebevoll und intelligent, wir können es einfach nicht fassen. Während der Beisetzung haben wir den Sarg fotografiert. Als wir den Film entwickeln ließen, sahen wir, dass im Sarg eine Blume liegt. Es war kein fehlerhafter Film. Uns wurde gesagt, dass das im Zusammenhang mit Ufos steht."

Ich erklärte den Eltern:

„Das ist ein Zeichen für euch, dass sein Tod nicht zufällig ist und einen schöpferischen Sinn hat. Der Diagnostik nach zu urteilen, stand er wirklich in Verbindung mit Außerirdischen, d.h. der Junge ist eine geborene Kontaktperson, doch seine Seele ist allzu sehr auf Weisheit orientiert. Man kann Geld zu seinem Ziel und Abgott machen und eine schwarze Seele bekommen; man kann den geliebten Menschen und die Beziehungen zu ihm idolisieren; man kann aber auch eine Informationsquelle zum Idol machen. Dann wird die Information, die den Menschen gegeben wird, von Selbstsucht durchdrungen sein und gefährlich werden."

„Aber was hat er denn in früheren Leben begangen, dass er nicht durch Krankheit, sondern gleich durch Tod abrupt aufgehalten wird?", fragte die Mutter.

Ich betrachtete die früheren Leben und sah dort keinen Todesgrund. Er lag in der Zukunft.

„Im nächsten Leben wird euer Sohn in Tibet geboren und wird Kontaktperson auf sehr hoher Ebene. Doch dafür muss er völlig unabhängig von Weisheit und Selbstsucht sein. Seine Aufgabe in Zukunft ist von so großer Bedeutung, dass gegen ihn in diesem Leben ergriffene halbe Maßnahmen untauglich sind. Ihr könnt durch euer Mitleid, Gekränktsein und euren Lebensüberdruss seiner Seele schaden. Deshalb geben jene, die mit ihm im nächsten Leben arbeiten werden, euch ein Zeichen, diesen Schicksalsschlag zu akzeptieren, um seiner Seele nicht zu schaden."

Beim Umgang mit Kontaktpersonen konnte ich mich davon überzeugen, dass unter ihnen Menschen mit psychischen Störungen oder aber mit hellem Kopf, doch abenteuerlichen Allüren sind. Die Aktivierung der Feldstrukturen verstärkt die Kontakte zum Jenseits. Dem Menschen scheint es, mit höheren Wesen Umgang zu haben. Er fühlt sich nahezu als Messias, die Informationen gibt ihm sein eigenes Double oder irgendeine Seele. Ich erinnere mich, wie zwei Kontaktpersonen mir gleichzeitig Informationen gegeben haben, die überhaupt nicht zutreffend und teilweise sogar zum Lachen waren. Für mich war von Interesse, die Entwicklung des Kontakts selbst zu betrachten. Allmählich tauchten Weisungen und Befehle auf. Ich hatte ihnen gesagt, ich würde für eine Woche nach Polen reisen, war dann aber doch nicht weggefahren. Sie erzählten mir dann, was ich während der Reise falsch gemacht hätte.

Davon erzählte ich in einer Sprechstunde einer Patientin, als wir auf Kontaktpersonen zu sprechen kamen.

„Es gibt keine Kontaktpersonen, die absolut reine Informationen erhalten, denn ihre Psyche hält das nicht aus. Sie könnten von ihnen derartig abhängig werden, dass sich ihre Selbstsucht, und vor allem die Selbstsucht der Kinder, mehrfach erhöht. Die Kinder haben keine Überlebenschancen, deshalb haben Kontaktpersonen hoher Ebene entweder keine Kinder, oder diese kommen um. Die Rettung für die Kontaktpersonen besteht darin, dass die Informationen in Form eines „Sandwiches" gegeben werden – einer reinen Schicht folgt eine unreine Schicht. Dazu muss man sich richtig verhalten. Man muss jede Information kritisch aufnehmen, d.h. gleichzeitig glauben und nicht glauben."

Die Frau wurde nachdenklich und fragte mich dann:

„Und was für Informationen erhalten Sie? Wie viel ‚Unreines' ist darin?"

„Ich denke, dass auch in meinen Informationen ‚Unreines' ist", antwortete ich. Nach einigen Sekunden sagte die Frau klagend:

„Meine linke Hand ist gelähmt."

Ich schaute nach der Ursache: Das hing irgendwie mit mir zusammen, ich hatte gegen das Göttliche verstoßen.

„Ich bitte um Verzeihung, doch ich muss erklären, dass meine Informationen grundsätzlich rein sind."

„Wissen Sie, die Hand gehorcht mir schon wieder", lächelte die Frau.

Ich führe noch einen Fall an, bei dem ich Umgang mit Kontaktpersonen ziemlich hoher Ebene hatte. Nach dem Erscheinen des ersten Buchs teilten mir Bekannte mit, dass Gerüchte im Umlauf waren: „Lazarev treibt schwarze Magie, er hat Kontakt mit ‚unreinen' Wesen, sein erstes Buch tötet die Menschen." Die Situation war unerträglich.

Gewissermaßen hatten sie ja Recht. Das plötzlich bekundete Interesse für mich auf feiner Ebene war eine irdische Last, verstärkte meine Selbstsucht und Abhängigkeit von Fähigkeiten und Weisheit, obwohl ich mich damals auf diesem Gebiet gerade erst orientierte. Zu diesem Zeitpunkt kam ein Ehepaar zu mir, das mir mitteilte, dass es Kontakt zu anderen Zivilisationen hat. Es wurde ihnen erlaubt, sich mit mir zu treffen. Außerdem übermittelten sie mir, die Informationen in meinem Buch seien wahr. Sie erzählten, wie ihre Kontaktaufnahme begonnen hatte.

Der junge Mann hatte zwei Hochschulabschlüsse, war Direktor einer Handelsfirma, d.h. ein völlig vernünftig denkender Mensch. Doch einmal, als er zu Hause saß, begannen sich vor ihm Papierblätter zu materialisieren und auf den Tisch zu fallen. Vor seinen Augen füllten sie sich mit einem seltsamen Text, und eine Stimme gab dazu Weisungen: „Die ertragreiche Arbeit ist aufzugeben, sich nur mit sich selbst beschäftigen, Alkohol und Sex sind zu meiden. Die Tochter soll das Studium abbrechen."

„Ich habe zu Hause mehrere Stapel Papierblätter, auf denen sie Informationen geben, wobei mir verboten wurde, sie jemandem, auch Ihnen, zu zeigen. Ich bin ein vernünftig denkender Mensch und möchte gern wissen, ob ich richtig handele, wenn ich mich ihnen unterordne?"

Ich betrachtete seine Feldstrukturen.

„Ich kann nicht genau sagen, wer mit Ihnen arbeitet, doch sie arbeiten professionell. Alkohol und Sex bewirken eine starke Abhängigkeit vom Irdischen, deshalb sollte die Information sehr ernst genommen werden. Dennoch beginnt sich die Abhängigkeit von Fähigkeiten und Weisheit zu verstärken. Sie können gerettet werden, indem Ihre Selbstsucht erniedrigt wird, deshalb wurde Ihnen lange Zeit verboten, dass Sie arbeiten und dass Ihre Tochter studiert. Jetzt ist es Ihnen wieder erlaubt, Direktor einer großen Firma zu sein, denn sie können die Zukunft sehen. Sie erhalten die Möglichkeit, in einem Schlüsselprogramm für die Rettung der Menschheit zu arbeiten.“

„Stimmt es, dass sie aus dem Sternbild Jagdhunde sind?“, fragte meine Kontaktperson.

„Wenn der Mensch sich ständig nur auf der Erde verkörpert, dann ist das für seine Geistesstrukturen gefährlich. Deshalb verkörpert er sich periodisch auf einem anderen Planeten, der sich auf der entgegengesetzten Seite der Galaxie befindet und eine uns ähnliche Zivilisation hat. Außerdem gibt es vermittelnde Zivilisationen, die sich zwischen uns und jenem Planeten befinden. Die Vermittler suchen uns am häufigsten auf. Der Mensch wird periodisch in anderen Welten und anderen Universen geboren, um die üblichen Stereotypen zu zerstören und den Kontakt zum Göttlichen zu aktivieren. Welche anderen Formen von Zusammenarbeit hatten Sie denn noch?“

„Als ich nicht arbeitete und wir nichts zu essen hatten, war, als wir einmal nach Hause kamen, der Tisch plötzlich mit Speisen überladen, sogar eine Pfanne mit heißen Kartoffeln stand darauf. Und danach wurden wir regelmäßig mit Speisen versorgt, von denen wir nicht wussten, woher sie kamen.“

Mein Umgang mit diesen Kontaktpersonen währte nicht lange. Ich machte mir schon Gedanken: „Mit dem ersten Buch habe ich mich so abgemüht, dass ich fast vor Überanstrengung gestorben wäre, und mit dem zweiten habe ich gerade begonnen, obwohl ich doch leben will, und nun sagen mir erfahrenere Schicksalsgenossen voraus, wie ich das zweite Buch schreiben

soll." Doch hiermit war meine „Schonzeit" vorbei. Es wurde ihnen unter Strafe verboten, weiter mit mir Umgang zu haben. Ich
begriff, dass ich mich mit meinen Aufgaben beschäftigen muss,
und sie sich mit ihren. Ich muss das zweite Buch selbst schreiben, ohne auf fremde Hilfe zu hoffen.

Die beste Art von Kontakt ist, wenn der Mensch spürt, dass er
geführt wird, er es aber nicht beweisen kann. Unser Bewusstsein
wird durch offensichtlichen materiellen Kontakt geschwächt und
entstellt. Um etwas qualitativ gut zu tun, darf sich der Mensch
nur auf seine Kräfte verlassen, jede Hilfe kann gefährlich sein.
Er steht sonst niemals auf eigenen Beinen. Nur in kritischen Situationen kommen direkte Weisungen. Im oben erwähnten Fall
hat man mir Kontaktpersonen zugeführt, damit ich sie in Balance bringe, dann hat man sie wieder von mir ferngehalten, um mit
ihnen weiterzuarbeiten.

DOPPELGÄNGER

Aufgrund meiner physischen Vorstellung von der Welt war ich der Meinung, dass jeder Mensch ein einmaliges, einzigartiges Wesen ist und der Tod deshalb absoluten Charakter hat. Auf feiner Ebene stellte sich heraus, dass alles etwas anders ist. Als ich erkannte, dass die Struktur des Universums zellenartig ist und sich die Geisteskonstruktion des Menschen in diesen Zellen wiederholt, änderten sich meine Vorstellungen über den Menschen. Es zeigte sich, dass in Zeit und Raum, sogar in nur einer Welt, jeder Mensch eine Gruppe von Wesen darstellt, die durch eine gemeinsame Informationsstruktur vereint sind. Aus der fernöstlichen Literatur ist bekannt, dass jeder Mensch einen energetischen Doppelgänger hat. Ich konnte mich davon überzeugen, als ich die feinen Feldschichten analysierte, und ich begann, das Verhalten des energetischen Doppelgängers zu studieren. Wenn wir an eine Person denken, wird unser Doppelgänger sofort zu ihr geschickt und sammelt Informationen über sie, wobei die Informationen allerdings auf der Ebene des Unterbewusstseins fließen. Das Verhalten des Doppelgängers wird von Regeln bestimmt, die unserem Bewusstsein entnommen sind, d.h. in Abhängigkeit von meinem Charakter gestaltet sich auch das Verhalten meines energetischen Doppelgängers. Das brachte mich auf den Gedanken zu studieren, wie die Möglichkeiten des Doppelgängers aktiviert und erweitert werden können. Wenn er entsprechend trainiert wird, kann er auf physischer Ebene arbeiten. Ich führe ein Beispiel an.

Einmal spürte ich, dass eine Bekannte in Gefahr war. Mir verblieb nur eine halbe Stunde für ihre Rettung, denn auf der feinen Ebene verlief die Reinigung langsam, ich konnte mich verspäten. Ich schickte meinen Doppelgänger hin und erhielt bald die Information, dass alles in Ordnung war. Nach einigen Tagen traf ich sie.

„Weißt du, dass du am Montag um sechs Uhr abends dem Tode nahe warst?"

„Das stimmt, ich wollte auf den Schrank klettern, um etwas herunterzuholen, stürzte rücklings und bin mit dem Hinterkopf fast gegen die Tischkante gestoßen."

Durch Aktivierung des Doppelgängers lässt sich jede Situation aus der Ferne kontrollieren. Doch nachdem ich die damit verbundene Gefahr gespürt hatte, stellte ich diese Studien ein.

Dazu kam es folgendermaßen. Ich betrachtete einmal einen dieser Hellseher aus der Ferne und spürte plötzlich einen heftigen Angriff. Mir war unverständlich, worum es sich handelte. Wie sich herausstellte, hegte ich eine gewisse Verachtung gegen diesen Menschen. Meine Diagnostik stellte praktisch einen Angriff dar, und der Gegenangriff war so mächtig, dass ich mich hinlegen musste, denn mir wurde schwindlig und schwarz vor den Augen. Die Zeit verging, doch mein Zustand verschlimmerte sich noch. Ich schickte meinen Doppelgänger, der in das Feld dieser Person eindrang. Der Angriff hörte sofort auf. Doch dann wurde mir bewusst, dass die Blockierung durch den Doppelgänger und die Zerstörung des Feldes zum Tod der Person führen konnten. Ich erinnerte mich an Methoden der Magier, bei denen durch ähnliche schädigende Einwirkung ein Mensch nach zehn Tagen stirbt, wobei von den Ärzten als Todesursache Lungenentzündung oder etwas in dieser Art diagnostiziert wird. Ich brauchte einige Stunden, um die von mir zerstörten Feldstrukturen des Hellsehers wiederherzustellen. Mir wurde klar, dass schon das geringste Missbehagen gegenüber einem Menschen dazu führt, dass mein Doppelgänger ihn tötet. Auch den eigenen Kindern oder Nahestehenden kann man etwas übel nehmen. Doch mit wie viel Leben muss dann dafür bezahlt werden? Ich habe mich später noch wiederholt davon überzeugt, dass die gewaltsame Lösung einer Situation eine Niederlage ist, während Verständnis für das Geschehen und die richtige Orientierung ein bei weitem besseres Schutzsystem als jegliche Einwirkung sind.

Erwiesenermaßen hat der Mensch nicht nur einen energetischen

Doppelgänger. Meine Bekannten behaupteten, mich auf der Straße gesehen zu haben, obwohl ich zu dieser Zeit daheim schlief.
Mich interessierte, wen sie gesehen hatten, und ich betrachtete
die Situation aus der Ferne. Das Ergebnis war befremdend. Das
war ich, doch im Zusammenspiel mit Raum und Jenseits war
das sozusagen meine Kopie, die sich dort befand, sich aber hier,
vornehmlich während ich schlafe, verkörpert. Der Doppelgänger kann die Charakteristik des Raums in unserer Welt so verändern, dass er real sichtbar und praktisch vom Original nicht zu
unterscheiden ist. Ich habe lange überlegt, warum wir einen
Doppelgänger brauchen und was seine Bestimmung ist. Wie sich
herausstellte, lebt das Double fünf Leben, und auf feiner Ebene
bin ich gewissermaßen ein Fünftel der Gesamtstruktur.

Wenn der Mensch stirbt, wird sein Körper zerstört und sein
Bewusstsein transformiert, doch die Quintessenz von allem, was
er erlebt hat, muss doch irgendwohin übertragen werden. Das
alles geht auf das Double über. Der Mensch, der ähnlich einer
Biene alles Wichtige im Leben sammelt, gibt es an die Zukunft
weiter. Wenn das Double zerstört wird, werden die wichtigsten
Informationen an die Strukturen des Schicksals weitergegeben,
wobei unser Double als Zeichnung einem Schmetterling ähnelt,
das Schicksal aber entweder einem Vogel oder einer Echse mit
sechs Flügeln. Jedes Gebilde, das in der Zeit lebt, hat Form und
Inhalt, die an die höchsten hierarchischen Strukturen weitergegeben werden.

Mit einer meiner Patientinnen hatte ich folgendes Gespräch:
„Ein Teil Ihrer Probleme erklärt sich damit, dass Programme
aus früheren Leben herübergekommen sind. Im früheren Leben
waren Sie ein Mann und lebten in Australien."

Sie sah mich tadelnd an, als ob ich ihr gerade die Geldbörse
gestohlen hätte.

„Voriges Mal sagten Sie mir, dass ich eine Frau gewesen bin
und in Amerika gelebt habe."

Mir war das peinlich, doch irgendwie ergab sich, dass sowohl die eine als auch die andere Variante richtig war. Wie sich dann herausstellte, hat jeder Mensch einen Doppelgänger anderen Geschlechts, d.h. eine identische energetische Struktur. Beide leben auf der feinen Ebene, befinden sich in ständiger Wechselwirkung. Das erleichtert es, in den einzelnen Leben das Geschlecht zu wechseln. Um sich nicht an die physische Hülle zu klammern, erkrankt, altert und stirbt der Mensch nicht nur, sondern wechselt auch periodisch das Geschlecht. Die dafür erforderliche Hormonveränderung ist minimal. In jedem Menschen ist eine männliche und eine weibliche Anlage. Wenn eine von ihnen 5 bis 10 % überwiegt, wird ein Kind entsprechenden Geschlechts geboren. Ich betrachtete, wie vor der Empfängnis und sogar danach die Geschlechtsorientierung des Kindes schwankt. Wenn auf der weiblichen Linie gefährliche Programme vorliegen (Eifersucht, Hass), wird ein Junge geboren, und die mütterlichen Programme schlafen gewissermaßen in ihm, können jedoch in seiner Tochter aktiviert werden, und umgekehrt.

Wenn der Mensch in einem Leben den Hang zur Geschlechtsumwandlung hat, ist das eine Blockierung des im Innern verspürten Unwohlseins. Einmal kam eine Frau zu mir und sagte, sie würde eine andere Frau lieben und spüren, dass sie die Seele eines Mannes hat.

„Der Wechsel der Geschlechtsorientierung", begann ich ihr zu erklären, „ ist in der Regel mit Eifersucht verbunden. Sie waren im früheren Leben unglaublich eifersüchtig, und die Eifersucht begann sich allmählich in Hass auf Frauen, die Ihnen den geliebten Menschen wegnehmen konnten, zu verwandeln. Wenn sich Ähnliches in diesem Leben wiederholt, halten Sie das nicht aus und werden durch Eifersucht die Liebe zu anderen und sich selbst zerstören. Das heißt, dass Sie in diesem Leben entweder sterben oder eine verstärkte Zuneigung für Frauen spüren und die Geschlechtsorientierung wechseln. Dasselbe ist bei Männern der Fall: Ein eifersüchtiger Mann neigt zur Homosexualität. Eifersucht ist die Orientierung auf den geliebten Menschen, auf Beziehungen, auf das Irdische. Wenn die Geistesstrukturen der

Gesellschaft vom Irdischen abhängig sind, entsteht verstärkte Aggression, die durch Krankheiten, Tod und Wechsel der Geschlechtsorientierung blockiert wird. Im Griechenland der Antike führte der Körperkult allmählich zur Homosexualität. In der Epoche der Renaissance geschah dasselbe. Gegenwärtig erlebt die Menschheit ähnliche Probleme. Das Gebot von Christus ‚Du sollst Gott mehr als Vater, Mutter und deinen Sohn lieben' ist die beste Medizin gegen Homosexualität."

Noch etwas zu den Doppelgängern. Wie sich herausgestellt hat, gibt es außer den praktisch identischen, andersgeschlechtlichen energetischen Hälften noch etwa neun ähnliche. Der Mensch, der auf physischer Ebene individuell ist, wird auf feiner Ebene immer stärker mit der Umwelt verflochten. Ich dachte zuerst, dass Doppelgänger Hälften sind, die einander suchen, um zu heiraten. Nichts dergleichen, sie dürfen sich nicht begegnen, weil sie allzu ähnlich sind. Weitere Forschungen führten mich zu einer interessanten Schlussfolgerung: Der Mensch kann nicht nur in anderen Menschen, sondern auch in Tieren, Pflanzen und sogar Mineralien dubliert werden. Jedem Menschen steht irgendein Tier oder eine Pflanze am nächsten. Eine Frau bat mich, das Tier zu zeichnen, dessen Energiefeld ihrem verwandt sei. Ich begann zu zeichnen, doch der Zeichenstift ging ständig über den oberen Blattrand hinaus. Es bildete sich ein Faultier ab, das an einem Zweig hing.

Auf äußerer Ebene denken wir individuell, auf innerer Ebene kollektiv. Auf den feinsten Ebenen ist alles eins, es ist vollkommen bedeutungslos, ob es sich um Mensch, Tier oder Mineral handelt.

ZUKUNFT

Meine Methode war anfangs ein System des Selbstschutzes. Wenn man mit einer Verwünschung oder mit einem Fluch belegt wird, gibt es immer einen Verursacher, gegen den man sich schützen muss. Dafür ist es notwendig, zu dem, der einem Übles wünscht, Kontakt aufzunehmen, seine Fähigkeiten und Schutzmaßnahmen einzuschätzen. Später, als ich ein für alle Mal beschlossen hatte, auf Aggression niemals mit Gegenangriff zu antworten, lief das ganze Schutzsystem auf ein und dieselbe Prozedur hinaus: Wenn jemand mir gegenüber aggressiv ist, bedeutet das, dass ich in meiner Seele ein analoges Programm habe. Ich entferne es, und der Angriff hört automatisch auf. Wenn es in meiner Seele kein analoges Programm gibt, ist jede Form von Aggression unmöglich. Als ich die Arbeit am ersten Buch begann, spürte ich plötzlich eine Lawine von Angriffen seitens verschiedener Menschen. Es galt, nicht nur die einzelnen Angriffe abzuwehren, sondern ein System der Selbstverteidigung zu schaffen. Das alles verwandelte sich in das System der Selbstreinigung. Als ich mich über das Niveau der üblichen menschlichen Fähigkeiten erhoben hatte, dachte ich, meine Probleme wären nun gelöst und ich hätte einen ausreichenden Reinheitsgrad erreicht, doch das war erst der Anfang. Nun wurde ich von Wesen höherer Ordnungen angegriffen. Wenn der Angriff aus dem Jenseits oder aus anderen Welten erfolgt, oder wenn Zeit und Raum angreifen, muss man, um zu überleben, sehr viel erkennen und berücksichtigen. Das erwies sich später bei der Heilung von Patienten als sehr nützlich. Wenn durch falsches Denken und Handeln die Interessen eines Wesens, z. B. der Zeit oder anderer Welten, beeinträchtigt werden, dann kann der Mensch sehr schnell altern und erblinden. Es war anfangs sehr kompliziert zu erkennen, was für Verstöße vorlagen, wie sie im üblichen Verhalten zum Ausdruck kamen, sowie dementsprechend ein geschlossenes Schutzsystem zu schaffen.

Ich gebe ein Beispiel:
Ich denke über einen Menschen, der sich weit weg von mir befindet, schlecht. Dieser Mensch ist eine Einheit von physischer Hülle und Feld, wobei er sich mit seiner zweiten Hälfte im Raum ausbreitet. Wenn ich hasse oder gekränkt bin, kann ich seinem Körper Schaden zufügen, die Feldstrukturen werden aber praktisch nicht geschädigt. Doch wenn ich ihn verurteile und insbesondere wenn ich ihn verachte, ist der Angriff gegen seine Feldstrukturen gerichtet. Hier kann sich nicht nur das Programm des Menschen selbst, sondern auch das Programm des Raumes als eigenes Wesen aktivieren. Meine physische Hülle muss, um zu existieren, mit dem Raum zusammenwirken. Es gibt Hauptpunkte, wo der Kontakt verstärkt ist. Wenn ein Verstoß in Bezug auf den Raum vorliegt, dann bricht er den Kontakt zu mir ab, und mein Körper beginnt zu verfallen. Krankheiten, Unannehmlichkeiten und Unglück sind die Folge. Da jeder Mensch ein Teil höherer Wesen ist, greifen wir, sobald nur der Angriff von der Oberfläche ins Innere übergeht, bereits diese Wesen an. Dieser Angriff muss mit entsprechenden Mitteln gestoppt werden. Wenn wir unseren alternden, hinfälligen Körper verachten, verletzen wir höchste Gesetze und bekunden Aggression gegen Zeit und Raum mit allen sich hieraus ergebenden Folgen. Wenn ein Patient zu mir kommt, betrachte ich einfach, welche Wesen sich zu ihm schlecht verhalten, übersetze die gegenüber diesen Wesen begangenen Verstöße in normale Sprache und erkläre, wie man sich richtig verhalten muss, um gesund zu sein. Manchmal gaben mir diese Wesen, wenn ich nicht zurecht kam und deshalb umkommen konnte, Informationen in Textform. Doch das war sehr selten. Erst später erkannte ich, warum starke Angriffe aus dem Jenseits erfolgten. Um zu klären, wie sich z. B. Zeit oder Magnetfeld zu dem Menschen verhalten, muss ich zu diesem Wesen Kontakt aufnehmen und, wenn man es so ausdrücken kann,

seine emotionale Haltung zu den Menschen berechnen. Doch in diesem Fall darf bei mir keine Aggression gegenüber diesem Wesen bestehen, sonst kann ich dabei umkommen.

Um den Menschen helfen zu können, habe ich wahrscheinlich unterbewusst damit angefangen, mich auf die Diagnostik höherer Wesen vorzubereiten. Meine Programme haben sie beunruhigt, und als Antwort darauf haben sie begonnen, mich anzugreifen. Normalerweise hätte ich nun Unannehmlichkeiten und schwere oder leichte Erkrankungen zu befürchten. Oder aber ich reinige mich, indem ich meine Methode entwickle, und der Kontakt bleibt ohne Folgen. Krankheit ist also eine Form der Anpassung an Ereignisse, die noch bevorstehen. Krankheit – das ist nicht so sehr die Quittung für die Vergangenheit als vielmehr die Vorbereitung auf die Zukunft, und der Mensch muss als sein Hauptanliegen weniger die Revision der Vergangenheit, als vielmehr die Revision der Zukunft sehen. Die Hauptbemühungen sind nicht auf Selbstgeißelung für früheres Handeln, sondern auf die eigene Änderung zu richten, damit solches in Zukunft nicht mehr geschieht. Reue ist somit mehr auf die Zukunft als auf die Vergangenheit gerichtet.

KÜNFTIGE KINDER

Im Verlauf dieser Jahre habe ich erkannt, dass wir durch Gedanken, Emotionen und Verhalten das Schicksal unserer Kinder beeinflussen, ich wusste aber nicht, dass auch künftige Kinder uns beeinflussen können. Dabei begann alles vollkommen mystisch.

Wir saßen gemütlich beisammen. Unter den Partygästen war ein junger Mann mit seiner Freundin. Bald knüpfte das Mädchen ein Gespräch mit der neben ihr sitzenden Ärztin an. Das Thema war delikat, deshalb gingen beide ins Nebenzimmer. Nach fünf Minuten kehrten sie zurück.

„Ihr habt Klopfzeichen gegeben, um uns zu rufen, und wir sind gekommen", erklärten sie. Wir machten erstaunte Gesichter.

„Niemand hat geklopft. Vielleicht habt ihr euch verhört?"

Die Frauen behaupteten jedoch, jemand habe an die Wand geklopft, sie könnten sich das nicht eingebildet haben, zumal sie im Gegensatz zu uns nüchtern seien. Doch auch wir waren noch nicht in dem Zustand, in dem man nicht begreift, was vorgeht. Etwas an dieser Situation erregte mein Interesse, und am nächsten Tag beschloss ich zu betrachten, was da auf feiner Ebene stattgefunden hatte. Das Geschehen war mit dem Jenseits verbunden, d.h. von dort war geklopft worden. Ich betrachtete weiter, und ich sah, dass der künftige Sohn des Mädchens geklopft hatte. Später, als ich zahlreiche andere Situationen betrachtet hatte, erkannte ich, dass die Seelen künftiger Kinder aus dem Jenseits kommen, d.h. dort ist nicht nur die Totenwelt und die Vergangenheit, sondern auch die Zukunft. Dabei kommen sie über den Südpol auf die Erde. Nach meinen Angaben befindet sich über dem Südpol der Ort des Kontakts mit dieser Welt. Wenn die Seele des künftigen Kindes vollkommen ist, kann es aus anderen Welten kommen, wobei das Kind in unsere Welt über das Zentrum der Sonne eintritt, danach zur Erde kommt und sich auf ihr verkörpert.

Also hatte das Kind aus dem Jenseits geklopft, offenbar mit der Absicht, das Gespräch zu unterbrechen. Das heißt, in dem Gespräch ging es um etwas, was das Kind hinderte, auf die Welt zu kommen. Ich fragte später das Mädchen:

„Sage bitte, worüber habt ihr miteinander gesprochen?"

„Wir sprachen über Verhütung und Schwangerschaftsabbruch."

Diese Tatsache war für mich eine große Überraschung. Wie sich herausstellt, wirkt das Kind mit seinen Eltern bereits viele Jahre vor seiner Empfängnis zusammen.

Den nächsten Erkenntnisschritt auf diesem Gebiet machte ich, als ich versuchte, einer Frau mit schwerem Asthma zu helfen. Zu Beginn der Heilung trat eine sichtbare Besserung ein, doch sie dauerte nicht lange an. Irgendein Grund gab der Krankheit immer wieder neue Nahrung – und das war die Tochter. Ich bat sie, die Tochter mitzubringen, um die Situation leichter korrigieren zu können. Als diese eintrat, wusste ich, dass es schwierig sein wird, die Mutter zu heilen.

„Hören Sie, Sie sind bereit zu töten", sagte ich ihr.

„Na und", antwortete das Mädchen kaltblütig.

„Sie selbst töten, wenn Sie glauben, einen gewichtigen Grund zu haben. Doch wenn Ihre Zustimmung zu einem Mord gefragt ist, geben Sie diese wegen jeder Kleinigkeit. Wenn man tötet, weil man sich verteidigt oder seine Pflicht erfüllt, ist das eine Sache, wenn aber die Seele bereit ist zu töten, ist das etwas vollkommen anderes. Sie sind bereits von vornherein bereit, einen Menschen, der Sie kränkt, zu vernichten. Und nicht nur einen Fremden, sondern auch die eigenen Kinder. Sie haben eine gewaltige Selbstsucht. Ihre Seele kann und will keine traumatisierende Situation akzeptieren und ist bereit, als Antwort darauf Rache zu nehmen und zu töten. Damit aber Kinder zur Welt kommen, muss bei solcher Selbstsucht vor der Empfängnis und während der Schwangerschaft eine starke Erniedrigung hingenommen werden, doch Sie werden, anstatt sich zu reinigen, Ihre Kinder töten und die Schwangerschaft unterbrechen. In der Zukunft haben Sie bereits Ihr Kind im vierten

Schwangerschaftsmonat getötet, und das nächste im siebenten, und dabei sind Sie umgekommen. Ihre inneren Ambitionen und ein glückliches Schicksal sind für Sie der absolute Wert. Und wenn Ihre Seele durch Zerstörung dieser Werte gereinigt wird, dann hassen und töten Sie alles um sich herum. Ihr persönlicher Anteil an der gegebenen Situation, der aus früheren Leben herrührt, beträgt vierzig Prozent; sechzig Prozent stammen von Ihrer Mutter, die in sich das Gefühl der Liebe durch ihre Orientierung auf Wohlergehen unterdrückte und nicht wusste, dass es auf der Erde nichts gibt, was über das Gefühl der Liebe gestellt werden darf. Ihre Mutter hat durch ihr Fehlverhalten Ihre Seele und die Seele der Enkel verunreinigt. Wenn Sie sich daher nicht reinigen und durch Beten die Seelen der Nachkommen reinigen, wird es sehr schwer sein, Ihrer Mutter zu helfen."

Bei der dritten Sitzung sah ich, dass sich das Mädchen änderte. Sein Verhalten wurde weicher und der Wunsch, sich zu ändern, war zu spüren. Zur vierten Sitzung erschienen Mutter und Tochter nicht mehr, und ich begriff, dass man sie von mir fernhielt. Das heißt, ich war unvollkommen und konnte ihnen zu diesem Zeitpunkt nicht helfen. Ich erinnerte mich, dass ich ihr nicht gesagt hatte, wie man durch Beten die Seelen künftiger Kinder reinigen muss. Das war auch der Grund, weshalb sie nicht mehr kamen. Damals heilte ich die Patienten direkt und konnte nicht vermuten, dass ich einmal die Seelen künftiger Kinder sehen, sie diagnostizieren und heilen können würde. Mir war nicht bekannt, dass es in unserem Feld gewissermaßen Wohnräume der Seelen künftiger Kinder gibt, und diese kann man bis ins dritte, siebente, dreizehnte und folgende Glied verunreinigen, wenn Unreines in die Zukunft verdrängt wird. Ich wusste nicht, dass man für die Seelen künftiger Kinder beten und sie durch Gebete reinigen muss. Oft ist es unmöglich, eine schwere Krankheit zu heilen, weil die Seelen unserer Nachkommen verunreinigt sind.

Neulich behandelte ich eine Familie. Ein junges Ehepaar mit Kind und die Mutter der Frau waren gekommen. Sie erzählten, dass sie in letzter Zeit eine ganze Serie von Unglücksfällen erlebt hatten. Nach der Geburt des Kindes waren nacheinander Verwandte seines Vaters gestorben. Die Großmutter hatte sich scheiden lassen, danach war bei ihr Krebs festgestellt worden. Sie konnten einfach nicht verstehen, was hier vorging. Ich betrachtete die Feldstrukturen und erklärte ihnen:

„In letzter Zeit bewegen sich die Karmaschichten immer schneller, und entsprechend nehmen Belohnung und Strafe zu. Für ein Kind mit dunkler Seele wird es schwieriger, auf die Welt zu kommen, denn es wird abgesichert, dass ein Kind mit heller Seele geboren wird. Unter den Menschen herrscht gegenwärtig wenig Liebe, der Kontakt zu Gott hat abgenommen, unsere Überlebenschancen verringern sich. Liebe gibt es bis zur Geburt des Menschen und nach seinem Tod, doch in seinem Bewusstsein fixiert der Mensch aufkommende Liebe als Ergebnis seiner Beziehungen zu jemand, und es entsteht der Wunsch, diese Beziehungen zum Ziel und nicht zum Mittel für die Entwicklung der Liebe zu machen. Wenn das erfolgt, entsteht Eifersucht, die zuerst die irdische und dann die göttliche Liebe tötet. Damit gegenwärtig ein harmonisch veranlagtes Kind auf die Welt kommen kann, müssen die Eltern die Seelen reinigen, sonst werden sie nach seiner Geburt durch Krankheiten und Unglück gereinigt.

Die innere Liebe des Jungen hat ein sehr hohes Niveau, doch auf väterlicher und mütterlicher Linie gibt es eine Abhängigkeit von Beziehungen, Eifersucht und Tötung der Liebe. Damit der Junge auf die Welt kommen kann, sterben Verwandte auf väterlicher Linie, und damit er überlebt, wird die Großmutter auf mütterlicher Linie vom Irdischen getrennt. Deshalb die Scheidung und die Krankheit. Das bedeutet, je mehr ihr alle euer Leben revidiert und euren Seelen eine neue Orientierung gebt, umso gesünder werdet ihr."

Später behandelte ich wiederholt Fälle, in denen falsches Verhalten der Menschen zur Zukunft große Probleme geschaffen hatte. Ich erinnere mich, dass ich einmal einem Mann zu helfen versuchte, der Lungenkrebs hatte. Es gelang mir nicht, die Feld-deformationen zu beseitigen. Sie verschwanden zwar, kamen dann aber wieder.

„Sie haben das Gefühl der Liebe in sich getötet, revidieren Sie Ihr Leben, bitten Sie dafür um Vergebung, dann wird Ihnen besser."

Doch er starb. Ich konnte ihm nicht helfen.

Als sich mein Erkenntnisstand erhöhte und ich auf diese Situation zurückkam, begriff ich, woran es gelegen hatte. Er hatte sich in eine Frau verliebt, von der ihm ein Kind vorbestimmt war. Er hatte seine Familie verlassen wollen, hatte das aber nicht getan. Der Sohn wurde nicht geboren, und er arbeitete diese Schuld mit dem Tod ab, weil er die Familie, das äußere Wohlergehen über seine Liebe gestellt hatte.

Vor mir sitzt ein Patient, der Krebs hat, und ich erkläre ihm:

„Sie haben eine Ehefrau und eine Geliebte, zu der es Sie sehr hinzieht. Von dieser Frau können Sie ein Kind haben, was kein Grund zur Sorge ist. Sie sind erkrankt, weil Sie beschlossen haben, mit dieser Frau Schluss zu machen. Wenn Sie sich von ihr trennen, dann sterben Sie. Wenn Sie zu ihr ziehen, kann Ihre Frau sterben. Ihr alle drei müsst die entstandene Situation akzeptieren. Es ist natürlich am besten, diese Dreieckbeziehung zu wahren und die Ehefrau nicht zu traumatisieren, d.h. ihr die Situation etwas anders zu schildern. Ihre Leidenschaft für diese Frau ist so groß, dass ihr einander durch Liebe töten könnt, deshalb müsst ihr auf Distanz gehalten werden. Die Ehefrau ist auf Familie und äußerst stark auf Beziehungen orientiert, und eine stabile Familie ist für sie gefährlich. Ein Liebesdreieck entsteht nicht von ungefähr, und das Gefühl der Liebe darf nicht mit Füßen getreten werden – das kann tödlich enden. Je ehrlicher der Mensch in einer solchen Situation ist, umso erhabener sind seine Gefühle, umso weniger hängt er am Irdischen, umso leichter löst sich das Problem."

Wohl einen der ersten Fälle, bei denen die Geburt des künftigen Kindes mit der Gesundheit der Mutter verbunden war, behandelte ich während meiner Arbeit in der Poliklinik auf dem Newski Prospekt. Eine Frau kam und erzählte, ihr sei unwohl, sie habe oft Kopfschmerzen und Schwindelanfälle. Sie war zu Wunderheilern gegangen, die ihr erklärt hatten, ihr Feld sei deformiert. Sie hatten es lange wieder hergestellt, doch es hatte nicht geholfen. Ich erklärte ihr, dass sie eine hohe unterbewusste Aggression habe und für sie das Irdische mehr als die Liebe zum Göttlichen bedeute. Sie verstand alles, und ihr ging es besser. Die Frau kam nach einem halben Jahr wieder und sagte, alles habe erneut begonnen, noch verstärkt dazu. Ich betrachtete ihr Feld und sah in ihm die Seele des künftigen Kindes, sah aber auch, dass bei ihr Gebärmutterkrebs begann.

„Sie müssen ein Kind haben", sagte ich ihr, erzählte jedoch nichts von dem onkologischen Befund, damit ihre Entscheidung nicht notgedrungen war.

„Hören Sie, ich habe bereits zwei Kinder, und die gegenwärtige Lage im Land ist sehr schwierig."

„Voriges Mal habe ich Ihnen erklärt, dass irdische Werte und Freuden für Sie mehr bedeuten als die Liebe zu Gott. Sie denken auch jetzt nur an Irdisches, obwohl Ihre Seele ein drittes Kind wünscht. Verstehen Sie, es gibt Frauen, denen es nicht gestattet wird, auch nur ein Kind zu haben, aber Ihre Pflicht ist es, drei Kinder zu haben."

Sie überlegte eine Minute lang.

„Ich soll also die Spirale entfernen lassen?"

„Ja."

„Und nicht verhüten?"

„So ist es."

„Gut, es soll denn geschehen."

Ich betrachtete das Feld und war von den starken Veränderungen überrascht. Das Feld war rein. Wenn die wahre Ursache ermittelt wird, kann man onkologische Befunde schnell korrigieren. Wir trafen uns erneut nach einem Jahr. Ein halbes Jahr lang wurde sie nicht schwanger, doch dann klappte es. Als wir uns das letzte Mal trafen, war sie im sechsten Monat schwanger. Es gab keine gesundheitlichen Probleme, mit dem Kind verlief alles normal, ich konnte mich nur darüber freuen.

Beim Sehen der Zukunft legte ich mir Beschränkungen auf. Ich war bemüht, nur das zu sehen, worauf ich im gegebenen Moment einwirken konnte. Deshalb wurde die Meßlatte meiner seherischen Fähigkeiten nur langsam und qualvoll höher gelegt. Wenn ich sofort alle Zusammenhänge und die Zukunft hätte sehen können, müsste ich nicht so viel arbeiten und würde die Menschen mit meinen Fähigkeiten in Erstaunen versetzen – mehr nicht. Wenn ich daher beim Sehen an die Grenzen des Intellekts gelangte, brach ich ab, machte einen Schritt in der intuitiven Erkenntnis, brach erneut ab und versuchte, einen Schritt in die andere Richtung zu machen, d.h. das zu erfassen, was ich erfahren hatte. Das war manchmal sehr schwierig, doch in den vielen Jahren habe ich mich daran gewöhnt.

Als ich anfing, die Zukunft zu sehen, konnte ich bewerten, welchen Effekt die Schulmedizin und die Einwirkung eines Wunderheilers hoher Ebene haben. Es stellte sich heraus, dass sie die Probleme in die Zukunft der Nachkommen und in unsere künftigen Leben verlagern, d.h. es fand keine Heilung, sondern nur eine Verschiebung statt. Hieraus ergibt sich die Schlussfolgerung:

1. Ohne Änderung des Charakters und der Weltsicht kann der Mensch nicht geheilt werden.

2. Alle Formen von Heilung bedeuten nur eine Verschiebung.

Wenn das erkannt und angewendet wird, dann wird die physische Genesung zu keinen negativen Folgen in der Zukunft führen. Ich weiß nicht, welche Überraschungen die Zukunft für mich bereithält, doch ich denke, dass die Erforschung dieses Themas gerade erst beginnt.

„Es sind bereits einige Monate vergangen, seit wir versuchen, unsere Tochter nach Ihrer Methode zu heilen. Doch mit wenig Erfolg, es hat sogar im Gegenteil eine Verschlechterung ihres

Zustands stattgefunden – ihre epileptischen Anfälle haben zugenommen. Können Sie das irgendwie erklären?"

„Gegenwärtig kann ich nur eins sagen: Die Seelen ihrer künftigen Kinder sind sehr stark verunreinigt und müssen gereinigt
werden. Erzählen Sie mir noch einige Einzelheiten, die ich früher nicht wissen konnte."

„Ihre Probleme begannen sofort nach der Geburt. Seit den ersten Lebenswochen schrie sie im Schlaf. Als sie sprechen konnte, erzählte sie, dass im Schlaf zu ihr immer ein Bär komme und
sie erschrecke. Und mit drei Jahren verlor sie die Sprache. Ich
weiß nicht, ob Ihnen dieses Detail hilft", fuhr der Vater fort, „doch
wir hatten Schwierigkeiten mit der Empfängnis. Wir suchten eine
bekannte Wunderheilerin auf, danach wurde unsere Tochter geboren."

Ich betrachtete erneut die Situation, und allmählich entstand
ein Gesamtbild.

„Wenn Sie nicht Ihren Charakter, Ihre Weltsicht ändern, ist jede
Besserung der Situation nur eine Verlagerung der Unreinheit in
die Zukunft. Ihre Tochter konnte anfangs nicht auf die Welt kommen, weil Sie Ihre Selbstsucht, Ihre Orientierung auf ein glückliches Schicksal, der Seele Ihrer Tochter noch verstärkt übergeben haben. Die Wunderheilerin hat intuitiv Ihre Feldstrukturen
und die Feldstrukturen der Tochter gereinigt, doch alles auf die
künftigen Enkel verlagert. Die Tochter wurde geboren, aber die
Karmaschichten aus der Zukunft schweben herüber in die Gegenwart. Je mehr Unreines in die Zukunft verlagert wird, umso
schwerer bedrückt es später, wenn dieser Aufschub nicht mehr
gegeben ist. Während des Schlafes verstärkt sich der Kontakt
des Menschen zum Jenseits, in dem sich die Seelen der künftigen Kinder befinden, und der im Schlaf erscheinende schreckli-
che Bär ist der verstärkte Kontakt zu den Seelen ihrer künftigen
Nachkommen.

Im Februar/März, sowie im September/Oktober, verstärkt sich
der Kontakt zum Jenseits und zur Zukunft. Wenn dort Unreines
ist, verschlimmern sich die Krankheiten. Sie haben gelitten, sich

gequält und zu Gott gebeten, damit er Ihnen ein Kind gibt, und allmählich haben Sie Ihr Unreines und das abgearbeitet, was Sie den Nachkommen übergeben haben. Mit fremder Hilfe haben Sie einen Aufschub der Probleme erhalten. Im Alter von drei bis fünf Jahren erfolgt die starke Einbeziehung des Menschen in soziale Strukturen, in das irdische Leben. Das alles bewirkte bei Ihrer Tochter einen Ausbruch unterbewusster Aggression gegenüber den Menschen, die sich in ein Selbstvernichtungsprogramm umwandelte und durch den Verlust der Sprache und epileptische Anfälle blockiert wurde. Wenn Sie jetzt Ihre Tochter heilen wollen, dann müssen Sie verstärkt Ihre Seele und die Seelen der Nachkommen reinigen. Wenn Sie das nicht tun werden, dann wird sich im nächsten Zeitabschnitt verstärkter Bindung an das Irdische, im zehnten bis vierzehnten Lebensjahr, das Selbstvernichtungsprogramm nicht nur Ihrer Tochter, sondern auch bei Ihnen als Ursache der Probleme verstärken."

Die Frau schluchzte etwa eine Stunde und sagte, dass ich sie töte. Dann kam sie zur Vernunft. Nach einiger Zeit rief sie mich an und sagte, ihr Zustand habe sich normalisiert.

Ich dachte, die Geschichte sei damit beendet. Ein halbes Jahr ist seitdem vergangen. Nun sitzt sie mir erneut gegenüber.

„Alles war in Ordnung – keine Kopfschmerzen, keine Schwäche- und Schwindelanfälle. Doch vor einem Monat trat alles wieder auf, und es wurde noch schlimmer."

„Und Sie vermuten nicht, warum?", frage ich.

Sie zuckt als Antwort mit den Schultern.

„Vor einem Monat haben Sie einfach gedacht, alles hinter sich zu haben und das Kind nicht zur Welt bringen zu müssen."

Die Frau weint.

„Aber wie soll ich alleinstehend mit zwei Kindern leben?"

„Sie sind berufstätig, Sie haben eine Mutter, die Ihnen hilft, und was am wichtigsten ist, wenn Ihnen beschieden ist, ein Kind zur Welt zu bringen, dann wird Ihnen von oben geholfen, es großzuziehen."

Die Frau trocknet die Tränen und schaut mich aufmerksam an.

„Und wenn ich das Kind nicht haben will, was dann?"

„Das, womit Sie dagegen verstoßen, wird darunter leiden. Da Sie bewusst kein Kind haben wollen, leidet der Kopf. Möglich ist auch eine Gehirnerkrankung, z. B. Epilepsie oder ein Tumor."

„Gut, und wenn ich einen Hirntumor haben werde, können Sie mich heilen?"

„Ich kann."

„Dann ist es ja alles gut", freut sie sich.

„Und warum fragen Sie nicht, wie ich Sie heilen werde?"

„Und wie?", sieht sie mich fragend an.

„Ich werde Ihnen sagen, dass Sie das Kind haben müssen. Macht es da Sinn, erst so zu erkranken?"

Am Abend ruft mich ihre Freundin an.

„Hör mal, sie hat vergessen, dich zu fragen, von wem sie das Kind haben wird."

„Sage ihr, sie weiß schon, von wem."

Bisher ist die Geschichte nicht abgeschlossen. Ich weiß nur, dass sich die Patientin normal fühlt, ein Kind haben will und ihr Privatleben in Ordnung gebracht hat.

ABHÄNGIGKEITEN

Seit meiner Jugend habe ich ein Faible für indische Philosophie. Ich habe gelesen, dass die Abhängigkeit vom Irdischen, von irdischen Leidenschaften und Wünschen dem Menschen Unglück bringen, doch gleichzeitig habe ich gesehen, dass die gesamte Umwelt das Ergebnis menschlicher Wünsche ist. Da ich mir den Widerspruch nicht erklären konnte, dachte ich nicht weiter darüber nach und nahm nicht an, dass ich doch noch, wenn ich mich mit praktischer Tätigkeit beschäftigen würde, diese Frage lösen muss.

Ich habe also gesehen, dass Deformationen der geistigen Feldstrukturen zu Krankheiten führen. Ich musste außerdem klären, welche Emotionen auf welche Weise das Feld deformieren. Als Erstes stellte ich den Hass fest. Er deformiert das Feld im Kopfbereich. Es war erforderlich, im Feld des Menschen die emotionalen Zentren zu finden. Natürlich konnten sie nicht auf physischer Ebene liegen, d.h. es muss das sein, was neben dem physischen Körper vorhanden ist – das sind die Chakren. Ich hörte von vielen Verfahren der Chakrendiagnostik. Einmal führte man mir ein neues Diagnostikverfahren vor.

„Sieh dir das an", erklärte man mir. „Wenn die Hand vom Chakra weggestoßen wird, bedeutet das, dass das Chakra aus dem Gleichgewicht ist. Arbeite mit der Hand oder dem Bleistift, und du spürst das Energiefeld des Chakras."

Ich begann damit zu arbeiten, praktizierte dutzend- und hundertfach das neue Diagnostikverfahren. Das richtete meine Forschungen immer mehr auf die Feldebene aus. Nachdem ich aufgehört hatte, die Krankheit auf physischer Ebene zu suchen, versuchte ich, die emotionale Spannung, die in den Chakren entsteht, mit der Deformation der umgebenden Felder in Verbindung zu bringen. Im Bereich des Kopfs – Hass, Eifersucht und Neid. Im Bereich der Brust – Kränkung. Im Bereich des ersten

Chakras – Unterdrückung der Liebe bei anderen und bei sich selbst. Wenn ich irgendeine Felddeformation sah, modellierte ich sofort, von welchen Emotionen sie hervorgerufen wurde. Das ganze System beruhte auf dem „Ja/Nein-Prinzip".

Ein Mann hat Sehschwierigkeiten. Die Ursache ist Hass, der mit einer Frau zusammenhängt. Das ist vor zehn Jahren passiert. Der Kreis schließt sich. Er muss sich durch Reue und Beten reinigen.

Hundertmal habe ich diagnostiziert und gesehen, dass der Mensch einige Emotionen gleichzeitig hat. Nehmen wir einmal an, es handelt sich um Kränkung und Hass. Oder Kränkung und Unterdrückung der Liebe. Letztendlich stieß ich auf emotionale Felder, die nicht mit den Chakren verbunden sind. Es stellte sich heraus, dass Verurteilung, Feigheit, Verrat, Gotteslästerung und Falschaussage das Feld deformieren. Wenn der Mensch andere belügt, ist das Theater, belügt er sich selbst, ist das Krankheit. Wenn der Mensch innerlich versucht, sich einzureden, dass er jemand nicht liebt, dass jemand unehrenhaft ist, dann kann das eine schwere Krankheit hervorrufen. Gesundheit setzt voraus, dass man innerlich ehrlich ist.

Eine interessante Situation ergab sich bei der Emotion der Feigheit. Ich sah bei einem Menschen den Ausbruch von Feindseligkeit gegen einen anderen, der drei Programme zugrunde lagen – Verleugnung, Hass und Vernichtung. Die Feigheit umfasst fünf Programme: schlechte Meinung von jemandem, Verurteilung, Verleugnung, Hass und Vernichtung. Wobei dieses Aggressionsprogramm unabhängig davon abläuft, ob ich diesen Menschen fürchte oder um ihn Angst habe. Im ersten Fall handelt es sich um Aggression gegen den Menschen, im zweiten Fall um Sorge um ihn. Doch in beiden Fällen läuft es praktisch auf Vernichtung hinaus.

Ich zeichnete die Figur eines Menschen und markierte seine Emotionsausbrüche. Der Ausbruch über dem Kopf – Verleugnung; vor ihm – bewusste Aggression; hinter ihm – notgedrungene Aggression; stirnseitig – er empfand Hass; hinterkopfseitig

– er war schlechter Meinung; brustseitig – er hatte beleidigt; rückenseitig – er fühlte sich gekränkt. Vor dem ersten Chakra – er hatte die Liebe in einem anderen getötet; dahinter – er hatte die Liebe in sich getötet. Das alles war wie Teppichknüpfen. Ich arbeitete täglich zehn Stunden und mehr daran, knüpfte eine neue Weltsicht auf Feldebene. Ich sah manchmal in schwierigen Situationen, wie die menschliche Figur alle aggressiven Emotionen explosionsartig entfachte. So wie eine Spinne, die ihre Fangarme allseitig ausstreckt. Als ich diese Emotionsausbrüche beobachtete, stellte ich eine erstaunliche Tatsache fest.

Nachdem ich erkannt hatte, dass nicht nur gegen Menschen, sondern auch gegen Tiere und Pflanzen gerichtete Aggression Krankheiten verursachen kann, bezog ich das alles in mein System zur Bestimmung des Ziels der Aggression ein. Später wurden in dieses Schema noch andere Wesen integriert: Zeit, Raum, andere Zivilisationen, Jenseits, Schicksal, Göttliches. Im Unterbewusstsein des Menschen werden Informationen in Bezug auf alle Wesen gespeichert. Aus diesem Mosaik gestalten sich sein Charakter, seine Gesundheit und sein Schicksal. Wenn ich den Patienten erklärte, dass bei ihnen ein Vernichtungsprogramm gegen etwas ablief, hörte ich als Antwort oft, dass sie im Gegenteil dafür große Liebe empfanden. Das ließ mich zu der Einsicht kommen, dass eine allzu starke Abhängigkeit von etwas genauso sehr wie Hass tötet. Übermäßige Abhängigkeit erzeugt Hass. Als ich versuchte, auf der Grundlage dieser Konzeption zu arbeiten, verbesserten sich die Ergebnisse.

Zu mir kam ein Patient, dem ich einige Monate zuvor nicht hatte helfen können. Der junge Mann sprach besorgt über Probleme in der Familie.

„Meine Schwiegermutter hat vor einigen Monaten beide Arme gebrochen. Als sie aus dem Krankenhaus kam, brach sie sich ein Bein. Hier stimmt eindeutig etwas nicht. Es ist zu spüren, dass jemand das beeinflusst."

„Ja, Einflussnahme liegt vor", antwortete ich. „Der Verursacher sind Sie."

„Wie kommen Sie darauf?", fragte der junge Mann verdutzt.

„Ich habe ein hervorragendes Verhältnis zu ihr."

„Eben das ist auch die Ursache. Sie haben die Tendenz, Menschen lieb zu gewinnen, und damit schaden Sie ihnen. Sehen Sie: Das ist der Körper des Menschen, und hier ist sein Feld – Geistesstrukturen. Und hier, im Feld, befinden sich die Systeme, die den Menschen vor Unglück schützen. Wenn Sie für jemand Zuneigung empfinden, durchbrechen Sie das in den Feldstrukturen vorhandene Schutzsystem dieses Menschen und beeinträchtigen sein Schicksal."

„Was soll ich also tun?", fragte der Patient.

Ehrlich gesagt, ich wusste damals auch nicht, was ich darauf antworten sollte, doch ich versuchte zu helfen.

„Da Sie eine so starke Zuneigung zu anderen Menschen und Ihrer Umgebung verspüren, müssen Sie davon etwas Abstand gewinnen. Fixieren Sie Ihre Gedanken nicht auf Nahestehende, ziehen Sie sich periodisch von allem zurück. Ihr Leitmotiv soll nicht Wohlwollen, sondern Abweisung sein. Und das Wichtigste – Sie müssen verstehen, dass man mit seiner Seele nicht an anderen Menschen hängen darf."

Das war eine Wende in meinen Ansichten. Die Abhängigkeit vom Irdischen fügt dem, woran ich hänge, großen Schaden zugefügt, doch auch ich kann dadurch Schaden erleiden. Wie sich später herausstellte, kann man nicht nur in große Abhängigkeit von einem Menschen, sondern auch von einem Tier, dem Haus, in dem man wohnt, und auch von der Arbeit geraten.

Ich versuchte, einem Patienten zu erklären, dass er große Liebe für seine Tochter empfindet und sie deshalb krank ist.

„Soll ich sie nun etwa hassen?", fragte er empört.

„Nein, es ist eine Frage des Verhältnisses. Man darf sich nicht allzu stark an Irdisches binden."

Doch es fiel ihm sehr schwer, mich zu verstehen. Wenn ich nichts erreichte, ließ ich oft den Mut sinken. Doch das Schicksal bescherte mir auch Erfolge, und allmählich machte ich Fortschritte.

Einmal fuhr ich mit einem Freund aufs Land. Eines seiner Augen war geschwollen und blutunterlaufen. Am Vortag hatte er mit dem Hammer auf Emaille geschlagen, wovon ihm kleine Splitter ins Auge geraten waren.

„Meine Frau hat gestern den ganzen Abend versucht, die Schwellung zu beseitigen. Wir haben das Auge wiederholt gespült, doch es wurde immer schlimmer."

„Die Ursache liegt darin, dass du allzu sehr auf deine Datsche und Datschenprobleme fixiert bist", sagte ich ihm. „Und die Augen wurden gewissermaßen geblendet, damit du weniger auf sie blickst und an sie denkst."

„So ist es!", rief er erstaunt aus „In den letzten Tagen habe ich nur noch an die Datsche gedacht."

Nach einigen Stunden war das Auge wieder vollkommen in Ordnung. Die Einsicht, dass man sich allzu sehr an etwas gebunden hat, ist effektiver als alle Beschwörungen und Zaubersprüche.

Die nächste Entdeckung auf diesem Gebiet bestand darin, dass die Abhängigkeit vom Irdischen in gewisser Weise anderen Welten schaden kann. Warum greifen andere Welten, wenn ihnen Schaden zugefügt wird, immer das Sehvermögen an. In meinem System gab es neben Menschen, Tieren, lebender und unbelebter Materie auch andere Welten, weil sie, wie sich herausgestellt hat, für unsere Existenz von großer Bedeutung sind.

Der größte Teil meiner Zeit ist Forschungen gewidmet. Einmal beschloss ich zu klären, welchen Schaden Habgier hervorruft. Stiftet ein habgieriger Mensch, der nur auf seinen Vorteil bedacht ist, Schaden? Das Ergebnis war vollkommen unerwartet. Wie sich herausstellte, ist Habgier das Programm zur Vernichtung anderer Welten. Aber in welchem Verhältnis stehen menschliches Fehlverhalten und die Aggression gegen andere Welten? Das konnte ich nicht verstehen. Wenn mir etwas unverständlich ist, dann klammere ich dieses Thema nicht aus, sondern schiebe es vorerst beiseite. Früher oder später komme ich darauf zurück – mein Gedächtnis speichert alles. Das hat mich wiederholt bei meinen Forschungen gerettet.

Eine junge Frau brachte ihren Verwandten zu mir.

„Er hat unheilbaren Magenkrebs, helfen Sie ihm, wenigstens die Schmerzen zu ertragen."

Ich betrachtete, was die Ursache war, und sah eine starke Aggression gegen die unbelebte Natur. Sie wurde durch onkologische Krankheiten blockiert. Magenkrebs bedeutet Kränkungen. Ich stellte fest, dass das mit der Arbeit zusammenhing.

„Wenn Sie sich nicht durch die Menschen und alles, was mit der Arbeit zusammenhängt, gekränkt fühlen, dann werden Sie nicht krank sein."

„Wie soll ich nicht gekränkt sein", rechtfertigte sich der Patient verlegen. „Ich arbeite wie ein Stier, erhalte dafür sehr wenig Geld und werde noch dazu von den Vorgesetzten ungerecht behandelt."

„Wenn Sie das Geschehen als Ursache betrachten, dann können Sie die Kränkung nicht überwinden. Jede Unannehmlichkeit, die Ihnen widerfährt, ist nicht Ursache, sondern Folge. Die Ursache ist die Unvollkommenheit Ihrer Seele, die durch Unannehmlichkeiten gereinigt wird. Und Sie reagieren darauf mit Gekränktsein, d.h. Sie wollen sich nicht reinigen, und dafür werden Sie noch stärker gekränkt. Sagen Sie deshalb den ganzen Tag immer wieder: Ich liebe alle, ich empfinde gegen niemand Groll."

Nach einigen Tagen rief ich den Patienten an, und er sagte, er fühle sich normal und die Schmerzen seien verschwunden. Ich bot ihm an, eine Woche später zu einer Sitzung zu kommen, doch er kam nicht. Als ich das Feld betrachtete, sah ich, dass sich bei ihm alles normalisiert hatte.

Zu dieser Zeit bat mich eine Bekannte, die begonnen hatte, sich nach meinem System heilen zu lassen:

„Ich bin es leid, für alle meine Verfehlungen einzeln Abbitte zu leisten. Gib mir doch ein Gebet, damit alles auf einmal gereinigt wird."

Da Krankheit durch Aggression hervorgerufen wird und geheilt werden kann, indem die Seele durch Reue gereinigt wird, ist ein Mensch, der in sich Liebe spürt, körperlich gesund und glücklich. Man muss nur ständig in sich die Liebe zu den Menschen erziehen.

„Stehe morgens auf und wünsche deiner ganzen Umwelt – Menschen, Tieren, Gräsern und Blumen – alles Gute. Und sage: ‚Ich liebe mich, ich liebe andere Menschen, ich liebe die Erde, ich liebe den Kosmos, Gott, das Universum.' Dann wird sich deine Seele von Aggression reinigen, und du wirst gesund sein."

Die Bekannte war begeistert. Früher hatte ich immer davor Angst, Empfehlungen zu geben. Wenn man dem Menschen eine Beschreibung des Weltbilds gibt, wird er selbst nach dem Weg suchen, doch wenn man ihn führt, ohne etwas zu erklären, kann er umkommen.

„Wozu rufen Sie denn eigentlich auf?", wurde ich oft gefragt. „Das ist doch alles seit langem bekannt."

Ich rufe zu nichts auf und rate zu nichts, sondern gebe eine Beschreibung des Weltbildes, das sich mir eröffnet. Jeder entscheidet selbst, was er tun muss. Meiner Bekannten hatte ich hiermit erstmals eine Empfehlung gegeben. Ich hatte das Empfinden, dass ich zu praktischem Handeln bereit war. Es war von Interesse, wie schnell sich ihre Seele zu reinigen beginnen würde. Aber nach zwei Tagen begann ich zu erblinden. Mein rechtes Auge rötete sich und schwoll an. Jemand griff mich an, und ich begann, die Ursache zu suchen. Wenn es ein Mensch ist, dann muss das analoge Programm in seiner Seele beseitigt werden, und der Angriff ist beendet. Wenn es die unbelebte Natur ist, muss die Verärgerung und Wut über unbelebte Objekte beseitigt werden, und das Programm wird eingestellt.

Ich begann, die Situation zu untersuchen, und sah plötzlich verwundert, dass mich andere Welten angreifen. Nach der Stärke der Einwirkung auf mich zu urteilen, stellte ich für sie eine große Gefahr dar, weil ich irgendeinen groben Verstoß begangen hatte. Was das war, konnte ich nicht verstehen. Das Sehvermögen verschlechterte sich stündlich. Meine fieberhaften Versuche, die Sachlage zu klären, waren ergebnislos. Ich erinnerte mich, dass Habgier das Programm zur Vernichtung anderer Welten ist. Doch in letzter Zeit war bei mir nichts passiert, worin sich das hätte äußern können. Mein ganzes Leben hatte ich in Armut gelebt, ich war niemals habgierig. Im Gegenteil, ich spürte, dass ich mich völlig der Arbeit an mir hingeben und von vielen Dingen fernhalten konnte, die zu Wohlstand führten. Das hieß also, es handelte sich hier nicht um Habgier. Es arbeitete irgendein Mechanismus, der habgierigem Verhalten entsprach.

Was ist Habgier? Das ist eine allzu starke Bindung an irdische Güter und die Bereitschaft, sich dafür vom Heiligen Geist loszusagen, d.h. von Anstand, Edelsinn und Liebe. Habgier schadet anderen Strukturen, und meine Geistesstrukturen verbreiten sich auf feiner Ebene im ganzen Universum.

Ich erinnerte mich an meine Forschungen, die andere Welten betrafen.

Die Struktur des Universums ist zellenförmig. Zellen sind andere Welten. Und das Wichtigste: Meine Informationsstruktur wird in jeder dieser Welten dubliert, mit anderen Worten, in jeder der Welten ist mein Informationsdoppelgänger. Das heißt, wenn ich allzu stark vom irdischen Glück abhängig bin, dann „ziehe ich die Decke zu mir", ziehe ich alles aus anderen Welten zu meiner Hülle in dieser Welt, vernichte ich meine Doppelgänger in anderen Welten. Da jeder von ihnen mit der Welt, in der er lebt, verflochten ist, ist das faktisch ein Programm der Deformation anderer Welten. Das heißt, für alle meinen Bestrebungen gibt es eine Grenze, hinter der der Zerfall beginnt.

Indem ich die Situation der letzten Tage schrittweise analysierte, versuchte ich zu verstehen, was mich so stark an die Erde band. Doch trotz aller Bemühungen konnte ich mich an kein bedeutsames Ereignis erinnern. In Frage dafür kam einzig und allein der meiner Bekannten gegebene Ratschlag, wie sie beten solle. Auf jeden Fall beschloss ich, diese Variante zu überprüfen. Ich rief sie an.

„Guten Tag, wie geht es?"

„Mit meinem Auge ist etwas passiert, ich kann schlecht sehen."

„Betest du, wie ich dir geraten habe?"

„Natürlich. Morgens, mittags und abends. Und meinen Kindern habe ich es beigebracht, und auch meine Mutter betet."

„Sage ihnen unverzüglich, sie sollen aufhören, so zu beten. Hierin ist etwas Gefährliches."

Ich legte den Hörer auf und begann, das Geschehene zu analysieren. Wenn man eine kritische, gefährliche Situation als Unglück auffasst, geht man daran zugrunde. Doch wenn man sie als Möglichkeit zur Selbstvervollkommnung auffasst, dann findet statt Zerfall Erbauung statt. Ich erinnere an den bekannten Ausspruch: „Gott erlegt keine Prüfungen auf, denen man nicht gewachsen ist." Und deshalb betrachte ich in den letzten fünfundzwanzig Jahren jede Situation als nächste Stufe zur Erkenntnis der Welt. Immer wieder las ich den Text, den ich meiner Bekannten gegeben hatte, und schließlich wurde mir alles klar.

Bei mir folgte der Begriff „Gott" nach Menschen, Tiere, Pflanzen und Erde. Aber das erste Gefühl der Liebe muss, nach allem zu urteilen, Gott gewidmet sein. Sobald ich das erkannt hatte, verbesserte sich sofort mein Sehvermögen. Ich rief erneut die Bekannte an. Ich erklärte ihr die Situation, und nach einigen Stunden normalisierte sich unser Sehvermögen. Erst dann wurde mir der Sinn des wichtigsten Gebotes von Jesus Christus verständlich: „Du sollst Gott mehr als Vater, Mutter und deinen Sohn lieben." Später habe ich an Hunderten Beispielen gesehen, dass Liebe tötet, wenn sie zuerst zur Erde und dann zu Gott gerichtet wird. Andererseits reinigt Liebe, die über Gott geht. Man muss nicht nur das Verhalten, sondern auch den Charakter und die

Weltsicht ändern. Die Menschheit muss zum bewussten und wissenschaftlich begründeten Streben zu Gott gelangen. Der Glaube an Gott darf sich nicht in Fanatismus und Dogma verwandeln. Und die bewusste, rationale Orientierung darf sich nicht vom Kontakt zum Höchsten lossagen. Diese Erkenntnis wurde zum Kernstück und Sinn des zweiten Buches.

Nach all dem, was mit mir geschehen ist, habe ich das Diagnostiksystem qualitativ verändert. Ich habe begriffen, dass Aggression sekundär ist und ihr Liebe zugrunde liegt, die auf die Erde gerichtet ist und unsere Seele an irdisches Glück fesselt. Und ich habe begonnen, die Punkte der irdischen Bindung zu suchen und der Seele durch Änderung der Weltsicht, des Charakters, durch Gebet und Reue ihre Harmonie wiederzugeben.

Ich kam nach Hause und brachte Naschwerk mit. Sofort bedrängte mich meine Tochter.

„Papa, lass mich schnell mal kosten, ich habe großen Appetit auf Süßes."

„Immer schön langsam, wir essen erst zu Abend, dann kannst du kosten."

„Papa, gib mir gleich etwas, sonst sterbe ich. Wenigstens ein kleines Stück."

„Gut, ich gebe dir, soviel du willst, erfülle nur eine Bitte."

„Bitte, bitte", quengelte sie. „Ich tue alles."

„Setz dich auf die Couch, lege die Hände auf die Knie. Danke im Stillen Gott dafür, dass er dir schmackhaftes Essen gibt."

Sie machte das alles, dann blickte sie mich enttäuscht an.

„Mir ist die Lust zu essen vergangen."

„Gräme dich nicht, der Appetit kommt gleich wieder, aber ganz normaler Appetit. Das erste Gefühl der Freude und Dankbarkeit muss dorthin gewidmet werden", zeigte ich nach oben, „ das zweite dann allem, was du liebst."

Sie ging in die Küche, und ich sah, wie sich alles in ihr gewandelt hatte, sogar ihre Bewegungen waren ruhig und sanft geworden.

ANBETUNG DES IRDISCHEN

Es ergab sich, dass ich im Leben viele Interessen hatte, und die beiden wichtigsten waren Philosophie und der Wunsch, die Welt zu erkennen. Mit zwanzig Jahren versuchte ich, Schriftsteller zu werden, und hatte auch unerwarteten Erfolg auf diesem Gebiet. Ich versuchte, der Schauspielschule beizutreten, man bot mir an, als Berufssänger zu arbeiten, ich studierte an der Akademie für Militärmedizin und an der Hochschule für Architektur. Fünf Jahre lang arbeitete ich auf dem Bau. Alles das hilft mir jetzt. Bei meiner Arbeit ist es erforderlich, gleichzeitig Philosoph, Arzt, Psychologe, Soziologe, Pädagoge, Dichter, Schriftsteller und Künstler zu sein.

Mir fällt es leicht, neue Informationen zu erhalten. Wesentlich schwerer ist es, sie zu einem einheitlichen System zu verbinden. Ohne philosophisches Herangehen, das ich mir das ganze Leben lang angewöhnt habe, kommt man hier nicht aus. Doch wie soll ich das alles den Patienten erklären? Ich kann ihnen nur ein Prozent der Informationen, die ich erhalte, vermitteln, doch darin muss das Empfinden allumfassender Auskunft sein.

Der Mensch ist ein dialektisches Wesen, das aus zwei Hälften besteht. Die eine Hälfte ist Materie, die andere – Feld. Die Materie ist der Körper des Menschen, er ist auf die Erde und alles Irdische ausgerichtet. Das Feld ist Denken, Seele und Geist des Menschen. Es umfasst das ganze Universum und alles Sein, ist auf feinster Ebene Teil des Ursprungs. Damit Gegensätze ineinander übergehen und zusammenwirken, müssen sie einen Vermittler haben, in dem sich ihre Eigenschaften vereinen können. Dieser Vermittler ist die Seele des Menschen. Auf feiner Geistesebene gibt es zwischen uns Menschen keinerlei Unterschiede, wir sind ein einheitliches Ganzes. Unsere physischen Hüllen sind verschieden. Auf der Ebene der Seele sind wir sowohl ähnlich als auch verschieden. Bewusstsein und Intellekt des Menschen sind die Feldsstruktur, die auf die Erde ausgerichtet und mit dem Körper verbunden ist. Der Geist des Menschen strebt zu Gott, und die Seele, d.h. die Emotionen des Menschen, vereint die entgegengesetzten Grundlagen und strebt sowohl zu Gott als auch zur Erde. Das Wichtigste für die Seele ist daher, das Verhältnis zwischen Hinwendung zum Irdischen und Hinwendung zum Göttlichen zu regeln. Früher war das ein Pendelvorgang. In einem Leben ist der Mensch dem Irdischen näher und klammert er sich daran, und seine Emotionen werden immer niedriger. In der nächsten Verkörperung kann er mit einer solchen Orientierung nicht mehr überleben, seine Seele strebt zur Ethik, zu Gott, er wird gottesfürchtig. Deshalb erkranken oft anständige und gute Menschen und sind unglücklich, denn Krankheiten und Unglück blockieren das Unreine, das sich in ihrem Innersten befindet oder aus früheren Leben herübergekommen ist. Schufte und Taugenichtse dagegen haben ein herrliches Leben, weil ihr Innerstes aus früheren Leben rein ist.

Gegenwärtig hat sich der Entwicklungsprozess beschleunigt, und die Entwicklung verläuft nicht als Spirale, sondern als Doppelspirale. Das ähnelt zwei Pendeln, die entgegengesetzt ausschlagen. Wenn die Seele früher vom Irdischen zum Göttlichen pendelte und sich das Bewusstsein des Menschen entweder der Erde oder Gott zuwendete, so muss gegenwärtig das Bewusstsein gleichzeitig sowohl zu Gott als auch zur Erde streben. Die Prinzipien eines solchen Bewusstseins sind in der Bibel formuliert, aber nicht als Konzeption, sondern durch die Gesamtheit der Denksprüche, Gebote und Handlungen, die in ihr beschrieben sind. Wenn früher das Pendel der Seele mal nach rechts, mal nach links, mal zur Erde, mal zu Gott ausschlug, der Mensch entweder nur Heiliger oder Geschäftemacher war, so muss der Mensch gegenwärtig sowohl Heiliger als auch Geschäftemacher sein. Das ist nur möglich, wenn ein neues System der Weltsicht geschaffen wird und sich neues Denken entwickelt, in dem Materialismus und Idealismus, Wissenschaft und Religion, Geistiges und Materielles vereint sind. Dieser Prozess, der zur

Entstehung der künftigen Menschheit führt, findet gegenwärtig im Bewusstsein der Menschen statt.

Jetzt komme ich auf die beiden Hälften von Körper und Geist zu sprechen. Auf der feinen Ebene bin ich letzten Endes mit der ganzen Menschheit und dem ganzen Weltall verbunden. Auf einer bestimmten Geistesebene ist die Masse meines Geistes die Masse der ganzen Menschheit. Doch meine physische Hülle ist nur ein Bruchteil der Menschenmasse. Hieraus ergibt sich, dass die Interessen meines Geistes bei weitem wichtiger als die Interessen meiner Hülle sind. Deshalb muss die Sorge um die Geistesstrukturen bei weitem größer sein als die Sorge um die Körperstrukturen. Man erlaubt mir nicht, mich um meine körperliche Hülle zu kümmern, wenn ich nicht für alle arbeiten will. In der Geschichte der Menschheit geschah dies folgendermaßen. Es entstand die Religion, die alle Interessen des Menschen auf den Geist und über ihn auf den Kontakt zu Gott richtete und den Menschen veranlasste, unter der Herrschaft des Geistes und nicht des Körpers zu leben. Die Religion brachte die Philosophie, die Kunst und später die Wissenschaft hervor. Die Philosophie ist der Vermittler zwischen Religion und Wissenschaft. Deshalb hat Hippokrates gesagt: „Ein Philosoph als Arzt kommt Gott gleich." Die Wissenschaft war mit dem Körper des Menschen und der Verwirklichung seiner Bedürfnisse verbunden, entwickelte aktiv das Bewusstsein und den Intellekt des Menschen. Mystische und okkulte Tendenzen sind das Verbindungsglied zwischen Wissenschaft und Religion. Neue Wissenschaften entstanden aus mystischen Tendenzen, wie z. B. aus der Alchimie, die später zur Chemie wurde.

Religion und Wissenschaft mussten gegeneinander kämpfen, denn eine Vereinigung entgegengesetzter Punkt in einem Pendel bedeutet seinen Stillstand. Aber bei zwei Pendeln, die entgegengesetzt ausschlagen, sehen wir etwas anderes. Doch wohin sich auch immer die Seele bewegt, die Priorität höchster geistiger Prinzipien muss strikt gewahrt werden. Deshalb sprechen alle Religionsschulen davon, dass der Sinn des Lebens darin besteht, zu dem, der uns geschaffen hat, zu streben. Das ist das Primat des Geistigen über das Irdische. Mein Bewusstsein kann an das Irdische gebunden sein – das ist nicht schlimm, doch der größere Teil meiner Seele und mein Geist müssen zu Gott streben.

Anfang der 60er Jahre betrieben Wissenschaftler Meeresforschungen und stellten dabei fest, dass von den in Kolonien im Wasser lebenden Organismen jeder einzelne nur 20 % der lebensnotwendigen Stoffe für sich behält und 80 % in das Wasser abgibt. Lange konnten sie nicht begreifen, warum das so ist, dann verstanden sie es. Es stellte sich heraus, dass die gewissermaßen sinnlos abgesonderten chemischen Stoffe Bindungen zwischen den Organismen schaffen, dank derer die Kolonie überlebt. Diese Regeln gelten auf allen Ebenen der Organisation von Lebewesen. Der Mensch bildet hier keine Ausnahme. Nur 20 % der Energie seiner Seele soll er für sich und seine irdischen Probleme verwenden, die restlichen 80 % Gott geben. Je mehr die Seele des Menschen ans Irdische gebunden ist, desto mehr muss sie zu Gott streben, während andererseits ein geistlich reicher Mensch dem Irdischen Aufmerksamkeit schenken kann. Eine gesunde Zelle arbeitet zuerst für den Organismus, dann für sich. Wenn die Zelle den Organismus vergisst und beginnt, nur für sich zu arbeiten, dann ist sie der Vernichtung geweiht. Die Versuchung, das Primat des Organismus zu vergessen, ist sehr groß, denn die Zelle sieht ihn nicht und erhält alles Lebensnotwendige von den sie umgebenden Zellen. Deshalb muss periodisch das Zusammenspiel mit diesen Zellen gestört werden, damit die Zelle den Hauptimpuls dem Ganzen und nicht dem Teil widmet. Es gibt noch ein wirksames Mittel – den Tod der Zelle. Damit wird abrupt der Kontakt zu den anderen Zellen abgebrochen, und ihre wichtigste Informationsstruktur ändert sofort die Orientierung von der physischen Hülle, wo alles getrennt ist, auf die Feldhülle, wo alles vereint ist. Nachdem sie die höchste Stufe der Einheit mit dem Organismus verspürt hat, kehrt die Zelle auf die physische Ebene zurück und vergisst diesen Kontakt. Obwohl ihr Bewusstsein nur auf die eigenen Interessen gerichtet ist, befiehlt ihr das Unterbewusstsein, wo sich das Langzeitgedächtnis befindet, in erster Linie für den Organismus zu arbeiten. Deshalb kommt es in einem gesunden Organismus zum periodischen Absterben von Zellen, während Krebszellen praktisch unsterblich sind.

Somit ist der Tod, d.h. die Zerstörung der physischen Hülle und die Aktivierung der Feldhülle, in der Natur der mächtigste zwingende Entwicklungsfaktor. Die Gesetze sind für alle Organismen gerecht, ob es sich nun um einige lebende Moleküle oder Bakterienkolonien, die Menschheit oder alles Leben im Universum handelt.

Der Mensch ist eine solche Zelle im Universum. Und als gesunde Zelle muss er zuerst für das Universum und dann für sich arbeiten, und Gott soll er mehr als alles, was ihn mit der Erde verbindet, lieben. Das höchste Glück auf Erden soll die Liebe zu Gott sein, und der Mensch soll das Schwergewicht im Leben nicht auf irdische Werte, sondern auf die Liebe zu Gott legen. Das ist die Hauptsache. In unser Unterbewusstsein, d.h. in unsere Seele, gelangt alles, was ständig im Bewusstsein erfasst wird. Wenn der Mensch nur an Irdisches denkt, sich ans Irdische klammert und dabei das Göttliche vergisst, dann verschreibt er seinem irdischen Leben nicht nur einen Teil seiner Seele, sondern seine ganze Seele. Er gleicht einer Krebszelle, die den Organismus vergessen hat und nur für sich arbeitet. Dieser Prozess muss gestoppt werden, denn die Degradation der Geistesstrukturen ist für das ganze Universum gefährlich. Deshalb muss der Mensch periodisch durch Krankheiten, Traumata, Unglück und Tod in Abhängigkeit davon, wie sehr seine Seele am Irdischen hängt, vom Irdischen losgelöst werden. Und von dem Vermögen, das alles als gottgegeben hinzunehmen, hängt es ab, wie die Seele gereinigt wird. Wird eine Rettung durch die Zerstörung des Irdischen nicht akzeptiert, erfolgt eine noch stärkere Bindung an das Irdische und an Aggression.

Wie ist festzustellen, ob die Seele dem Irdischen verfallen ist? Sehr einfach – anhand der Aggression. Sie ist das Signal, dass die Seele begonnen hat, sich dem Irdischen zuzuwenden. Nehmen wir an, dass meine Seele am Geld hängt. Das heißt, dass bei mir automatisch, ob ich es will oder nicht, Emotionen aufkommen, die mit Folgendem verbunden sind: Verachtung für jene, die kein Geld haben; Neid auf jene, die mehr Geld haben; Hass gegen jene, die mich bestehlen; Verurteilung jener, die Geld geliehen und nicht pünktlich zurückgegeben haben; Bedauern für jene, die nicht imstande waren, mehr Geld zu verdienen; und Lebensunlust, wenn ich Geld verliere. Ich werde in ständiger Angst um Geld leben und von ihm träumen. Das alles wird mich noch stärker an das Irdische binden, und meine Seele wird immer aggressiver. Solange dieser Prozess nur im Bewusstsein abläuft, ist er für das Universum nicht gefährlich, denn der bewusste Intellekt ist ein Bruchteil dessen, was wir Geist nennen, und er ist mit dem Körper und seinen Bedürfnissen verbunden. Das ist wie Gift, das sich im Herbst in den Blättern ansammelt – für den Baum ist es ungefährlich, aber die Blätter fallen. Doch wenn das Gift in die Wurzeln gelangt, die den ganzen Baum ernähren, dann ist das schon gefährlich. Aggression, die die Seele erfüllt, wird für das Universum zum gefährlichen Gift.

Je mehr ich hasse, verurteile und verachte, desto stärker bindet sich meine Seele an die Erde und umso schneller gelangt diese Aggression in mein Unterbewusstsein, d.h. in meine Seele. Je feiner die Ebenen sind, in die sie vordringt, desto schneller muss sie aufgehalten werden. Hier gibt es vier Varianten: Die erste Variante – die freiwillige. Ich spüre, dass etwas nicht stimmt, und beginne, anderen zu helfen, spende Geld für karitative Zwecke oder verzichte ganz auf Geld. Wenn ich das nicht tue oder nicht vermag, mich dadurch zu reinigen, setzt ein Zwangsmechanismus ein. Die zweite Variante – ich muss das Geld entweder verlieren oder ich werde bestohlen. Wenn ich gegen den Dieb keinen Hass empfinde und ihn nicht verurteile, reinige ich mich. Wenn ich ihn aber verurteile, es ihm übel nehme und beginne, ihn zu verachten, d.h. diese schonendste Form der Reinigung nicht akzeptiert habe, setzt die dritte, härtere Variante ein:

Krankheiten, Traumata, Unglück sind die Folge. Wenn ich mich innerlich nicht zu reinigen vermocht habe, folgt die letzte Variante der Reinigung – der Tod. Das ist eine paradoxe Situation: Durch einen Menschen, der mich bestiehlt, wird mir das Leben gerettet. Das Vermögen, sich äußerlich dagegen zu wehren und es innerlich vollkommen zu akzeptieren, macht die Seele und damit auch den Körper gesund.

Der Mechanismus der Seelenbindung an die Erde war von alters her bekannt und wurde durch verschiedene Techniken blockiert. Eine von ihnen war die Opferbringung. Die urzeitlichen Jäger gaben den besten Teil der Beute den Geistern. Sie wussten, dass sonst die nächste Jagd erfolglos sein wird. Das war völlig richtig. Alles, woran wir hängen, müssen wir opfern. Dieser Mechanismus kommt in Moses Geboten zum Ausdruck. Das erste Gebot: „Ich bin der Herr, dein Gott. Du sollst nicht andere Götter haben neben mir." Der erste Gedanke muss immer an Gott sein, man darf nichts auf der Erde anbeten. Das Gebet ist das Ziel. Nichts Irdisches kann das Ziel sein, sondern nur Mittel. Deshalb stürzte sich Moses in die Menge der Anbeter des goldenen Kalbes und tötete sie. Er hatte sofort erkannt: Wenn dieser Menschenmenge nicht Einhalt geboten wird, kann das ganze Volk entarten.

Bereits vor Tausenden Jahren konnte die Seele des Menschen sichtbaren materiellen Gütern verfallen. Das war die erste Ebene des irdischen Glücks: Speisen, sexuelles Vergnügen, Haus, Besitz, Geld. Wenn der Mensch seine Seele daran hing, wurde er habgierig, hasserfüllt und nachtragend. Und er musste alle Güter verlieren, um die Seele zu reinigen. Um dem Irdischen nicht vollkommen zu verfallen, wurden periodische Beschränkungen im Ess- und Sexualverhalten eingeführt. Es entstanden Sitten und Bräuche, die es nicht zuließen, dass der Mensch Gott vergaß und mit seiner Seele an der Erde hing.

Doch die Jahrtausende vergingen, die Menschheit erhöhte ihr Geistesniveau und ihre Abstraktionsfähigkeit. Der Mensch sah nicht nur den einen oder anderen Gegenstand, sondern auch das,

was diese miteinander verband und vereinte. Das Irdische trat in
Erscheinung, wenn auch unsichtbar, aber wie sich zeigte, konnte man auch daran seine Seele hängen. Das war die zweite Ebene des Irdischen – die Beziehung zum geliebten Menschen, die
Liebe zu ihm, das Pflichtgefühl und alles das, was mit der Arbeit, der Stellung in der Gesellschaft usw. verbunden ist. Daran
klammerten sich geistig höher stehende Menschen. Wenn der
Mensch die Eltern mehr liebt als Gott, dann müssen ihn seine
Eltern im nächsten Leben kränken und sich ihm gegenüber
schlecht verhalten, damit sich seine Seele nicht an sie bindet
und er seine Liebe Gott widmet. Es ist erforderlich, periodisch
die zwischenmenschlichen Beziehungen zu zerstören, damit sie
sich auf das Wichtigste und Ewige orientieren – die Beziehungen zu Gott. Diese Erkenntnis brachte Jesus Christus als Konzeption zum Ausdruck. So lautet das wichtigste Gebot von Jesus
Christus: „Du sollst Gott mehr als Mutter und Vater lieben."
Deshalb sagte er: „Ich bin gekommen, um Bruder und Schwester, Mann und Frau zu trennen." Durch seine Gebote, Gleich-
nisse und sein Verhalten gab Christus zu verstehen, dass sich die
Seele an nichts Irdisches, selbst wenn es unsichtbar ist, binden
darf.

Die Zeit verging, und die Menschheit entwickelte sich auf höherem Niveau weiter. Wie sich herausstellte, gibt es eine dritte
Ebene des irdischen Glücks. Aus der Sicht des Göttlichen sind
die Fähigkeiten des Menschen, Weisheit und Schicksal ein eben-
solches Kapital wie Geld, Wagen und Datsche. Diese Abhängig-
keitsebene ruft größte Selbstsucht, größte Aggression und schwer-
ste Krankheiten hervor. Womit hängt das zusammen?

Jeder Mensch hat die Erfahrung gemacht: Geld, das er heute
hat, kann er morgen verlieren. Deshalb ist die Versuchung, den
Schwerpunkt auf Geld zu legen, nicht sehr groß. Dasselbe gilt
auch für andere materielle Güter. Geistig fortgeschrittene Menschen überwinden ziemlich leicht diese Ebene, aber die Versuchung, der Familie, der Stellung in der Gesellschaft und der ge-

liebten Arbeit zu verfallen, und das Verlangen, aggressiv zu reagieren, wenn das alles in die Brüche geht, sind bei weitem stärker und werden durch schwere Krankheiten, Traumata und Unglück blockiert.

Die dritte Ebene unterscheidet sich wesentlich von den beiden
ersten. Sie ist nur zu erreichen, wenn westliche und östliche
Denkweisen vereint werden. Westliches Denken geht von der
Vorstellung eines einzigen Lebens aus, das östliche Denken von
der Vorstellung vieler Inkarnationen. Eine Verbindung von westlichem und östlichem Denken bedeutet, das Irdische mit den Interessen des Göttlichen zu vereinen. Das ist das Vermögen, gleichzeitig Taktiker und Stratege, Heiliger und Geschäftsmann zu sein.

Wodurch unterscheidet sich die dritte Ebene? Hierbei geht es
darum, dass ich genau weiß: Sowohl Geld, die geliebte Arbeit
als auch materielle Güter verliere ich zusammen mit meinem
Leben. Fähigkeiten kann ich nicht mit ins Grab nehmen, aber die
Erinnerung und meine Erfahrungen, auf denen die Entwicklung
der Fähigkeiten beruht, bleiben etwa fünf Leben im Double erhalten. Deshalb können sowohl Fähigkeiten als auch Geisteseigenschaften, die ihnen zugrunde liegen, bis zu fünf Leben existieren. Wie der Körper stirbt, so sterben sowohl unsere Fähigkeiten wie auch unsere Geisteseigenschaften. Das langlebigste
Kapital ist die Weisheit, denn die Information über sie wird in
der Struktur, die „Schicksal" genannt wird, gespeichert. Die Versuchung, der Weisheit zu verfallen, ist maximal. Wenn das geschieht, entsteht größte Selbstsucht. Die größte Versuchung besteht darin, die Weisheit eines anderen Menschen oder die eigene zu lobpreisen oder zu lieben. Die Orientierung auf Weisheit
erzeugt größte Aggression. Hierauf beruht das Gleichnis von dem
Engel, der seine Weisheit über Gott stellte und sich von Gott
losgesagte, woraufhin er zum Teufel wurde. Nach 49 Leben verfällt das Schicksal des Menschen, zerstört sich die Orientierung
auf Weisheit. Wahre Weisheit erlangen Menschen mit verstümmeltem Schicksal, die viel Unglück und Entbehrung ertragen
haben und imstande sind, das als Reinigung zu akzeptieren, die

begriffen haben, dass der Schwerpunkt nicht auf Weisheit und Schicksal gesetzt werden darf, die den Schwerpunkt auf die Liebe zu Gott gesetzt haben.

In den letzten drei Jahrhunderten hat die Menschheit in der Entwicklung des Bewusstseins einen gewaltigen Sprung nach vorn gemacht. Alles das gehört zu den irdischen Werten. Die Verabsolutierung der Erfolge der Wissenschaft, der angebliche Siegeszug der Vernunft und immer weniger Humanismus bei der Erziehung der Kinder haben dazu geführt, dass die ganze Menschheit auf Weisheit orientiert ist. Deshalb haben sich Elemente von Brutalität und Diabolischem derart verstärkt, deshalb hat die Menschheit in nächster Zeit eine schicksalhafte Zerstörung zu erwarten, d.h. zahlreiche Krankheiten, Unglücksfälle und Kataklysmen werden die Erde erschüttern. Je mehr die Menschheit vermag, sich davon zu lösen, umso überflüssiger werden solche Erschütterungen sein.

Jeder von uns wird vom Universum geleitet, so wie die Zelle vom Organismus. Je mehr der Mensch sich auf das Irdische orientiert, desto weniger empfindet er das, desto mehr Kraft legt er in die Taktik und vergisst die Strategie. Und umgekehrt, je deutlicher er seine Abhängigkeit von Gott spürt, desto mehr Möglichkeiten werden ihm gegeben. Wenn ich die Welt falsch sehe, gelingt es mir nicht, meine Geistesstrukturen für den Empfang der Informationen umzurüsten, und meine physischen und meine Feldstrukturen beginnen zu verfallen. Doch da ich eine Schmerzgrenze habe, wird eine schonende Rettungsvariante eingeleitet. Um mich bildet sich eine Menschengruppe, die mich mit Informationen versorgt.

Vor mir sitzt eine frühere Patientin, die von mir jetzt nur noch geführt wird, um die Situation zu kontrollieren.

„Ich hatte vor kurzem viele Unannehmlichkeiten. Überhaupt ist alles irgendwie außer Ordnung."

Ich betrachte das Feld und sehe ihr Schicksal, das sie wie ein Vogel mit seinen Flügeln umfängt und festhält, und daneben noch das Schicksal eines anderen – das ist mein Schicksal. Es wird eine Textinformation gegeben. Ich schaue, was ihr Schicksal meinem Schicksal übermittelt: „Sage ihm, dass es gegenwärtig gefährlich ist, an materielles Wohlergehen zu denken. Das ist der Tod für die Menschen." Damit endete die Information.

Ich verstehe, dass, wenn ich jetzt an materielles Wohlergehen denken sollte, das mein zweites Buch zunichte machen kann. Ich wohne gegenwärtig nicht mehr in meinem kleinen Zimmer mit Doppelfenster, sondern habe eine Wohnung gemietet. Wenn der Wunsch, nun eine eigene Wohnung zu haben, tiefer in die Seele eindringt, wird er zu Gift in der Saat, deren Körner ich ausstreue.

Jetzt begreife ich auch, warum ich nicht im Rundfunk und Fernsehen auftreten oder andere Möglichkeiten der Werbung, mit Ausnahme des Buchs, nutzen möchte. Man darf das Irdische nicht mit Füßen treten und von sich stoßen, doch man darf sich daran auch nicht festklammern. Das ist bei dem beständig zunehmenden Potential der beiden Gegensätze – Idealismus und Materialismus, Wissenschaft und Religion – möglich, die in meiner Methode und Weltsicht vereint sind. Wenn unsere Seele nicht ständig zu Gott strebt und keine neuen Wege zur Erkenntnis und Vervollkommnung sucht, beginnt sie sich unmerklich an der Erde festzuklammern. Dann wird der Zwangsmechanismus der Reinigung aktiviert. Zuerst sind es sehr feine Nadelstiche – Kränkungen und Unannehmlichkeiten durch andere Menschen. Wenn der Mensch nicht begreift, dass die anderen Menschen damit nichts zu tun haben und ihn das Göttliche heilt, wird ein gröberer Mechanismus in Gang gesetzt. Dasselbe geschieht nun durch Nahestehende – Eltern, Bruder, Ehemann und Ehefrau. Wenn das nicht akzeptiert wird, wird der nächste Schlag über die Kinder geführt. Kann der Mensch die Demütigungen auf Geistesebene, die ihm von anderen Menschen zugefügt werden, nicht akzeptieren, werden physische Beschwerden eingeleitet. Zuerst Unannehmlichkeiten, Unglücksfälle und Traumata, dann Krankheiten und Tod.

„Könnten Sie vielleicht meinem Freund helfen?", bat mich ein Bekannter. „Er möchte noch nicht sterben, hat aber, nach allem zu urteilen, wenig Überlebenschancen."

Ich stimmte einer Begegnung mit dem jungen Mann zu und erklärte ihm, was die Ursache der entstandenen Probleme war.

„Wenn der Mensch neidisch ist, hasst oder bedauert, dann bindet sich seine Seele an das, warum er es tut. Wenn ich zum Beispiel ständig jemand um sein Geld beneide, orientiert sich meine Seele auf Geld, und ich werde kein Geld haben. Wenn ich einen Menschen verachte, der Geld verloren hat oder nicht verdienen konnte, geschieht dasselbe – ich werde kein Geld haben. Alles Sichtbare, was unserem Körper ein direktes Glücksgefühl vermittelt, ist eine Fixierung auf die erste Ebene der Abhängigkeit: Essen, sexuelles Vergnügen, Kleidung, Wohnung, Geld usw."

„Entschuldigen Sie, aber mit Geld habe ich überhaupt kein Problem."

„Aber Ihre Seele findet Gefallen an sexuellem Vergnügen. Sie sind darauf allzu stark fixiert, daher Ihre Probleme. Sie orientieren sich hauptsächlich auf die zweite Ebene des Irdischen. Ihre Seele ist bereit, die geliebte Frau, Ihre Familie über Gott zu stellen. Deshalb müssen die Frauen die Beziehungen zu Ihnen abbrechen, Sie verraten und kränken. Anstatt das innerlich zu akzeptieren und sich zu reinigen, verachten Sie die Frauen. Das ist ein Vernichtungsprogramm. Verachtung ist gefährlicher als Hass und Kränkung. Als Sie Ihre Frau verachteten, töteten Sie Ihren künftigen Sohn. Gegenwärtig sind seine Chancen, auf die Welt zu kommen, fast null. Es gibt zwei Möglichkeiten: Entweder Sie erkranken schwer, ändern Ihre Haltung zur Welt und reinigen Ihre Seele, oder Sie müssen sterben, damit er zumindest im nächsten Leben zur Welt kommen kann. Die Situation wird dadurch erschwert, dass Ihre Seele auch noch auf die dritte Ebene des Irdischen fixiert ist – die Weisheit. Anfangs haben Sie Dummköpfe und Unvollkommene verachtet, dann haben Sie begonnen, sich selbst zu verachten."

„Aber ich verachte mich doch nicht", protestierte der junge
Mann.

„Nun gut, was tun Sie, wenn Sie einen Fehler begangen oder
etwas Falsches getan haben?"

Er zuckte mit den Schultern.

„Ich schimpfe auf mich selbst: Was bist du doch für ein Dummkopf!"

„Und das ist Selbstverachtung. Jede Form von Aggression fixiert uns auf das, worauf sie gerichtet ist."

Der junge Mann überlegte einige Minuten.

„Neulich war ich bei einer Heilerin. Sie war früher Ärztin, erhielt seherische Fähigkeiten. Im Prinzip sagte sie mir dasselbe
wie Sie, nämlich ich solle die Zehn Gebote lesen. Sie sagten mir,
dass ich Frauen mehr als Gott liebe. Das erste Gebot handelt von
Gott, und das zehnte lautet: ‚Du sollst nicht begehren deines
Nächsten Weib.' Und sie sagte noch, ich solle fasten und beten,
doch das hat mir nicht geholfen. Sagen Sie, warum?"

„Das liegt daran, dass Ihre Verachtung mit erhöhter Selbstsucht
verbunden ist. Maximale Selbstsucht ist Abhängigkeit von der
dritten Ebene des Irdischen. Das heißt, in erster Linie muss das
Verlangen überwunden werden, seine Weisheit über die Liebe
zu Gott zu stellen. Doch im Christentum gibt es keine Gebote,
welche die dritte Ebene des Irdischen betreffen. Es geht darum,
dass die Gebote das blockieren, woran man sich in einem Leben
festklammern kann. Fähigkeiten, Geisteseigenschaften und Weisheit überdauern mehr als ein Leben und sind nicht nur mit dem
Leben auf der Erde, sondern auch mit dem Leben in anderen
Welten und auf anderen Planeten verbunden. Deshalb ist das
Verlangen, den Schwerpunkt nicht auf die Liebe zu Gott, sondern auf die dritte Ebene des Irdischen zu setzen, so stark und
am schwierigsten zu überwinden.

Wie sich herausgestellt hat, besteht die Gefahr einer aggressiven Emotion nicht in ihrer Stärke, sondern darin, dass diese
Emotion tief in die Seele eingedrungen ist. Deshalb ist Verachtung bei weitem gefährlicher als Hass oder Kränkung. Wenn der

Mensch eine Abhängigkeit erster Ebene hat, entsteht Aggression, doch sie ist oberflächlich. Abhängigkeit zweiter Ebene ruft Aggression eines gefährlicheren, tieferen Niveaus hervor. Um es einfach auszudrücken, ein Sünder, Trinker oder Frauenheld ist weniger gefährlich als ein Eifersüchtiger oder eine Beamtenseele. Jemand, der sich an das Pflichtgefühl, an die Arbeit, an die Familie klammert, ist auf feiner Ebene gefährlicher als Erstere.

Aggression, die mit Abhängigkeiten dritter Ebene verbunden ist, dringt am tiefsten ein und ist am gefährlichsten. Da im letzten Jahrhundert die Menschheit Wissen und Fähigkeiten verabsolutiert hat und sich immer stärker an sie bindet, sind die Feldstrukturen mit Aggression und Diabolischem überfüllt, und eine starke Blockierung dieses Prozesses hat begonnen.

Ich erzähle Ihnen ein Gleichnis von zwei Mönchen:

Ein Mönch fastete und betete ständig, war hager und abgehärmt, während der andere sich Essen und Trinken schmecken ließ, dick und fröhlich war. Als der Engel herbeigeflogen kam und entscheiden sollte, wer von ihnen heiliger sei, fiel seine Wahl auf den zweiten Mönch, und alle begannen erstaunt zu fragen, wieso der zweite, wie sich das erkläre. Der Engel antwortete Folgendes:

‚Wenn ich zu fasten und hungern beginne und das lange tue, beginne ich, andere zu verachten, fühle mich ihnen überlegen und vollkommener. Wenn ich aber nicht faste und trinke, dann habe ich keinen Anlass, unvollkommene Menschen zu verachten. Und als ich meine Wahl treffen musste, fiel sie auf den zweiten.'"

Weiter erkläre ich dem jungen Mann:

„Reichliches Essen, Trinken und sexuelles Vergnügen binden meine Seele stark an das Irdische. Deshalb sind in dieser Hinsicht periodische Einschränkungen, noch dazu harte, erforderlich. Doch aus Ihnen wird kein Heiliger, wenn Sie sich alles vollständig untersagen. Für die Entwicklung von Ethik ist es nicht ausschlaggebend, wie man in dieser Hinsicht an sich arbeitet.

Ausschlaggebend ist das Bestreben, die Liebe in Ihrer Seele zu entwickeln."

Eine meiner früheren Patientinnen bat dringend um eine Konsultation.

„Mir geht es vorzüglich. Nachdem ich meine Haltung zu den Menschen geändert habe, bin ich ein anderer Mensch geworden. Ich habe meinen Sohn mitgebracht. Er möchte gern wissen, ob er auf dem richtigen Weg ist. Mein Sohn hat Musik studiert, ist talentiert, doch gegenwärtig arbeitet er als Finanzdirektor in einem größeren Unternehmen."

Ich betrachtete das Feld des jungen Mannes, zeigte ihm meine Zeichnungen und erklärte ihm:

„Sehen Sie, das ist das Zeichen des Todes. Wenn es rechts ist, dann ist es ein Programm, wenn es sich aber unter den Füßen befindet, wird es verwirklicht. Die Feldbelastung ist dreifach. Bei siebenfacher Belastung müssen Sie sterben, d.h. ich muss Ihnen sagen: In Ihrem Feld wächst der Tod heran. Die Ursache hierfür ist, dass sich die Seele immer stärker auf Geld orientiert."

Der junge Mann sah mich abschätzend an.

„Ich verhalte mich zu Geld, wie Sie gelehrt haben. Es bedeutet mir nichts, es ist für mich eine schwere, unangenehme Bürde."

„Ungeachtet dessen, dass Ihnen Geld egal ist, sind Sie doch mit Ihrer Arbeit sehr zufrieden", sagte ich ihm.

„Ja und?", wunderte er sich.

„Wenn Sie meinen, dass das Ihre Bestimmung ist, können Sie dadurch sterben. Sie sind für die Musik geschaffen, und Sie haben großes Talent. Es gibt jedoch einen Umstand, der alles stört. Sie sind allzu abhängig von der geliebten Sache. Das bedeutet nicht, die Musik weniger lieben zu müssen. Das bedeutet, keine Aggression zu entwickeln, wenn etwas nicht gelingt. Aber Sie verachten sich bei Misserfolgen. Um die Balance zu sichern, müssen Sie periodisch von Ihrer Berufung getrennt werden. Doch Sie müssen immer zu ihr zurückkehren. Von dem Weg, den Sie beschritten haben, ist keine Rückkehr möglich, und Sie können auf dem Friedhof landen. Wenn dem Menschen von Gott ein Talent oder eine Bestimmung gegeben wurde, dann wird mit ihm hart verfahren. Ich habe das Recht, Informationen zu geben, doch wie Sie handeln werden, müssen Sie selbst entscheiden."

„Gut", sagte der junge Mann. „Ich habe verstanden. Mein ältester Sohn spielt Geige, ist das für ihn angebracht?"

„Für ihn ist es am besten, sie zu vergessen."

„Aber er ist sehr talentiert."

„Von mütterlicher Linie aus verachtet Ihr Sohn Menschen wegen ihrer Fähigkeiten. Er verachtet innerlich die Menschen und verhält sich zu ihnen hochmütig."

„Ja, das ist mir bei ihm aufgefallen."

„Bei einer solchen Haltung ist für ihn jeder große Erfolg lebensgefährlich. Das heißt, er verliert entweder sein Talent, seine Hand oder sein Leben. Arbeiten Sie an seinem Charakter, denken Sie nicht an seine Karriere."

Neulich war ich in einer Stadt in der Nähe von Petersburg. Hier handelte es sich um einen klassischen Fall. Er enthielt ein Problem, das gegenwärtig viele verfolgt. Vor mir saß eine gut gekleidete Frau, die sehr sympathisch und charmant war. Sie redete ruhig und gesetzt, erst als sie auf den wunden Punkt zu sprechen kam, änderte sich ihr Tonfall.

„Mein Mann und ich wollen unseren Sohn töten. Ich versuche, dieses Verlangen in mir zu unterdrücken, doch ich spüre, dass ich es bereits nicht mehr kann. Ich denke, dass wir ihn früher oder später töten werden. Das ist kein Mensch, das ist eine Ausgeburt. Mein Mann und ich haben ihn doch vollkommen anders erzogen. Unser Sohn ist achtzehn, doch wenn er am Tisch sitzt, isst er nicht, sondern er frisst. Er schikaniert uns ständig." Die Augen der Frau füllten sich mit Bosheit und Hass. „Er bedient sich von unserem Bargeld, das wir zu Hause haben, und verprasst es einfach. Ich schäme mich vor den Leuten für ihn. Er demütigt und verhöhnt uns ständig."

„Hören Sie", versuchte ich sie zu bremsen. „Euer Sohn ist

wesentlich anständiger und reiner als ihr beide, und mit seinem äußeren Verhalten, das ihr abscheulich empfindet, reinigt er eure Seelen. Mit anderen Worten, ihr werdet durch euren Sohn geheilt. Um die Situation zu ändern, müsst ihr euch, eure Haltung zur Welt ändern. Dann wird der Sohn wesentlich umgänglicher. Wenn ihr eure Seele reinigt, korrigiert ihr das Verhalten eurer Umwelt. Für euch ist der Sohn ein Spielzeug und Sklave, doch seine Seele gehört euch nicht. Es ist sein Recht, so zu essen und sich so zu kleiden, wie er will. Deshalb darf er nicht gehasst und verurteilt werden."

„Aber er ist es doch, der uns hasst!", beklagte sich die Frau erneut. „Seit drei Jahren liegt bei mir Gift für ihn bereit. Doch etwas hält mich davon ab. Mein Mann hat eine eingewickelte Axt liegen, er wollte schon mehrmals den Sohn erschlagen, doch immer hat ihn etwas daran gehindert: Entweder ist jemand gekommen oder etwas hat ihn abgelenkt."

Für mich waren drei bis fünf Sekunden ausreichend, um die Situation zu erfassen und einzuschätzen. Aber war ich imstande, sie der Frau zu erklären?

„Sehen Sie", begann ich. „Es gibt bestimmte Gesetze, die strikt eingehalten werden müssen. Ein Programm wird durch ein Gegenprogramm gelöscht. Sie haben eine gewaltige unterbewusste Aggression gegen den Sohn. Und um zu überleben, muss er bewusste Aggression bekunden. Auf diese Weise entsteht Gleichgewicht. Nun kommen wir zu den Ursachen der Aggression. In früheren Leben besaßen Sie Geld und hatten ein glückliches Schicksal. Ihre Seele begann, sich daran zu hängen. Deshalb verachteten Sie Unvollkommenheit, fühlten sich vollkommener als andere. Die Seele soll aber zuerst Gott und dann das Irdische lieben. Wenn die Seele sich an die Erde klammert, dann wird sie stolz und aggressiv. Ihre Seele hat begonnen, Geld, materiellen Gütern und einem glücklichen Schicksal zu verfallen."

„Nichts dergleichen", widersprach mir die Frau. „Ich hänge überhaupt nicht an Geld. Ich bin bereit, jedem zu helfen, und ich werde oft um Hilfe gebeten. Doch mein Sohn fordert völlig unverschämt von mir Geld. Wenn ich es ihm nicht gebe, nimmt dieser Schuft irgendeine Wertsache und versetzt sie. Ich hasse ihn so sehr, dass ich bereits alle Kinder hasse. Wenn eine junge Frau ihr Kind im Wagen schaukelt, möchte ich es töten und ihr sagen: ‚Du Närrin, du weißt ja nicht, was es später mit dir tun wird.'"

Ich blickte ihr in die Augen und versuchte, versöhnlicher zu sprechen.

„Anfangs entfachten und verfolgten Sie ein Vernichtungsprogramm gegen den Sohn und alle Kinder, jetzt hat es Sie im Griff und es fällt Ihnen immer schwerer, die Emotionen zu kontrollieren. Gegenwärtig kann Sie nur das Streben zu Gott retten."

„Was für ein Gott, wovon reden Sie. Ich habe nie an Gott geglaubt und verstehe nicht, was Gott hier soll."

Ich erklärte ihr weiter ruhig und gelassen:

„Neulich hatte ich einen Patienten mit einer schweren Krankheit, und ich sagte ihm, dass er, um zu überleben, beten muss. Er erwiderte, er habe das nie getan und werde es nie tun. Ich antwortete, dass ich ihm nicht mehr helfen kann. Ihr Sohn erscheint Ihnen als Ausgeburt und sein Verhalten als schrecklich. Sich selbst aber halten Sie für einen guten und mitfühlenden Menschen, der von irdischen Gütern nicht abhängig ist. Doch in der Tiefe Ihrer Seele sind Sie ein harter und eigennütziger Mensch, der auf Geld orientiert ist und andere verachtet. Für einen solchen Menschen geht sichtbares Glück über unsichtbares, d.h. geistiges Glück. Er klammert sich fest an sein Image und seine Stellung in der Gesellschaft, für ihn ist das Wichtigste nicht die Verantwortung vor Gott, sondern was andere denken und sagen. Wie Sie sich zu den Menschen in diesem Leben verhalten, so werden sich die Kinder zu Ihnen in zukünftigen Leben verhalten. Ihr Sohn verhält sich zu Ihnen so, wie Sie sich zu den Menschen in früheren Leben verhalten haben. Da Ihnen der Begriff ‚Gott' fremd ist, rangieren die Interessen der Seele erst nach den Interessen des Körpers. Deshalb wird von Ihnen das, was für Sie

Rettung und Heilung, aber auch eine Qual ist, nicht akzeptiert. In diesem Leben sind Sie bemüht, sich richtig zu verhalten, deshalb wurden Sie vor der Situation bewahrt, in der Sie Ihren Sohn töten konnten. Nach seinem Tod hätten Sie und Ihr Mann nicht mehr lange gelebt. Nach allem zu urteilen, wären Sie an einer schweren Krankheit gestorben, und Ihr Mann wäre ermordet worden. Sie wollen den Strick um Ihren Hals loswerden, ziehen ihn aber immer enger zusammen. Ihr Sohn ist so, wie Sie ihn in früheren Leben gemacht haben. Wenn Sie ihn ändern wollen, ändern Sie sich, arbeiten Sie an sich. Die Ursachen liegen ganz bei Ihnen. Seine Seele ist im Innersten sehr harmonisch. Sie können sich ändern, indem Sie den Schwerpunkt von den Interessen des Körpers auf die Interessen der Seele verlagern. Der Hauptschwerpunkt ist die Liebe zu Gott."

„Hören Sie", sagte die Frau und durchbohrte mich mit ihrem Blick. „Keiner meiner Bekannten glaubt an Gott. Und sie sind gute Menschen, sie haben normale Kinder. Warum passiert so etwas mir?"

„Sie haben einfach früher als diese begonnen, sich in früheren Leben an Irdisches zu hängen. Wenn diese Menschen nicht ihre Haltung zum Leben ändern werden, erschöpfen sie ihre Reserven und werden dasselbe erleben."

„Nein, das kann ich nicht glauben", antwortete sie entschieden.

„Und ich kann Ihnen nicht helfen", entgegnete ich.

Sie stand auf, drehte sich um und ging zur Tür. Ich eilte ihr nach.

„Erstens, lassen Sie Ihre Telefonnummer hier. Zweitens, denken Sie daran: Wenn Sie den Sohn töten, schaden Sie Ihrer Seele. Sie werden in Stücke zerrissen, und nicht nur in diesem Leben, sondern auch in künftigen. Drittens, wenn Sie sich überwinden können zu beten, dass Sie Gott mehr als alles auf der Welt lieben, sowie für den Sohn beten, wird sich seine Haltung zu Ihnen ändern. Verstehen Sie mich? Seine Haltung zu Ihnen persönlich."

Sie ging schweigend weg, während ich mich erschöpft auf die Couch setzte.

Um Heiler zu werden, muss man sich über die Unvollkommenheit jedes Patienten erheben und verstehen, dass auch sie von Gott bestimmt ist. Mir fiel das immer schwer, besonders in diesem Fall. Doch in der Tiefe der Seele bin ich glücklich. Entgegen dem äußeren Anschein hatte sich die unterbewusste Aggression der Frau gegen den Sohn beträchtlich verringert. Nach zehn Tagen rief sie mich an.

„Ich weiß nicht, wie es sich mit der unterbewussten Aggression verhält, aber äußerlich bemühe ich mich, ihn nicht zu verurteilen, und ich bete", sagte sie.

„Auch auf innerer Ebene sieht es bei Ihnen gut aus", antwortete ich. „Hat sich die Haltung des Sohnes zu Ihnen geändert? Erzählen Sie bitte."

„Ja, er ist umgänglicher geworden", lautete ihre Antwort.

Als ich mit der Frau telefonierte, erkannte ich ihre Stimme nicht wieder. Das Metall, das ich beim ersten Mal gehört hatte, war offensichtlich für immer verschwunden. Ich habe oft Misserfolge und Situationen erlebt, in denen ich außerstande gewesen bin und nicht gewusst habe, wie den Menschen zu helfen ist. Aber solche Fälle geben das Gefühl, dass es einfach notwendig ist, voranzuschreiten und alle Misserfolge als Möglichkeit zur Vervollkommnung aufzufassen.

In der Sitzung fragt mich überraschend eine Frau:

„Wenn ein negativer Gedanke aufkommt, muss man ihn verdrängen? Hilft das?"

„Nein, natürlich nicht", antworte ich.

„Sie irren", antwortet resigniert die Frau. „Ich habe festgestellt, dass mir dann besser wird."

„Für lange Zeit?", frage ich.

Sie zuckt mit den Schultern.

„Es geht einfach darum, dass ich das aus strategischer Sicht sehe, Sie aber aus momentaner. Der negative Gedanke ist die

Folge, die Ursache aber liegt darin, dass sich die Seele an etwas
Irdisches gehängt hat. Wenn ständig gegen die Folge gekämpft
wird, tritt eine Besserung ein, doch dann ergibt sich eine noch
größere Finsternis. Der unreine, negative Gedanke – eben das ist
die Krankheit. Wenn die Medizin versuchte, die Krankheit und
nicht die Ursache zu beseitigen, erlebte sie immer einen Misserfolg. Doch dieser trat erst später ein, anfangs war eine Besserung
zu verzeichnen. Und sie wurde für Genesung gehalten. Gegenwärtig hat sich dieser Übergang von Verbesserung zu Verschlechterung beträchtlich verkürzt. Die Ärzte haben begonnen einzu-
sehen, dass nicht die Krankheit, sondern die Ursache der Krankheit beseitigt werden muss. Sehr aufschlussreich ist hierbei die
Haltung zu erhöhter Temperatur. Früher wurde versucht, das Fieber zu senken, weil man es für eine Krankheit hielt, nunmehr
sieht man das vollkommen anders.

Dasselbe findet auch in der Wunderheilkunde statt. In den an-
fänglichen, primitiven Verfahrensweisen versuchte der Wunderheiler, die Krankheit zu entfernen und zu vernichten, zu verbrennen oder irgendwohin zu übertragen. Und es entwickelte sich
die Technik, Krankheiten mit einem Strahl aus dem dritten Auge
zu verbrennen, in das Innere der Erde oder in das Zentrum der
Sonne zu verbannen, in irgendwelche Gegenstände oder Tiere
zu verlagern, sich Krankheiten als Fisch vorzustellen, um sie im
Weltmeer ‚zu ertränken' usw. Das hilft, wenn die Ursache, die
durch die Krankheit blockiert wird, unbedeutend ist. Dann erfolgt die Rückkehr des Problems sanft und langsam. Wenn aber
die Abhängigkeit vom Irdischen sehr stark ist, dann führt diese
Technik nicht zur Besserung, sondern zur Verschlimmerung. Alle
Kräfte gehen für die Folge und nicht die Ursache drauf. Dieser
Mechanismus ist seit langem bekannt. Denken Sie an das von
Jesus Christus erzählte Gleichnis von den Teufeln.

Der Teufel – das ist der unreine Gedanke, der sich in der Seele
festgesetzt hat. Der Mensch jagt den Teufel aus der Seele und
der verschwindet. Doch er wandert umher, kehrt zurück und
bringt sieben weitere mit. Die Methode, Unreines mit glühen-

dem Eisen zu verbrennen, führt zu einer siebenfachen Verschlimmerung. Die Ursache für Unreines in der Seele ist das Verlangen, irdische Güter zum absoluten Wert zu machen. Das ist das Prinzip der Krebszelle – sich vom Organismus loszusagen und nur für sich zu arbeiten. Deshalb führt der Wunsch, das Hässliche und Unreine zu vernichten, zu seiner zehnfachen Vergrößerung. Die Seele wird dann gereinigt, wenn sie in Liebe und Demut zu Gott strebt und sich über alles Irdische erhebt, und nicht dann, wenn sie versucht, alles Irdische zu verbrennen. Man muss auf der Erde sein, darf ihr aber nicht gehören. Man muss die Erde lieben, doch erst nach Gott. Finsternis und Diabolisches siegen, wenn sie über das Göttliche gestellt werden. Der ursprünglichen Liebe zum Irdischen liegt Egoismus zugrunde. Hieraus resultiert auch die These von der Erbsünde des Menschen. Ist dann überhaupt Liebe zur Erde nötig? Natürlich, sie ist nötig. Soll die Zelle für sich arbeiten? Natürlich, doch sie muss immer für den Organismus mehr arbeiten. In jeder Zelle gibt es die Tendenz, für sich zu arbeiten – das ist der Krebskeim. Alles ist eine Frage des Verhältnisses. Die Liebe zu Gott – das sind die Flügel, die Liebe zum Irdischen – das sind die Gewichte. Und je schwerer die Gewichte sind, umso stärker müssen die Flügel sein. Wenn die Gewichte entfernt werden, erfolgt ein mächtiger Aufstieg, doch wenn sie nicht erneut angebracht werden, erschlaffen die Flügel. Daher wirkt sich eine periodische Trennung von allem Irdischen segensreich auf die Seele aus.

Wenn ein diabolischer und unreiner Gedanke aufkommt, müssen Sie vor allem eins klarstellen: Sie und der Gedanke sind verschiedene Dinge. Sie müssen sich von dem unreinen Gedanken distanzieren. Er muss nicht verdrängt, er muss bezwungen werden. Der Teufel muss nicht aus der Seele vertrieben, sondern ‚hinter Gitter gebracht werden'. Hierzu werden Beten, Fasten und Abgeschiedenheit genutzt, d.h. Meditation, Ausschaltung der Interessen des Körpers und Zurückgezogenheit. Periodische Einschränkungen der Bedürfnisse des Körpers, einschließlich Atmung und sexuelles Vergnügen, geben der Ethik einen mächti-

gen Impuls und reinigen die Seele vom Unreinen, erheben sie
über die irdischen Interessen. Wenn hierbei der Mensch noch
betet und seine Liebe zu Gott bekennt, wird ein maximaler Effekt erzielt. Die Bibel gibt hierzu ein weiteres treffendes Beispiel. Die Apostel konnten einen Menschen, der von Teufeln
besessen war, nicht heilen, und als sie zu Christus kamen, erinnerte er sie daran, dass solche Krankheiten durch Fasten und
Beten geheilt werden. Darauf zogen sie beschämt von dannen.

Und noch ein wichtiger Aspekt. Die unreine Seele wird durch
irdischen Schmutz gereinigt. Wenn der Mensch eine starke
unterbewusste Aggression hat, so wird sie durch bewusste Aggression, die gegen ihn gerichtet ist, geheilt. Innere unmerkliche
Verachtung anderer wird durch die äußere Arroganz anderer
Menschen geheilt. Sich in Schmutz zu begeben, ohne dabei
schmutzig zu werden, kann man nur, wenn man sich nicht darüber erhaben dünkt. Deshalb ist für die Seele nichts so reinigend
wie zu unterlassen, alles zu verurteilen, was wir als irdischen
Schmutz bezeichnen: Niedertracht, Heuchelei, Verrat. Wenn ich
innerlich alles als gottgegeben, ohne Hass und Verurteilung hin-
nehme, allein mit Liebe akzeptiere, wird meine Seele nicht be-
schmutzt, sondern gereinigt. Man darf sich wegen schlechter
Gedanken nicht verurteilen, sondern muss erkennen, dass das
pathologisch ist. Man darf nicht alle Kraft darauf richten, sich
deshalb zu hassen, sondern auf den Wunsch, sich über Unvollkommenheit zu erheben und sie zu zügeln. Auch in Zukunft
werden wir alles Irdische lieben, uns daran binden und von ihm
abhängen. Doch in der Seele jedes Menschen wird der göttliche
Funke entfacht, der nicht zulässt, sich dem Irdischen voll und
ganz hinzugeben."

Der Mensch, der in die Kirche geht, ist vom Karma des Geistlichen, mit dem er Umgang hat, abhängig. Das ist geistige Abhängigkeit. Deshalb sind hierbei die Reinheit des Geistlichen
und seine innere Gelöstheit vom Irdischen äußerst wichtig. Je
mehr wir einen Menschen achten, umso stärker wirkt unsere Seele

mit seiner Seele zusammen. Außer dem geistigen und erblichen Karma gibt es noch ein Familien-, soziales und materielles Karma. Wenn der Mensch seine Seele nicht unmittelbar Gott gibt, hängt er immer stärker von den Seelen anderer Menschen ab, öffnet sich seine Seele immer mehr dem Einfluss anderer Menschen und wird von ihnen immer abhängiger.

Die Frau, die gerade vor mir sitzt, ist mit einer ungewöhnlichen Bitte gekommen.

„Ich bin gegenwärtig Betriebsleiter. Es handelt sich um einen Privatbetrieb, der Gründer ist auch der Besitzer. Ich bin erst seit kurzem Direktor geworden. Bis dahin leitete meine Schulfreundin drei Jahre lang den Betrieb. Doch der Gründer hat sie ihres Postens enthoben, ohne das näher zu begründen, sondern nur gesagt, dass er mit ihrer Arbeit unzufrieden ist. Ich spüre, dass sie damit nicht einverstanden ist und mir den Posten missgönnt. Und gestern hatte ich ein unangenehmes Erlebnis. Jemand versuchte, mir die Tasche mit Dokumenten und dem Siegel des Betriebs zu entreißen. Wenn das gelungen wäre, dann wäre ich bereits nicht mehr Leiter. Ich fühle, dass das mit meiner Freundin zusammenhängt, und ich weiß nicht, ob ich irgendwelche Maßnahmen ergreifen soll. Ich hätte gern gewusst, bei wem die Ursache liegt, bei ihr oder bei mir?"

Ich betrachte die Feldstrukturen von ihr und der Freundin, und alles wird klar.

„Die Ursache liegt nicht bei ihr und nicht bei Ihnen, sondern bei dem Gründer und Besitzer des Betriebs. Er ist bereit, Geld und persönliches Wohlergehen über Gott zu stellen. Und das alles wälzt er auf Sie ab. Bei Ihrer Freundin verhielt es sich so, dass sie darauf mit verstärkter Selbstsucht, Härte und Geringschätzung anderer Menschen reagierte. Bei Ihnen ist die Lage schlimmer. Während sie das oberflächlich durch ihr Verhalten abgeleitet hat, stopfen Sie, weil Sie das äußerlich nicht abreagieren wollen, alles Unreine in sich hinein, und Ihre Abhängigkeit von Selbstsucht, Geld und Schicksal hat eine gefährliche Grenze erreicht. Der Verlust des Postens würde Sie wieder ins Gleich-

gewicht bringen. Wegen der Selbstsucht sind Ihre Schicksals-
parameter sehr schlecht, d.h. mit diesem Vorfall mit der Tasche
hat die Freundin nichts zu tun."

„Was soll ich nun tun?"

„Sie müssen begreifen, dass der Vorgesetzte nicht Gott ist.
Während Ihre physische Hülle in sozialer Beziehung von jemand
abhängig sein kann, so soll sie geistig nur Gott zugewendet sein."

„Und was soll ich hinsichtlich meiner Freundin tun?"

„Vor allem retten und reinigen Sie Ihre Seele," sage ich ab-
schließend.

„Aber Sie haben sich sehr verändert", sagte eine meiner Bekannten. „Vor einem Jahr waren Sie derart hochmütig, dass der
Umgang mit Ihnen unangenehm war."

„Das liegt daran, dass ich mich mit meinem System auch selbst
ändere, und das ziemlich schmerzhaft. Als Autor und Begründer
des Systems, d.h. als die Ursache, bin ich in weitaus höherem
Maße seinen Folgen unterworfen. Anfangs begreife ich das, was
geschieht, als Erleuchtung von oben, und dann beginne ich, mit
dieser Erkenntnis meine unvollkommene Seele zu erziehen."

„Sind Sie etwa nicht so einer, wie Sie uns lehren, sein zu müssen?"

„Nein, natürlich nicht! Wenn der Mensch einen schwachen und
hilflosen Körper hat, fertigt er sich Krücken und geht mit ihrer
Hilfe, er benutzt Vorrichtungen und macht Übungen, um den
Körper zu kräftigen. Mein System – das sind solche Vorrichtungen und Krücken für meine schwache Seele. Ich kann meinen
Patienten nur helfen, weil ich mehr als sie arbeite, mehr Anstrengungen zur Stärkung und Reinigung meiner unvollkomme-
nen Seele unternehme."

Eine Patientin fragte mich:

„Ich habe eine Formel, mit der ich schon einige Monate versuche, anderen Menschen zu helfen: ‚Gott, richte alle meine Liebe
und mein Wohlwollen auf den Geist und die Seele des anderen
Menschen...'"

Ich sah nach, ob hierin eine Gesetzesverletzung auf feiner Ebene vorlag. Das war der Fall, obwohl rein äußerlich alles richtig zu sein schien. Wenn Hass und böse Wünsche dem Menschen schaden, ist es besser, Liebe zu übermitteln. Christus sagt: „Du sollst deinen Nächsten lieben wie dich selbst..." Liebe, das ist der Wunsch, sich mit etwas zu verbinden und zu vereinen. Aber wenn ich mich mit der Seele eines anderen Menschen vereine, so erzeugt gerade das die Aggression, von der ich loszukommen versuche. Der Satz „Du sollst deinen Nächsten lieben wie dich selbst" bedeutet, nach allem zu urteilen, dass wir auf feiner Ebene alle eins sind, auf feiner Ebene sind wir ein Ganzes. Wenn ich Gott bitte, die Liebe auf den anderen Menschen zu richten, ist das gleichbedeutend mit der Bitte: „Herr, erlaube mir, mich von dir wegen des anderen Menschen loszusagen." Wenn man einem Menschen helfen will, muss man bitten, dass ihm gegeben wird, Gott mehr als alles irdische Glück zu lieben.

„Du sollst deinen Nächsten lieben wie dich selbst, und liebe deine Feinde." Weil wir auf feiner Ebene eins sind, ist deshalb ein gegen den anderen Menschen gerichteter Hass und Todeswunsch gleichbedeutend damit, uns selbst und unseren Kindern den Tod zu wünschen. Und der Wunsch, seine ganze Liebe dem anderen Menschen zu geben, ist gleichbedeutend damit, diese Liebe sich zu geben. Das ist das Programm der Krebszelle, deren Prinzip die Lossagung vom Organismus und die Arbeit für sich vorsieht. Deshalb sagte Christus: „Du sollst Gott mehr als Vater, Mutter und dich selbst lieben." Und nur die restliche Liebe kann ich dem anderen Menschen geben, die Liebe zum anderen Menschen ist immer sekundär.

Ich sitze in der Sauna, und mein Nachbar fragt:

„Kannst du mir sagen, warum ich Krampfadern in den Beinen habe?"

„Als du Beschwerden hattest, entstand bei dir eine starke Lebensunlust. Du wusstest nicht, dass der Mensch immer gewinnt, und wenn der Körper durch Beschwerden verliert oder

stirbt, dann gewinnt die Seele und wird erhöht. Suizid ist Lebensunlust, die du an deine Tochter weitergegeben hast. Doch du bist
ein gütiger Mensch, deshalb werden Schutzmaßnahmen ergrif-
fen. Tod und Schicksalsschläge kommen von unterhalb unserer
Füße. Wenn also die Beine erkranken und verletzt werden, wird
dadurch das Selbstvernichtungsprogramm blockiert. Ändere deine Weltsicht, deinen Charakter, bete für deine Tochter, dann gibt
es die Probleme nicht mehr."

Und ein anderer Saunagast wendet sich an mich:

„Ich habe Scherzen in den Knien, womit hängt das zusammen?"

„Wenn alle Gelenke schmerzen, dann ist deine Seele allzu eifersüchtig, und die Knie sind mit den Kindern verbunden. Knie-
schmerzen und -verletzungen bedeuten, dass die Seelen der Kinder unvollkommen sind. Es ist daher sinnvoll, für sich und für
die Kinder zu beten."

Ein Bekannter, der Seemann ist, erzählte mir einen interessanten Fall.

„Wir haben auf dem Schiff 100 Liter Schnaps gebrannt. Als
wir am ersten Tag davon tranken, war alles in bester Ordnung,
die Qualität war gut. Nach zwei Tagen wiederholten wir den
Umtrunk – da begannen meine Nieren wehzutun. Wie sich herausstellte, hatten alle, die vom Selbstgebrannten getrunken hatten, Nierenschmerzen. Wir wollten ihn schon über Bord gießen,
vergaßen es aber. Einige Tage später hatte einer der Seeleute
Geburtstag, und wir hatten einen Anlass zu feiern. Diesmal tranken wir zaghaft, doch interessanterweise hatte am nächsten Morgen niemand irgendwelche Beschwerden. Wie lässt sich das erklären?"

Ich betrachtete, was die Nierenschmerzen hervorgerufen hatte. Aus irgendeinem Grund hatten Lebensunlust und Trübsinn
stark zugenommen. Indirekt war das mit Russland verbunden.

„Wie sich herausstellt, ist bei Ihnen, als sich das Schiff von
Russland entfernte, im Unterbewusstsein Lebensunlust aufgekommen. Die Funktion der Nieren wurde gestört, der Selbst-

gebrannte rief Schmerzen hervor. Als Sie in Richtung Russland fuhren, arbeiteten die Nieren normal."

Der Seemann sah mich überrascht an.

„Das stimmt, wir änderten den Kurs. Ich erinnere mich, dass die Schmerzen einsetzten, als wir nach Süden fuhren, und als es nach Norden, d.h. nach Russland, ging, war alles normal."

KONTAKT ZUR DRITTEN EBENE DES IRDISCHEN

Bereits seit einem Jahr versuche ich, das zweite Buch zu beenden. Die Hauptgedanken sind zu Papier gebracht, doch ich empfinde wieder starken Widerstand. Ich war überzeugt, dass das Buch abgeschlossen ist und die Informationen ausreichend sind, sodass ich es durchlesen und mich danach erholen könnte. Doch es ist mir nicht möglich, die Arbeit zu beenden, folglich fehlt noch etwas. Seltsam, womit kann das zusammenhängen?

Über das, was die Menschen auf der Erde im Begriff sind, über Gott zu stellen, ist bereits mehr oder weniger alles bekannt. Alles das beruht auf dem irdischen Schicksal des Menschen. Dann gibt es noch etwas, was über dem Schicksal des Menschen steht, aber das ist für dieses zweite Buch nicht von Belang. Das ist das Schicksal des Menschen in der Gesellschaft, in anderen Zivilisationen, auf anderen Planeten, in anderen Welten und anderen Universen. Zu mir hat man wiederholt gesagt: „Warum erzählst du jedem Patienten ähnliche Dinge? Lade doch zehn Personen zusammen ein, halte einen Vortrag und erkläre dann jedem die Details." Für mich kommt das nicht in Frage, ich habe gespürt, dass das Pfusch ist. Dann habe ich begriffen, worauf es ankommt. Wenn ich mit dem Patienten spreche, sehe ich ihm in die Augen und erkenne an geringsten Anzeichen, ob er die Information aufgenommen hat. Wenn ich sehe, dass die Information nicht aufgenommen wird, dann weiß ich, dass ich mich ändern, mich über mich erheben und mich verständlicher ausdrücken muss, damit meine Worte begriffen werden. Ich muss verallgemeinerte Informationen geben, die leichter aufzunehmen sind. Heute kann ich in zwei, drei Sätzen erklären, worüber ich früher tagelang gesprochen habe. Der gewaltige Informationsfluss, der auf jeden zukommt, muss weitgehend verdichtet werden. Deshalb nimmt bei mir nach wie vor 99 % der Zeit nicht die Diagnostik, sondern die Erläuterung in Anspruch. Und der Umgang mit jedem Patienten ist für mich ein Duell, bei dem der Sieg in der maximalen Weitergabe von Informationen an den anderen besteht. Dann kommt dem Patienten gleichsam die Erleuchtung. Aber das strapaziert. Hinter jedem meiner Worte stehen vielfach mehr Informationen als früher.

In New York fragte mich der Vater eines Mädchens, das große Probleme hatte, wobei er mich wie einen ertappten Dieb ansah:
„Sagen Sie das jedes Mal den Patienten?"
„Ja, jedes Mal, mit Ausnahme von Details, die tödlich sind."
Ich bin es wirklich leid, immer ein und dasselbe zu wiederholen. Doch um dem Patienten konkrete Informationen zu geben, bin ich gezwungen, das System vollständig zu erklären. Aber jedes Mal suche ich nach neuen Worten und neuen Vergleichen. Beispiele sind sehr zeitsparend. Ich erinnere mich, wie ich dem Patienten eine gute Stunde erklärt habe, dass man nicht auf sich böse sein und sich nicht verurteilen darf.
„Aber das spornt mich doch an", wunderte er sich.
Er hatte nicht begriffen, dass jede Verurteilung und Kränkung ein verdeckter Wunsch ist zu sterben, dass jede innere Aggression gegen sich der eigene Todeswunsch ist. Er nickte zwar, doch seine Seele hatte es nicht aufgenommen. Die Hauptinformation wird nicht mit Gedanken, sondern Gefühlen wahrgenommen. Emotionale und bildhafte Einwirkung dringt tiefer ein.
„Stellen Sie sich zwei Menschen vor", sagte ich zu ihm. „Beide haben sich im Wald verlaufen. Der eine unternimmt alle Anstrengungen, um aus dem Wald herauszufinden. Der andere nimmt einen Knüppel, schlägt sich auf den Kopf, jammert und wehklagt. Sie sind der Zweite."
 Es vergehen immer Bruchteile einer Sekunde, und ich sehe, dass die Information angekommen ist. Dementsprechend habe ich meine Methode auf bildhafte Erklärungen ausgerichtet.
In New York hatte ich drei Patienten mit onkologischen Krankheiten. Allen sagte ich ein und dasselbe. Bei allen verbesserte sich ihr Zustand.

Ich wollte für zehn Tage nach Jalta fahren. Vor meiner Abreise rief ein Bekannter an:

„Erinnern Sie sich, ich hatte Sie gebeten, eine Arbeitskollegin zu betrachten. Sie haben damals mit ihr eine halbe Stunde gesprochen. Nach dem Gespräch mit Ihnen ging sie zu einer Untersuchung, wo man bei ihr Krebs mit Metastasenbildung feststellte. Nach einem Monat wurden die Analysen wiederholt – davon war nichts mehr vorhanden. Wenn Sie wollen, bringt Sie Ihnen die schriftliche Bestätigung vorbei."

Mir braucht man nichts zu bestätigen, aber der Fall war wirklich von Interesse. Eine Sitzung und eine allgemeine Erläuterung meiner Methode hatten ausgereicht, um einen Menschen aus einer schwierigen Situation zu erlösen. Früher, wenn ich verzweifelt war und dachte, dass ich nicht heilen kann, schenkte mir das Schicksal Erfolgserlebnisse, die mich beflügelten. Jetzt hatte ich laufend Erfolg. Nunmehr wusste ich zum ersten Mal, dass die Methode funktioniert und eine Perspektive hat. Das ist nicht nur einfach eine Methode, sondern eine Weltsicht, ein neues System von Ideen.

Ich fuhr nach Jalta, meine Stimmung war sehr schlecht. Am zweiten Urlaubstag vergaß ich die Videokamera meines Freundes im Wagen. Dann gab es weitere Unannehmlichkeiten. Der Grund hierfür war die Orientierung auf das Schicksal und das Verlangen, das Schicksal über Gott zu stellen. Es passierte erneut das, was mir bereits die letzten zwei, drei Monate die Stimmung verdorben hatte. Ich dachte, dass ich darüber hinweg sei, doch bisher war das nicht der Fall. Nach wie vor bestand eine starke Bindung an ein glückliches Schicksal, ich vermochte mich nicht zu reinigen. Als ich die Situation analysierte, stellte sich heraus, dass das damit zusammenhing, dass sich in den letzten Monaten meine materielle Lage verbessert hatte. Ich hatte die Möglichkeit, aus dem einen Zimmer in der Gemeinschaftswohnung in eine eigene Wohnung zu ziehen. Möglicherweise war da noch eine andere Variante der Bindung an das Schicksal im Spiel, die sich verstärkt hatte und die ich nicht kannte. Um die Quellen, die dem Schicksal zugrunde liegen, zu erkennen und zu klassifizieren, sie zu benennen und zu systematisieren, war ein weiterer Vorstoß erforderlich, zu dem ich aber nicht die Kraft hatte. Ich beschloss, dieses Thema nach dem Erscheinen des zweiten Buches zu erforschen. Doch meine persönlichen Pläne stimmten nicht mit den Plänen des Göttlichen überein, und ich konnte die Situation nicht kontrollieren. Das zeugte von einer sehr gefährlichen Lage und davon, dass ich nur überleben konnte, wenn ich mich auf eine höhere Ebene erheben würde. Ich fürchte nicht den Tod. Alle Nahestehenden habe ich ständig kontrolliert, deshalb war ich in dieser Hinsicht beruhigt und der Meinung, dass ich keine sehr empfindlichen Stellen habe. Dadurch erfolgte die Bindung ans Irdische. Offensichtlich gab es doch solche Schwachstellen. Und an diesen Stellen wurde ich getroffen. Zwei Tage nach meiner Ankunft rief ich in Leningrad an und fragte meine Assistentin, wie die Lage war.

„Große Unannehmlichkeiten. Ihr Patient, den Sie gerade behandeln, ist gestorben."

Das war der erste Fall in meiner Praxis, dass ein Mensch, der eine Überlebenschance gehabt hatte, gestorben war. Ich zweifelte keinesfalls am Erfolg meiner Methode. Die Methode funktionierte einwandfrei. Doch in diesem Augenblick brach alles zusammen, zumal meine Assistentin mich daran erinnerte, dass der Patient angerufen und von einer Depression gesprochen hatte, doch ich seinen Worten keine Bedeutung beigemessen hatte. Wenn ich nicht begonnen hätte, ihn zu heilen, vielleicht hätte er noch ein halbes oder ein Jahr gelebt? In letzter Zeit hatte sich die Kraft meiner Einwirkung vielfach verstärkt. Bereits nach der ersten Sitzung waren viele physisch sehr stark betroffen gewesen. Und dieser Mann hatte drei Infarkte erlitten. Er war mir sehr sympathisch gewesen. Ein netter, kluger Mensch. Damals musste ich die Entscheidung treffen, ob ich das Recht habe, weiter zu praktizieren. Ich beschloss, diese Entscheidung bis zu meiner Rückkehr nach Leningrad aufzuschieben.

Einige Tage später begriff ich, dass ich selbst mein System zerstörte. Ich hatte alle gelehrt, dass das Bedauern der Vergangenheit, mangelnder Glaube an Gott, ein Programm zur Vernichtung des Universums ist, und erklärt, dass jedes Ereignis gottgegeben ist und der bei Unglück aufkommende Todeswunsch ein gegen Gott gerichteter Hass ist. Ich biss also die Zähne zusammen und begann, mich mit dem, was geschehen war, entsprechend abzufinden. Doch das geschah mehr oberflächlich, innerlich ging der Prozess weiter. Das wurde mir in einer interessanten Situation bewusst.

Wir fuhren mit dem Wagen von Jalta nach Sudak. Ich hatte ein seltsames Gefühl, dass wir einen Unfall haben können. Auf dem Rückweg machten wir eine Rast und gingen baden. Als ich zurück zum Ufer schwamm, attackierte mich eine Möwe im Sturzflug. Ich schrie und fuchtelte mit den Armen, und der Vogel drehte im letzten Moment ab. Dann stürzte sie sich erneut von oben auf mich. Ich wehrte sie mit den Händen ab, doch sie kam ein drittes Mal und wiederholte den Angriff. Ich war schockiert, aber mich interessierte auch der Zusammenhang. Als ich mein Feld betrachtete, sah ich, dass es das Feld eines Verstorbenen war. Da begriff ich, warum sich die Möwe auf mich stürzte. Der Grund war mein Wunsch zu sterben, der wegen meiner Orientierung auf ein glückliches Schicksal aufgekommen war. Ich reinigte mich, und wir fuhren weiter. Als wir ankamen, rief mich eine Bekannte an und sagte mir, dass sie sehr schlechte Vorgefühle habe. Ich betrachtete das Feld meiner Freunde und fand analoge Vernichtungsprogramme. Der Urheber war ich.

Ich kehrte nach Leningrad zurück. Am nächsten Tag geriet mein urogenitales System außer Kontrolle. Anfangs war ich schockiert, dann begriff ich den Grund. In meine Sprechstunde war ein Seemann wegen akuter Urethritis gekommen. Vor seinem Besuch bei mir war er bereits in einem Krankenhaus behandelt worden, doch sein Zustand hatte sich nicht gebessert. Die Ärzte waren ratlos. Ich erklärte, dass Lebensunlust auf das urogenitale System schlägt. Nun spürte ich es selbst am eigenen Leib.

Einen Tag vor meiner Rückkehr war ein zahmer Papagei, den ich in meiner Wohnung hielt, gegen die Tür geflogen und an den Verletzungen gestorben. Er hatte das Karma seines Besitzers auf sich genommen. Damit war jedoch das Selbstvernichtungsprogramm nicht von mir genommen worden. Um mich zu vergewissern, betrachtete ich das Feld meines Sohnes, und dort sah ich ebenfalls den Tod. Etwas kam von oben auf mich herab, alles wurde zerstört, doch ich konnte nicht verstehen, um was es sich handelte. Ich überlegte, ob ich die Sprechstunden einstellen oder weiter Patienten behandeln sollte. Ich beschloss, die Behandlungen fortzusetzen.

Vor mir sitzt eine Dame, die zum zweiten Mal gekommen ist. Sie hat hervorragende Geistesstrukturen, aber keine Kinder. Ihr Zustand ist sehr ernst. Voriges Mal habe ich ihr gesagt, dass sie sich an der Schwelle des Tods befindet und nur dank ihrer Ethik überlebt hat. Das Verlangen, Selbstsucht, Image und Weisheit über Gott zu stellen, hat bei ihr die gefährliche Marke erreicht. Gegenwärtig hat sich ihr Feld beträchtlich gebessert. Doch es besteht noch immer eine Bindung an das Schicksal aufgrund der drei Wesenszüge. In ihrem Feld ist ein starkes Programm der Verachtung des geistigen Vaters.

„In den Jahren 1984 bis 1986 haben Sie einen Menschen verurteilt, der für Sie wie ein geistiger Vater war. Das hat Ihnen die Möglichkeit genommen, die höchsten Geistesstrukturen zu reinigen, ebenso die Möglichkeit, Kinder zu haben. Je mehr Talent und Ethik eine Frau hat, umso weniger Chancen hat sie, gesunde oder überhaupt Kinder zu haben. Ich erkläre Ihnen, warum das so ist. Die Tendenz zur Liebe und zum Irdischen ist bei der Frau immer größer als die Tendenz zum Heiligen Geist. Wenn ein Mann eine Frau verachtet, wird er krank. Das ist so, wie wenn der Geist den Körper verachtet. Und wenn die Frau den Mann verachtet, wird sie unfruchtbar. Der Körper, der den Geist verachtet, ist nicht lebensfähig. Niemand kann den Mann so reinigen wie die Frau, und niemand kann die Frau so reinigen wie der

Mann. Kränkungen durch den geliebten Menschen zu akzeptieren und zu verzeihen – das ist das Vermögen, das Primäre des Göttlichen in der höchsten Erscheinung des Irdischen zu spüren. Wenn das akzeptiert wird, werden die Seelen der künftigen Generation optimal gereinigt. Um den Mann nicht zu verurteilen und gesunde Kinder zu gebären, muss die Frau verstehen, dass Erfolge und Misserfolge des Mannes nicht von ihm abhängen, sondern von Gott bestimmt sind. Wenn dazu ihre Kraft nicht reicht, so hindert sie die dem Mann innerlich entgegengebrachte Achtung daran, ihn zu verachten. Wenn auch das nicht der Fall ist, dann muss sie den Mann fürchten, wodurch unfreiwillig Achtung entsteht. Deshalb heißt es auch: ‚Das Weib sei dem Mann untertan.' In den Frühetappen der Entwicklung der Menschheit musste die Frau, um gesunde Kinder zu gebären, den Mann fürchten. Heute ist die Erkenntnis ausreichend, dass Fähigkeiten und Talent des Mannes oder seine Dummheit von Gott bestimmt sind. Innerlich sind wir alle gleich – Männer wie Frauen, Dumme und Kluge. Unterschiede gibt es nur äußerlich, das ist der Kampf der Gegensätze. Gegensätze bilden innerlich auf der feinen Ebene eine Einheit, auf der äußeren Ebene sind sie verschieden und kämpfen gegeneinander. Darin besteht die Entwicklung.

Deshalb steht in der Bibel geschrieben: ‚Das Weib sei dem Mann untertan.' Warum untertan? Früher hat jemand, der untertan war, aus reiner Furcht den anderen nicht verurteilt. Wer Furcht hatte, der hatte vor jemand Achtung und verurteilte ihn nicht. Und das bewirkte eine gesunde Nachkommenschaft. Warum ist es so wichtig, den nahe stehenden Menschen nicht verurteilen zu können? Stellen Sie sich vor: Eine Frau ist auf Selbstsucht, Weisheit, Wohlergehen und Familie orientiert. Es kommt zu Situationen, in denen sie zu Unrecht beleidigt und gedemütigt, von anderen Menschen in eine törichte Lage gebracht und betrogen wird, wodurch ihre Orientierung auf Weisheit beseitigt werden soll. Um die Bindung ans Schicksal zu beseitigen, muss es viele Schicksalsschläge geben. Um das zu erreichen, können Jahre vergehen. Es ist aber auch möglich, dass sie einen Mann erhält, den sie liebt und der zu ihr sagt: ‚Du bist eine dumme Gans, du bringst es zu nichts im Leben.' Oder etwas in der Art. Wenn sie ihn dann nicht verurteilt, dann erreicht sie in einer Sekunde ebenso viel, wie durch jahrelang erlittene Qualen und Unannehmlichkeiten. Je talentierter und außergewöhnlicher die Frau ist, desto schwerer fällt es ihr, das zu tun. Und anstatt sich zu reinigen, bindet sie sich noch stärker an die Erde, wodurch sie verhindert, dass die Kinder geboren werden. Sie müssen verstehen, dass die Chancen, die Seele zu reinigen, umso größer sind, je größer der zugefügte seelische Schmerz ist."

Die Frau denkt nach, und ich versuche zu verstehen, was über dem Schicksal steht und es beeinflusst. Der Mensch ist schon ein interessantes Wesen. Wie oft habe ich versucht, mir zu helfen, wenn neue Probleme auftauchten, doch es gelang mir nie. Wenn ich aber versuchte, anderen bei denselben Problemen zu helfen, kam die Lösung wie eine Erleuchtung. Um sich selbst zu helfen, muss man anderen helfen!

Bei ihr liegt eine Orientierung auf das Schicksal und drei Wesenheiten vor. Ich zeichne die Erdkugel und betrachte ihre irdischen Verkörperungen. Sie verlaufen sinuswellenförmig um die Erdkugel. Eine interessante Zeichnung. Ich sehe, wo die Verkörperung im vorigen Leben war – auf einem anderen Planeten, auf der entgegengesetzten Seite der Galaxis. Das zweite Leben ist in anderen Welten. Es ist natürlich, dass bei einer solchen Gestaltung der Reinkarnation die Ethik hoch sein wird. Was also über ihrem Schicksal steht, das ist das Schicksal in anderen Zivilisationen, und nicht in der Gesellschaft und der Menschheit, wie ich dachte. Darüber – das Schicksal in einer anderen Welt, noch darüber – das Schicksal in einer Gruppe von vier Welten. Es ist verständlich, dass es sich hier um immer höhere Hierarchien mit einem immer größeren Informationsvolumen handelt. Unverständlich ist nur, wie das mit der Erde verbunden ist und auf der Erde realisiert wird. Das steht mit ihr und ihrer Arbeit in Verbindung.

„Sie müssen den Zusammenhang verstehen", sagt ich ihr. „Der Mensch, den Sie achten, muss sich über Ihre Arbeit verächtlich äußern. Sie knien sich mit ganzer Seele in Ihre Arbeit, die mit höchsten Informationsquellen verbunden ist, d.h. mit Ihrem Schicksal und Ihren Schicksalen in anderen Welten. Wenn man Sie in Geldangelegenheiten und materiellen Gütern demütigt, müssen Sie sich über das Irdische erheben. Das ist schwer, aber möglich. Wenn man Sie da trifft, worin Ihre ganze Seele steckt, müssen Sie sich über die Seele hinaus, in die höchsten Schichten des Geistes erheben."

Die Frau ist nachdenklich geworden und blickt vor sich hin.

In diesem Moment erinnere ich mich an eine kurz zuvor erlebte Situation:

In letzter Zeit waren Raubkopien meines Buches erschienen. In der Auslage eines Kiosks sah ich erneut ein solches Buch mit einem abscheulichen dunkelroten Einband, auf dem in großen schwarzen Buchstaben, die wie Kleckse wirkten, „Karma-Diagnostik" stand. Auf der erste Seite stand stolz „Moskau", auf der letzten in Druckbuchstaben der Verlag ohne Adressenangabe. „Die Menschen tun mir Leid", dachte ich. „Sie vermuten nicht einmal, was für ein Schicksal sie sich bereiten, wenn sie dieses Buch aus reiner Gewinnsucht herausgeben." Aus der Ferne betrachtete ich das Feld derjenigen, die mit dem Buch zu tun hatten, und sah dort sofort dichte schwarze Flecken. Plötzlich spürte ich, dass das auch meine Schuld war. Ich hatte ungewollt bei ihnen ein Selbstvernichtungsprogramm aktiviert. „Aber alles, was geschieht, dient doch meiner Reinigung", dachte ich. Dann ging ich eine Stunde spazieren und betete. Ich nahm erneut das Buch in die Hand und spürte nichts außer Ruhe und Frieden. Wenn sie das höchste Gesetz verletzten, dann erhielten sie ihre Strafe. Ich aber hatte nicht das Recht, durch meine Emotionen und mein Energiefeld diesen Prozess zu beschleunigen. Ich begriff, dass die gegebene Situation für mich eine sehr wichtige Prüfung war. Mir war die Gelegenheit gegeben worden, meine höchsten Geistesstrukturen zu reinigen, indem ich eine

*Demütigung akzeptierte, die mit etwas verbunden war, in das
ich meine höchsten Geistesambitionen eingebracht hatte.
Im selben Augenblick habe ich eine weitere Erleuchtung.*

„Um ein Beispiel zu geben. Christus hat die Gebote interpretiert und erklärt, wie man sich verhalten muss, wie die Welt zu verstehen ist. Das, was das Bewusstsein nicht begreifen konnte, hat er bildhaft in Form von Gleichnissen und Erzählungen vermittelt. Und das, was der Verstand nicht fassen konnte, erklärte er durch sein Verhalten. Damit sich die Zivilisation weiterentwickeln konnte, war es erforderlich, die Entwicklung der höchsten Geistesstrukturen in Gang zu setzen. Er hat das Allerheiligste getan – er hat die Menschheit und jeden, der vor ihm stand, gerettet, indem er alles opferte. Als Antwort darauf hat man ihm ins Gesicht gespuckt und ihn verhöhnt. Er hat darauf nicht aggressiv reagiert, sondern alles als gottgegeben hingenommen. Das Kreuz ist das Symbol für höchste Geistesreinigung. Es ist das Zeichen dafür, dass man das Hässlichste und Gemeinste, was es geben kann, als gottgegeben akzeptiert. Die Seele wird durch Schmutz und schwarze Undankbarkeit gereinigt, sofern sie das nicht verurteilt, sondern als gottgegeben akzeptiert."

Nachdem die Patientin gegangen ist, versuche ich nochmals zu erfassen, was mir bewusst geworden ist. Offensichtlich ist es mir gelungen, mich eine weitere Stufe nach oben zu bewegen.

Zu einer beträchtlichen Erhöhung des Niveaus kommt es bei mir etwa alle zwei Monate. Ich beginne, alles gewissermaßen mit anderen Augen zu sehen. Doch es gibt Wendepunkte, bei denen ein vollkommener Neubeginn erforderlich ist, um zu überleben oder das Leben der Patienten zu erhalten. Ich habe seit langem festgestellt, dass ich wie ein Katalysator wirke. In meiner Anwesenheit wird das Gute und Schlechte in jedem Menschen wesentlich verstärkt. Ich versuchte lange, mir einzureden, dass mein Zustand auf die Informationen, die ich gebe, überhaupt keinen Einfluss hat. Dann stellte ich deutlich fest, dass von meinem Zustand und meiner Balance abhängig ist, ob der Mensch gesund wird oder nur eine Linderung eintritt, ob er mir glaubt oder mich für einen Scharlatan hält.

In New York lehnte es eine Frau einmal ab, zu einer zweiten Sitzung zu mir zu kommen. Als man sie nach dem Grund fragte, sagte sie: „Er ist einfach ein Flegel." Ich begriff, dass es mir nicht gelungen war, ihr die Informationen richtig zu vermitteln. Die Wahrheit ist eine Knute, mit der man einen Menschen aus einer lebensbedrohlichen Situation herausziehen kann, doch mit der Knute kann man auch einen Menschen totschlagen. Anfangs muss man dem Menschen den Weg zeigen und ihm beim Kräftesammeln helfen, und erst dann, wenn er den Ernst der Lage nicht begreift, mit der Wahrheit durchpeitschen. Jede Situation oder Information, die mir unangenehm ist, heilt mich. Je stärker der Schock, umso größer ist danach der Erhöhung des Niveaus.

Über den ersten derartigen Wendepunkt habe ich bereits geschrieben. Damals heilte ich noch mit den Händen. Bei dem Mädchen, das ich behandelte, bildeten sich Blasen an den Körperstellen, über die ich die Hände geführt hatte. Mir war der Zusammenhang nicht verständlich. Als ich später das Mädchen anrief, sagte mir die Mutter, dass sich nach jedem Anruf von mir der Zustand der Tochter verschlechterte. Ich bat die Mutter, alles aufzuschreiben, was mit der Tochter passierte. Und als ich die Aufzeichnungen las, war ich konsterniert. Nach unseren Sitzungen setzten bei dem Mädchen sogar psychische Störungen ein. Die Hände juckten so stark, dass es die Mutter anflehte, sie abzuhacken. Damals begriff ich, dass ich die Wahl zwischen zwei Wegen hatte. Entweder ich gab es auf, mich mit Studien auf diesem Gebiet zu beschäftigen, oder ich warf die alte Form weg und versuchte, eine vollkommen neue zu finden. Zu dieser Zeit konzentrierte ich alle Anstrengungen nicht auf Heilung, sondern auf Diagnostik. Und ich musste verblüfft erkennen, dass Diagnostik besser als jede Einwirkung heilt. Ich war der Meinung, dass ich Informationen gebe und der Patient geheilt wird, und so würde es immer sein. Deshalb war ich unangenehm überrascht, als ich sah, dass die Programme der Feldinformation der Patienten zu mir hinüberwechselten. Wie sich herausstellte, war es zu einer Resonanz der Feldstrukturen gekommen. Ich begriff, dass ich mich immer vor und nach der Sitzung reinigen muss. Auch durfte ich Patienten mit Programmen, die für mich gefährlich werden konnten und die ich zum gegebenen Zeitpunkt nicht reinigen konnte, nicht behandeln. Es ist verständlich, warum Geistliche gegen Wunderheiler sind. Beim Kontakt mit dem Geistlichen, der sich im Gebet auf die Person von Jesus Christus orientiert, erfolgt eine Harmonisierung der Geistesstrukturen. Da sich die extrasensorische Wissenschaft noch im Entwicklungsstadium befindet und die meisten Heiler und Seher die Mechanismen der Karmalösung nicht kennen, geben sie alles Irdische an die Patienten weiter. Natürlich hängt hier viel vom früheren Leben des Wunderheilers ab. Nunmehr geht die Bioenergetik vom blinden, gedankenlosen Einwirken auf den Menschen zum Erfassen und Suchen über. Das berechtigt dazu, der Bioenergetik eine große Perspektive einzuräumen.

Eine zweite wichtige Wende in meinem Forschungssystem war die Erkenntnis, dass Fähigkeiten, seelische Eigenschaften, Weisheit und Schicksal des Menschen irdische Begriffe sind und nicht nur Freude, sondern auch Krankheit und Tod verursachen können. Aus der Sicht des Göttlichen sind das materielle Güter, nur einer feineren Ebene.

Das begann zwei Monate nach dem Erscheinen meines ersten Buches, im August 1993. Es waren Gerüchte im Umlauf, dass ich von schwarzen Kräften besessen sei, zu reinen Informationen keinen Zugang mehr habe und das zweite Buch nicht erscheinen werde.

„Wahrscheinlich war es der größte Fehler meines Lebens, dass ich Ihr Buch gedruckt habe", bekannte mir meine Verlegerin.

Alles wird von Gott bestimmt. Ich begriff, dass die Menschen damit nichts zu tun hatten. Die Situation geriet außer Kontrolle, meine Methode und mein Wissen wiesen Mängel auf. Und der nächste Fall veranlasste mich erneut dazu, an mir zu zweifeln.

In meine Sprechstunde kam eine Frau mit ihrer kranken Tochter. Zu dieser Zeit hatte sich mein System der Heilung bereits geändert. Während ich früher die Aggression wie Nadeln aus der Seele herausgezogen hatte und der Mensch gesund wurde, arbeitete ich nunmehr mit den Ursachen der Aggression – der Orientierung auf das Irdische und dem Verlangen, etwas Irdisches über Gott zu stellen. Ich kann Informationen direkt erlangen und alles sehen, was auf der feinen Ebene geschieht. Man kann Gedanken projizieren, Informationen gebende Stimmen hören, Pendel, Rute, Karten und spontanes Schreiben verwenden. Ich bin ein Zeichner, deshalb ziehe ich es vor, mit den Händen zu sehen. Ich habe unter meinen Händen gewissermaßen eine Klaviatur, auf der ich jede Situation empfinde. Bei komplizierten Situationen zeichne ich die Felder.

Wenn sich die Seele allzu sehr an etwas auf der Erde bindet, entsteht Aggression, und das führt zu Krankheiten. Ich habe nach und nach klassifiziert, an was man sich binden kann. Das war eine lange Arbeit. Wenn ich mit den Patienten sprach, wenn ich die Krankheit und dann die mit ihr verbundene Ursache sah, versuchte ich, die Quelle zu finden. Auf welche irdischen Werte ist der Mensch orientiert? Anfangs dachte ich, dass man sich auf Geld, Datsche und Wagen orientieren kann. Dann sah ich erstaunt, dass man sich auch sowohl auf Arbeit und Pflichtgefühl als auch die Stellung in der Gesellschaft orientieren kann. Man kann auch abhängig von Essen und Trinken, Sex und Vergnügen sowie von seinem Äußeren sein, d.h. ein Idol daraus machen. Auch an den geliebten Menschen kann man sich binden. Nachdem Abbitte geleistet und die Ursache beseitigt wurde, trat eine starke Besserung des Zustands ein. Ich war erstaunt, wie effektiv das System arbeitete.

Mein Erstaunen nahm noch zu, als ich die Bibel analysierte und sah, dass meine Forschungsergebnisse durch die Gebote von

Moses und Christus bestätigt wurden. Mir wurde der Sinn des
Gebots „Du sollst dir kein Bildnis machen!" verständlich. Ich
begriff, warum das wichtigste Gebot von Christus lautet: „Du
sollst Gott mehr als Vater, Mutter und deinen Sohn lieben.", und
worin der Sinn des Satzes besteht: „Ich bin nicht gekommen,
Frieden zu senden, sondern das Schwert. Ich bin gekommen, den
Menschen zu erregen wider seinen Vater und die Tochter wider
die Mutter..., damit sie Gott lieben, und danach einander." Worin
besteht der Unterschied zwischen den Geboten von Moses und
Christus? Moses verwies darauf, wie gefährlich es ist, irdische
Werte anzubeten – bete nicht um sie, bete den unsichtbaren Gott
an. Die von Moses gegebenen Informationen gestatteten, die Ethik
und das Energiepotential der Menschen auf ein höheres Niveau
anzuheben. Die höhere Ethik und Energie sind wie der Einbau
eines leistungsstärkeren Motors in einen Wagen, für dessen Nut-
zung vollkommenere Verkehrsregeln erforderlich sind, d.h. eine
Revision der Werte, eine neue Weltauffassung und neue Gesetze. Christus führte neue Begriffe ein. Wie sich herausgestellt hat,
kann auch Unsichtbares angebetet werden – die Familie, die Stellung, die Arbeit. Worauf kann der Mensch das Schwergewicht
verlagern? Auf ihm nahe stehende Menschen: Vater, Mutter und
die eigenen Kinder. Es kommt zu folgender Kettenreaktion –
anfangs bete ich den Vater an und stelle ihn über Gott, doch ich
bin ein Teil von ihm, d.h. ich selbst stelle mich über Gott. Und
letztendlich auch meine Kinder, meine Frau, meine Familie, das
Haus, in dem die Familie wohnt, Wagen, Datsche, Wohnung und
Geld. Als ich alle diese Abhängigkeiten überprüfte und sie mit
den Geboten verglich, begriff ich, dass ich den ganzen, in den
Geboten vorgezeichneten Weg bereits von allein zurückgelegt
hatte.

Mich interessierte, wohin ich nun noch gelangen würde. In den
letzten Monaten war eine weitere Abhängigkeit aufgetaucht –
von den Fähigkeiten. Doch sie hatte keine wirklichen Probleme
hervorgerufen und war rein spekulativ gewesen. Aber die Situation, in der ich der Tochter meiner Patientin half, zeigte mir, wie

ein abstraktes theoretisches Element plötzlich real und gefährlich werden kann.

Als ich das Feld des Mädchens betrachtete, sagte ich, dass es
große Selbstsucht habe, innerlich die Menschen verachte und
verurteile. Selbstsucht wird am stärksten durch Verurteilung und
Verachtung der Menschen gefördert. Selbstsucht kann auch sehr
schwere Krankheiten hervorrufen. Ich erklärte dann der Mutter,
dass sie für ihre ganze Sippe beten und sich an alle Situationen
erinnern solle, in denen sie sich zu Verwandten hochmütig verhalten und sie verurteilt habe. Sie solle Gott bitten, die Tochter und ihre
Nachkommen davon zu befreien. Das Mädchen selbst bekannte:

„Mama, ich spüre, dass ich andere verachte."

Ich mühte mich Sitzung um Sitzung, doch die Selbstsucht des
Mädchens verringerte sich nicht. Im Gegenteil, ihre Angst verstärkte sich, was irgendwie mit den Fähigkeiten zusammenhing.
Die Mutter sagte, dass die Angst zunehme, die Psyche instabil
sei und sie nicht wisse, ob die Tochter weiter lernen könne. Ich
erklärte der Mutter:

„Wissen Sie, Angst und Selbstzweifel blockieren Selbstsucht,
das ist ein Schutzmechanismus. Die Tochter hat große Fähigkeiten. Gegenwärtig befindet sie sich in der Pubertät. Demütigung
von Selbstsucht und Fähigkeiten prägt fürs ganze Leben, sodass
später eine Erinnerung daran verhindert, sich auf Selbstsucht und
Fähigkeiten zu orientieren und sie über Gott zu stellen. Deshalb
wird ihr auch gestattet, ihre Fähigkeiten zu erschließen."

Ich konnte jedoch nicht helfen. Die Situation verschlechterte
sich außerdem nach jeder Sitzung. Ich reiste auf die Krim. Ein
Anruf aus Leningrad war die letzte Verbindung. Die Mutter bat
mich über eine Bekannte, nicht mehr an das Mädchen zu denken
und den Kontakt zu ihm abzubrechen, weil sich sein Zustand
katastrophal zu verschlimmern begann.

Nach einer Sprechstunde dauert der Feldkontakt mit den Patienten noch an. Dieser Kontakt kann hilfreich sein, aber auch den
Zustand verschlechtern.

Ich begriff dann, dass ich reine Informationen nur nach einer Selbstreinigung geben kann. Mein erster Gedanke war erneut, von allem, was mit Extrasensorik verbunden ist, Abstand zu nehmen. Dann versuchte ich, Kräfte zu sammeln. Und wieder begann eine monatelange Reinigung von verschiedenen Aggressionsformen, die mit Fähigkeiten zusammenhingen. Ich leistete immer wieder Abbitte dafür, dass ich meine Fähigkeiten über Gott gestellt und damit meine Selbstsucht verstärkt hatte, und bat darum, mich davon zu befreien. Ich leistete Abbitte, dass ich diejenigen, die keine Fähigkeiten besaßen, verachtet und verurteilt hatte, und diejenigen, die mehr besaßen, beneidet und gehasst hatte, und dass ich gekränkt gewesen war, als meine Fähigkeiten beeinträchtigt worden waren, den Verlust bedauert hatte und nicht mehr hatte leben wollen. Ich ließ meine früheren Leben und die Leben meines Doppelgängers Revue passieren und leistete Abbitte. Ich betete für mich in künftigen Leben, für meine Nachkommen in diesem und in künftigen Leben, für mich in anderen Welten und Universen. Dieser Vorfall war für meine Weltsicht sehr schockierend. Große Fähigkeiten sind immer mit irgendeiner Mission, für die Gott den Menschen ausersehen hat, verbunden. Superfähigkeiten und Vollbringung von Wundern sind der Beweis, dass dieser Mensch von Gott auserwählt ist. Und plötzlich stellt sich heraus, dass das ebenfalls Irdisches ist und man sich daran derart binden kann, dass die Seele schwarz wird und dann der Körper erkrankt. Da begriff ich, woher die schwarzen Magier kommen. Das sind Menschen, die ihre Fähigkeiten über Gott, den irdischen Aspekt der Fähigkeiten über den geistigen stellen und dadurch ihre Seele und danach auch ihren Körper verunreinigen und verstümmeln.

Früher verlief dieser Prozess langsam, deshalb sahen die Leute schwarze Magier, die ein herrliches Leben führten, und wussten nicht, was mit ihnen in künftigen Leben passierte. Mir wurden nun Fakten verständlich, die ich früher trotz aller Bemühungen nicht hatte begreifen können. Warum haben sich in der orthodoxen Religion Heilige ihrer Fähigkeiten nahezu geschämt und sie verheimlicht? So betete Serafim Sarowski für einen schwer kranken Jungen, den man zu ihm gebracht hatte. Als der Junge gegen die Weisung, sich nicht umzudrehen, verstieß, sah er den Heiligen in der Luft schweben und beten. Daraufhin bat Serafim Sarowski den Jungen, bis zu seinem Tod niemandem davon zu erzählen. Ein anderer Starez (heiliger Mönch), zu dem ein Vater seinen toten Sohn gebracht und zu Füßen gelegt hatte, sagte in Unkenntnis des Todes des Jungen: „Steh auf und wandle!" Der Junge stand von den Toten auf und ging weg. Als der Heilige davon erfuhr, war er traurig. Er ist deshalb traurig, weil die Auferstehung nicht durch Reinigung der Seele, sondern durch seine Willensäußerung erfolgt war, d.h. unter Verletzung des göttlichen Ablaufs der Ereignisse. Er war traurig, weil jetzt seine Fähigkeiten bekannt waren und Lobpreisungen seine Seele schwärzen konnten. Im Christentum gibt es im Gegensatz zu anderen Religionen keinen Mechanismus, der die Lobpreisung von Fähigkeiten blockiert. Deshalb waren die Heiligen gezwungen, das durch ihr Verhalten zu blockieren. Sie waren sich der Gefahr der Selbstsucht wohl bewusst und verheimlichten ihre Fähigkeiten. Ich las erneut die Bibel und sah, dass es dort keine Konzeption für die Anbetung von Fähigkeiten gibt. Doch das, was nicht begrifflich erklärt wird, wird indirekt durch Verhaltensbeispiele ausgedrückt. Der Teufel führt Christus in Versuchung, seine Fähigkeiten wegen irdischer Ziele zu offenbaren. Christus weigert sich. Der Apostel Paulus entzieht einer Hellseherin, die ihre irdischen Interessen über die Interessen des Göttlichen gestellt hat, ihre Fähigkeiten.

Immer war man der Meinung, dass bei den Heiligen die Fähigkeiten von Gott und bei schwarzen Magiern vom Teufel sind. Es hat sich gezeigt, dass hier ein anderer Mechanismus wirkt. Wenn die Seele eines Menschen, der göttliche Fähigkeiten hat, sich an irdische Güter bindet und hierbei Aggression entwickelt, dann werden die göttlichen Fähigkeiten zu diabolischen.

Nach einigen Monaten Arbeit, nachdem ich wieder etwas zu mir gekommen war, sah ich, welche Folgen eine unverschuldete

Orientierung auf Fähigkeiten nach sich ziehen kann und welch große Gefahr diese Weltsicht in sich birgt.

In meine Sprechstunde kamen immer öfter Krebskranke. Krebs blockiert vor allem Selbstsucht, die besonders durch Fähigkeiten gefördert wird. Ich quälte mich lange damit, den Zusammenhang zu verstehen, doch dann wurde er mir klar: Wenn die Seele sich an etwas auf der Erde bindet, wird sie stolz und aggressiv. Selbstsucht wird durch schwere Krankheiten und Tod blockiert. Wenn sich die Seele eines Menschen an Geld, materielle Güter, die Arbeit, die Stellung in der Gesellschaft oder die Familie bindet, dann kann er sich nur reinigen, indem er den Verlust von all dem akzeptiert. Er weiß genau, dass er nichts von dem mit ins Grab nehmen kann.

Moses und Christus haben gelehrt, dass Geld nicht nur Freude, sondern auch Unglück bringen und der Seele schaden kann. Wenn ein Mensch „Ich bin ein Reicher" sagt, dann identifiziert er sich mit dem Geld und wird, nachdem er es verloren hat, ein Armer. Wenn ein Mensch „Mir hat Gott Geld gegeben, deshalb besitze ich es" sagt, ist er immer reich. Die Erkenntnis, dass das letzte Hemd keine Taschen hat, hilft dabei, sich nicht an irdische Güter zu binden. Die Seele bleibt rein, und der Körper muss nicht erkranken.

Es hat sich herausgestellt, dass man Fähigkeiten mit sich ins Grab nehmen kann. Die Erschließung der Fähigkeiten erfolgt bei einer Aktivierung des Doppelgängers, der im Jenseits lebt und von dem wir ein Teil sind. Der Doppelgänger hat fünf Leben, daher ist es weitaus leichter, sich an Fähigkeiten zu binden und sich mit ihnen zu identifizieren. Die Menschen wissen bis heute nicht, dass allein schon den Worten „Ich bin begabt" eine Degradation des Geistes und künftige Krankheiten zugrunde liegen. „Gott hat mir Fähigkeiten verliehen, mir wurden Fähigkeiten gegeben, ich besitze Fähigkeiten" – allein diese Erkenntnis ist bereits schon eine sehr gute Blockierung künftiger Krankheiten und des Todes. Für mich war das die Tür zu einem völlig neuen Gebiet. Ich betrachtete dann die ganze Kette von Fähig-

keiten, seelischen Eigenschaften, Weisheit und irdischem Schicksal. Das alles nahm aus der Sicht des Göttlichen die Form von
Geld, Wagen und Wohnungen an. Gerade diese Dinge tragen
beträchtlich zu Selbstsucht bei, die dann durch Schizophrenie,
Krebs, Diabetes, Epilepsie, Psoriasis, multiple Sklerose und andere Krankheiten blockiert wird. Und alle bekannten Heilme-
thoden, wie z. B. Fasten, Diät und Akupunktur, sind auf diesem
Gebiet praktisch wirkungslos, denn diese Ebene der Geistesstrukturen überdauert mehr als ein Leben.

ANBETUNG DER FÄHIGKEITEN

Fähigkeiten, seelische Eigenschaften, Weisheit und Schicksal bezeichne ich als dritte Ebene der irdischen Güter. Es kommt vor, dass sich Menschen, die sich über die erste und zweite Ebene erhoben haben, tödlich an die dritte Ebene binden, erkranken und sterben. Zu der Zeit, als ich begriffen hatte, wie gefährlich es ist, Fähigkeiten zu lobpreisen, rief mich ein junger Mann an und bat mich, seiner Mutter zu helfen – sie hatte Leukämie. Ihr Zustand war kritisch. Diese Frau war eine namhafte Hellseherin und Wunderheilerin. Sie praktizierte und erklärte den Menschen anhand von Ereignissen in ihrem Leben, warum sie krank waren. Ich betrachtete ihr Feld, es war rein. Ich überprüfte, wodurch ihre Seele an die Erde gebunden war. Das Feld war vollkommen ungestört. Weder Geld, materielle Güter, Beziehungen noch körperliche Vergnügen – rein nichts. Eine irdische Bindung kam nach meiner Erfahrung nicht in Frage. Eine Bindung bestand einzig und allein zu ihren Fähigkeiten, und die war tödlich. Anfangs war es bei ihr nur Männerverachtung, danach waren es Vorwürfe gegen sich selbst gewesen – weil sie nicht hatte helfen können und nicht geholfen hatte. Das alles hatte sie an den Sohn weitergegeben, der sich nun in einem kritischen Zustand befand. Damit er überlebte, wurde sie selbst krank. Deshalb konnte sie sich auch nicht selbst helfen. Nun wurde mir auch verständlich, warum ich nicht Krankheit herbeiführende Szenen und Szenen aus früheren Leben sehen wollte, denn jedes Ereignis und jede Handlung sind nur die Form, während die wahre Erkenntnis der Welt außerhalb der Form liegt – dort, wo alles eins ist. Die dem Menschen gegebene Fähigkeit, von der Umwelt zu abstrahieren, gestattet es, zu immer feineren Schichten der Einheit vorzudringen. Dieses Streben des Menschen, Irdisches und Göttliches in seiner Seele zu trennen, gestattet ihm, einen gesunden Geist und Körper zu haben.

Körper und Bewusstsein des Menschen streben zur Erde, aber sein Feld, sein Unterbewusstsein und seine Seele streben zu Gott. Wenn sich die Seele ans Irdische bindet, wird die Harmonie zerstört – die Seele wird stolz und aggressiv. Um die Seele zu reinigen, muss sie vom Irdischen getrennt werden. Das Irdische wird zunehmend zerstört. Zuerst kommt es zu Unannehmlichkeiten wie Zerstörung des stabilen irdischen Glücks. Wenn das nicht hilft, muss das zerstört werden und verloren gehen, woran sich die Seele gebunden hat. Wenn auch das nicht hilft, kommt es zu Traumata, Krankheiten und Unglücksfällen. Und wenn das ebenfalls ergebnislos bleibt, wird der Körper zerstört, und der Tod tritt als Reinigung der Seele ein.

Ich erinnere mich, wie ich einer Patientin mal gesagt habe:

„Man muss jeden Tag die Seele Gott und den Körper der Erde geben."

„Aber das bedeutet doch Tod", antwortete sie.

„Völlig richtig. Der Tod wird uns zur Reinigung der Seele gegeben."

Wenn wir beten und wenn wir sterben, laufen in unserer Seele gleiche Prozesse ab. Wenn wir nicht sterben wollen, müssen wir lernen, jeden Tag zu sterben und dabei die Seele zu Gott zu richten. Doch der Tod reinigt unsere Seele nicht endgültig. Die Seele reinigt sich durch ständiges Streben zu Gott. Die Menschheit hat in einem langen und quälenden Prozess erfahren, wie sie sich zu verhalten hat und die Welt auffassen muss. Zuerst hat die fernöstliche Philosophie, die sich von allem Irdischen lossagte, aus ihr eine Illusion gemacht. Alle Energie wurde den Geistesstrukturen gewidmet. Sie setzten, nachdem sie gestärkt worden waren, die Entwicklung über ihre Negation fort, und der Materialismus kam auf. Diese beiden Gegensätze treten ständig im Westen und Osten in Erscheinung. Es entstehen philosophische Schulen, in denen das Irdische und das Göttliche miteinander auskommen und konkurrieren. Doch immer besteht eine Orientierung – das Geistige ist primär, das Irdische sekundär. Das Vermögen, gesund zu sein, bedeutet zu fühlen, dass Ethik und Edelsinn an erster Stelle stehen müssen.

Doch ich bin abgeschweift. Sprechen wir weiter über ein sehr ernstes Thema. Es handelt sich um die Anbetung von Fähigkeiten, Weisheit und Schicksal. Wenn die Seele an die Erde gebunden ist, sind künftige Krankheiten und Tod schon eingeleitet. Wie kann festgestellt werden, ob das geschehen ist? Sehr einfach – anhand von Aggression. Stellen wir uns vor, dass meine Seele an Geld hängt. Automatisch entstehen bei mir unwillkürlich Emotionen. Ich werde die verachten, die kein Geld haben, werde jene beneiden, die mehr Geld haben. Ich werde denjenigen hassen, der mich bestiehlt, und mich selbst dafür verurteilen, dass ich nicht mehr Geld verdiene. Ich werde es bitter bedauern und beklagen, wenn ich eine größere Summe verliere, ich werde ständig befürchten, Geld zu verlieren, und von Geld träumen. Meine Seele wird an die Erde gebunden. Die Folge sind entweder der Verlust des Geldes, eine schwere Krankheit oder der Tod.

Der Mechanismus zur Blockierung der Aggression, die in der Seele entsteht, arbeitet tadellos. Hierbei ist paradox, dass Geldverlust die schonendste Form von Blockierung ist, aber am schwersten akzeptiert wird. Wenn meine Seele von Geld abhängig ist, wird mir von einem Menschen, der mich beraubt und am Geldverdienen hindert, das Leben gerettet. Hier wird alles von der inneren Reaktion auf das Geschehen bestimmt: Das Vermögen, die Situation zu akzeptieren und Gott zu danken, bedeutet Reinigung der Seele. Hass und Verurteilung hingegen bedeuten, dass ich die Rettung und Reinigung nicht akzeptiert habe. Dann wird die zweite Variante eingeleitet – Krankheit. Wenn auch das nicht hilft, wird die Seele durch Tod gereinigt. Äußerlich habe ich Umgang mit den Menschen, innerlich aber mit Gott. Deshalb muss ich innerlich jeden Verlust dankbar als Reinigung akzeptieren. Äußerlich muss ich mich mit der Situation nicht abfinden, soll sie kontrollieren und mir unterordnen, doch innerlich bin ich nur berechtigt, sie vollkommen zu akzeptieren und Gott dafür zu danken. Wobei die innere Reaktion am wichtigsten und ausschlaggebend ist. Wenn der Mensch betet, soll er daher Gott für alle Unannehmlichkeiten und Krankheiten danken, durch die seine Seele gereinigt wird. Wenn meine Seele an irdische Güter gebunden ist, kommen Verachtung, Neid und Verurteilung auf. Und durch die Menschen, die mir irdische Güter nehmen, wird meine Seele gereinigt. Früher habe ich nicht verstanden, warum es verboten ist, sich ein Bild von Gott zu machen. Deshalb, damit man ihn nicht auf der Erde sucht.

Die Menschen haben begriffen, dass materielle Güter nicht die Hauptsache sind, dass man Geld nicht mit ins Grab nehmen kann, dass man zuerst an die Seele und dann an das, was man vor sich sieht, denken muss. Die Menschen haben aber nicht gewusst, dass irdisches Glück und Gut der geliebte Mensch, die Familie und das Pflichtgefühl sein können. Die Bindung daran und die fehlende Einsicht, dass diese Werte sekundär sein müssen, führt zu vielen Erkrankungen. Wenn ich mich an die Familie und an Beziehungen binde, dann werde ich verachten, hassen, fürchten und neidisch sein. Neid und Eifersucht sind auf dem Energiefeld gleich, und je stabiler die Beziehungen sein werden, umso mehr werde ich mich an sie binden und umso aggressiver werde ich. Deshalb wird, paradoxerweise, Eifersucht durch Streit und Trennung geheilt. Mein Leben und meine Gesundheit werden durch den geliebten Menschen, der mich verraten, mich verlassen und sich mit mir verzankt hat, gerettet, wenn ich seine Handlungen als gottgegeben akzeptieren kann. Wenn ich mich auf Pflichtgefühl und Arbeit orientiert habe, dann verachte ich jene, die schlecht arbeiten, und hasse mich oder andere, wenn mir etwas misslingt. Ich verurteile ständig jene, die mich bei der Arbeit stören oder im Stich lassen, und habe Angst, arbeitsmäßig zu versagen. Je öfter ich mich so verhalte, desto mehr Unannehmlichkeiten habe ich bei der Arbeit und desto öfter lasse ich andere im Stich.

Der Mechanismus des Karmas arbeitet virtuos. Nehmen wir an, ich verachte jene, die schlecht arbeiten. Die Orientierung und Fixierung auf die Arbeit verstärken sich enorm. Das heißt, auch bei meinen Kindern verstärkt sich dieses Programm. Wenn diese Bindung den gefährlichen Grenzwert überschreitet, werden sie, um zu überleben, ständig die Arbeit verlieren. Das ist paradox. Ich verachte jene, die nicht arbeiten wollen, und folglich wollen meine Kinder auch nicht arbeiten. Ich verachte jene, die außerstande sind, Geld zu verdienen, ich verurteile Geizige und Verschwender, und meine Kinder werden kein Geld besitzen. Indem ich verachte, verurteile und hasse, hänge ich meine Seele ans Geld, und bei meinen Kindern kommt das noch stärker zum Ausdruck. Das heißt, in diesem Leben ist ihnen der Besitz von Geld nicht erlaubt, damit ihre Seelen nicht schwarz werden. Alles, was ich in diesem Leben verachte, hasse und verurteile, wird in meinen Kindern sein, wenn ich nicht rechtzeitig zur Besinnung komme. Das Vermögen, die eigenen Emotionen zu kontrollieren, verleiht meinen Nachkommen Gesundheit und Glück. Das Vermögen, jede Situation als gottgegeben zu akzeptieren, bedeutet, dass meine Kinder und Enkel gesund und glücklich sind.

Während meiner Forschungen begriff ich, was Jesus Christus meinte, als er sagte: „So dir jemand einen Schlag gibt auf deine rechte Backe, dem biete die andere auch dar." Alle Gebote von Christus sind an die Seele und nicht an den Körper gerichtet, und die Logik des Geistes ist der Logik des Körpers entgegengesetzt. Geld, materielle Güter, Arbeit, Pflichtgefühl, Familie und geliebte Menschen – das alles führt, wenn es über Gott gestellt wird, zu Krankheiten und Tod. Wenn wir alles verlieren, woran wir uns auf der Erde gebunden haben, reinigen wir die Geistesstrukturen. Wenn wir erkennen, dass alles Irdische hier zurückgelassen wird, und wenn wir das akzeptieren, reinigen wir die Seele. Deshalb haben die Alten gesagt: „Memento mori!" Wenn unser Glück mit unserem Körper verbunden ist, dann vergeht es mit seiner Zerstörung. Bleibt nach der Zerstörung des Körpers etwas zurück? Ja, es bleibt etwas zurück. Das sind Fähigkeiten, seelische Eigenschaften, Weisheit und Schicksal. Fähigkeiten leben drei bis fünf Leben, seelische Eigenschaften – fünf bis sie-

ben Leben. Weisheit lebt vierzig bis fünfundvierzig Leben. Das
Schicksal lebt neunundvierzig Leben. Und obwohl sie nicht dem
Körper gehören, sind sie irdisches Glück. Wie lässt sich bestimmen, ob meine Seele daran gebunden ist? Anhand der Aggression. Wenn ich einen fähigeren Menschen beneide, mich deshalb
verurteile, weil ich etwas nicht tun kann, mich von dem gekränkt
fühle, der mich als unfähig bezeichnet, und den hasse und verurteile, der mich an der Realisierung meiner Fähigkeiten hindert,
dann bin ich von Fähigkeiten abhängig. Besonders gefährlich
sind diese Emotionen, wenn Kinder geboren werden. Wenn ich
jemand wegen mangelnder Fähigkeiten verachte, werden meine
Kinder überhaupt keine haben. Dasselbe ist bei seelischen Eigenschaften der Fall. Das trifft auch für irdisches Glück und irdischen Reichtum zu. Wenn ich jene verachte, die daran arm
sind, d.h. Schurken und Schufte, dann mache ich meine Nachkommen zu Schurken und Schuften. Abhängigkeiten von diesen
Werten führen zu Krankheiten und Tod, deshalb lassen sie sich
nicht unmittelbar beseitigen.

Ich erinnere mich an einen Fall in meiner Sprechstunde. Ich
erklärte einer Krebskranken die Ursache der Krankheit:

„Sehen Sie, Selbstsucht und Ablehnung von traumatisierenden
Situationen – nach diesem Prinzip handelt die Krebszelle. Wenn
die Zelle den Organismus vergisst, dann muss sie vernichtet
werden. Die Seele wird stolz und aggressiv, wenn sie sich an die
Erde bindet. Je stärker die Seele an die Erde gebunden ist, umso
geringer ist ihre Fähigkeit, eine traumatisierende Situation zu
akzeptieren. Und anstelle unserer Reinigung wird Aggression
hervorgerufen, die gegen andere oder uns selbst gerichtet ist. Auf
der feinen Ebene ist das für das Universum gefährlich und muss
blockiert werden. Ihre Selbstsucht hat die rote Marke überschritten, deshalb erfolgt die Blockierung durch die Krankheit. Die
Selbstsucht wird durch das gefördert, womit Sie an die Erde gebunden sind – die seelischen Eigenschaften."

„Wie soll ich das verstehen?", fragte die Frau ehrlich.

„Sie verachten Schufte und Schurken und hassen jene, die sich Ihnen gegenüber unehrenhaft verhalten. Da Sie nun einmal auf seelische Eigenschaften orientiert sind, wurden Sie, um Ihnen das Leben und die Gesundheit zu retten, von Menschen umgeben, die sich zu Ihnen unanständig verhalten und Sie unehrenhaften Verhaltens bezichtigen. Wenn Sie nicht gehasst, sich nicht gekränkt gefühlt, nicht verurteilt und nicht verachtet hätten, dann wären Ihre Seele und die Seelen der Nachkommen gereinigt worden. Doch Sie haben das Gegenteil getan. Sie haben damit nicht nur Ihre Seele, sondern auch die Seelen Ihrer Kinder und Enkel verunreinigt."

„Das heißt also, wenn ich Schurken verurteile, dann mache ich meine Kinder und Enkel zu solchen?", wunderte sich die Frau.

„Ja, so ist es."

Es trat eine Pause ein.

„Wissen Sie", fuhr die Frau fort. „Vor einer Woche war ich zur Untersuchung im Institut für Onkologie. Mein Enkel kam mit dem Wagen, um mich abzuholen, und die Ärztin bat darum, sie bis zur Bahnstation mitzunehmen. Mein Enkel sagte nichts, doch nachdem die Frau ausgestiegen war, erklärte er mir, dass ich, wenn ich noch einmal jemand mitnehme, zu Fuß in die Stadt gehen werde."

„Sehen Sie", erklärte ich und legte die Hände hochkant auf den Tisch. „Ihre Abhängigkeit von seelischen Eigenschaften beträgt dreißig Prozent, tödlich sind für Sie fünfzig Prozent. Bei Ihrem Sohn und Ihrem Enkel sind es neunzig Prozent, wobei für sie siebzig Prozent tödlich sind. Das heißt, sie müssen, um zu überleben, Schurken sein."

Die Frau blickte mich an, dann sagte sie langsam:

„Wissen Sie, was mein Sohn zu mir gesagt hat: ‚Wann krepierst du denn endlich?'"

„Sie dürfen sie nicht verurteilen. Sie verhalten sich so zu Ihnen, um Ihre und die eigene Seele zu reinigen – intuitiv, ohne es zu vermuten. Wenn sie sich zu Ihnen unanständig verhalten, wird

Ihre Seele gereinigt, falls Sie das als gottgegeben hinnehmen. Auf Feldebene seid ihr eins, d.h. auch ihre Seelen werden gereinigt. Je unehrenhafter sie sich zu Ihnen verhalten und je demütiger Sie das alles akzeptieren, umso schneller werden Sie gesund. Mit Ihrer Krankheit sühnen Sie nicht nur Ihr Fehlverhalten, sondern auch das, was Sie den Kindern und Enkeln übergeben haben. Wenn Sie diese daher nicht verurteilen, retten Sie sich und sie. Um vollkommen gesund zu werden, müssen Sie Folgendes tun. *Erstens*. Überdenken Sie das ganze Leben und die Haltung zu allen Ereignissen. Alles das, was Sie für Unannehmlichkeiten, Demütigungen und unwürdige Handlungen Ihnen gegenüber hielten, diente vor allem der Reinigung der Seele. Akzeptieren Sie das und danken Sie Gott dafür. *Zweitens*. Sie müssen Ihr Leben gewissermaßen neu durchleben und Gott um Verzeihung für die Momente bitten, in denen Sie Menschen deshalb verurteilt, gehasst und gekränkt haben, weil Sie Ihre Selbstsucht und seelischen Eigenschaften über Gott stellten. Bitten Sie um Vergebung dafür, dass Sie das Irdische über das Göttliche gestellt haben. Bitten Sie um Vergebung dafür, dass Sie das an die Kinder und Enkel übergeben haben. Beten Sie und bekennen Sie Ihre Liebe zu Gott, und sagen Sie beim Beten, dass Sie Gott mehr als sich selbst und alles lieben, was für Sie irdisches Glück bedeutet. Und akzeptieren Sie alles, was geschehen ist, voller Liebe und Dankbarkeit als seinen Willen."

Die Frau verabschiedete sich und ging. Doch ich überlegte, worin das stark vergrößerte Energiepotential und die Unkenntnis göttlicher Logik für die Menschheit noch enden können. Wie ernst das zu nehmen ist, davon konnte ich mich am eigenen Beispiel überzeugen.

Im Oktober 1993 war ich in Moskau zu einer Internationalen Konferenz, auf der ich einen Vortrag halten sollte. Als ich abends mit meinem Freund in unsere Unterkunft zurückkehrte, hielt mich vor dem Haupteingang ein Milizionär an. Er fragte nach etwas, ich antwortete und ging weiter. Da geschah etwas vollkommen

Unerwartetes – der Milizionär stürzte sich auf mich und schlug auf mich ein. Die Situation war ziemlich absurd, und die Ursache lag bei mir. Wenn ich mich wehrte, landete ich entweder im Gefängnis oder ich würde getötet. Doch da trafen zur rechten Zeit seine uniformierten und bewaffneten Kollegen ein. Alles lief glimpflich ab. In der Unterkunft tranken mein Freund und ich ein Glas Wodka und begannen, die Situation zu analysieren. Nach zwanzig Minuten war mir alles klar. Mir wurde deutlich, dass ich zu der Konferenz mit dem Gefühl gefahren war, anderen überlegen zu sein, und dass ich mich für einen einzigartigen Spezialisten auf dem Gebiet der Karma-Diagnostik hielt. „Ich habe Forschungen durchgeführt, die in der Geschichte der Menschheit einmalig sind, und ich kann das heilen, wovor Wunderheiler und die Schulmedizin versagen" – das war damals mein Gefühl. Kurz gesagt, mein Hochmut, das Selbstwert- und Exklusivitätsgefühl hatten meine Selbstsucht bis zum Grenzwert verstärkt. Ich hatte vergessen, dass ich in erster Linie Ausführender und dann Handelnder bin. Das bedeutete für mich entweder Tod, Körperverletzung oder Demütigung. Da mein Energiepotential höher als bei anderen ist, verlaufen die Karmaprozesse bei mir schneller ab. Wie sich herausstellte, war dieser Vorgang für mich die schonendste Variante. Für den Milizionär empfand ich keine brüderlichen Gefühle, doch ich war Gott dankbar und begriff, dass der Milizionär nicht schuld war. Es blieb nur noch ein unangenehmer Aspekt: Das Feld des Milizionärs war zerstört worden, ein Selbstvernichtungsprogramm war bei ihm aktiviert worden. Mir war unverständlich, warum er dafür leiden musste, dass mein Leben durch ihn gerettet wurde. Ich betrachtete die Situation immer wieder auf der feinen Ebene und verstand dann alles. Er hatte sich hinreißen lassen und sich zweimal auf mich gestürzt. Nach dem ersten Angriff war sein Feld noch rein gewesen, d.h. das war die Blockierung meiner Selbstsucht, wofür er keine Strafe erhalten hätte, doch beim zweiten Mal hatte er überzogen. Außerdem hatte er Emotionen und Hochmut in seine Seele eindringen lassen. Offensichtlich ist auch beim Verprügeln ein gewisser Ehrenkodex einzuhalten. Ich habe damals verstanden, dass, wenn eine Reinigung der Seele durch Diebe und Räuber erfolgt, diese nicht für ihre Taten zur Verantwortung gezogen werden können. So ist auch verständlich, warum Mafiabosse, die ich aus der Ferne betrachtet habe, in der Regel ein harmonisches Feld und ein niedriges Aggressionsniveau haben. Von ihrer Harmonie hängen das Schicksal und das Leben ihrer Organisationen ab. Dies war eine gute Lehre, doch ich beherzigte sie leider nicht.

Einen Monat später war ich in der Redaktion. Wir sprachen über das moderne Indien und die dort lebenden Menschen, denen Superfähigkeiten verliehen sind. Meine Gesprächspartner waren von deren Möglichkeiten begeistert. Mir missfiel das. Das sind doch Fakire! Sie vermitteln kein Wissen, versetzen nur in Erstaunen. Ihr ganzes Programm besteht darin, dass man vor ihnen auf die Knie fällt und sie anbetet. Ich hatte wieder vergessen, dass jeder Fakir, jeder vollkommene oder unvollkommene Mensch von Gott geführt wird. Aus energetischer Sicht waren meine Worte eine Demütigung dieser Menschen und ihrer Fähigkeiten. Ich hatte mich versündigt. Wozu das führen kann, erfuhr ich fünf Minuten später.

Das war im Januar 1994. Ich ging die Straße entlang auf eine T-förmige Kreuzung zu. Auf der Hauptstraße fuhr ein Kühltransporter, der scharf bremste und abbog. Ich ging, in Gedanken versunken, auf dem Bürgersteig in seiner Richtung und war auf gleicher Höhe mit ihm, als plötzlich hinter ihm ein Pkw hervorpreschte und direkt auf mich zufuhr. Noch eine Sekunde – und das Unglück wäre passiert. Ich vermochte trotzdem noch zur Seite zu springen. Als ich mich umdrehte, sah ich den Wagen in der Ferne verschwinden. Ich betrachtete die Situation auf der feinen Ebene und sah wieder, dass ich mich und meine Fähigkeiten über Gott gestellt hatte: Ich hatte begonnen, andere zu verurteilen. Hochmut und Verurteilung hatten in wenigen Minuten meine Selbstsucht auf lebensgefährliches Niveau erhöht. Und auf der Straße kam mir ein Fahrer mit gleicher Selbstsucht und Verachtung, die von seinen Fähigkeiten verursacht wurden, entgegen. Als er sah, dass der Kühltransporter abbog und er bei seinem Tempo nicht mehr rechtzeitig zum Halten kommen würde, raste er, ohne sich Gedanken zu machen, auf dem Bürgersteig weiter. Ich denke, dass wir beide hierbei hätten umgekommen können und dass damit bei uns beiden Selbstsucht und Anbetung der Fähigkeiten blockiert worden wären.

Die Anbetung der Fähigkeiten führt auch zu onkologischen Krankheiten. Ich erinnere mich, wie ich etwa eine Stunde lang versuchte, eine Frau zu überzeugen, dass Verachtung unfähiger Menschen und Selbstverurteilung das Niveau ihrer Selbstsucht lebensbedrohlich erhöht hatten. Es war unmöglich, sie zu überzeugen. Ich wollte mich schon damit abfinden und sie gehen lassen, entschloss mich dann aber doch, ihr alle Informationen zu geben.

„Ich habe nicht vor, Sie zu überzeugen, dass Neid, Hochmut, Verurteilung anderer und Selbstverurteilung im Zusammenhang mit Fähigkeiten sehr schnell Krankheiten hervorrufen. Ich werden Ihnen jetzt die Diagnostikergebnisse mitteilen. Sie haben Krebs."

Die Frau berührte den Fleck auf dem Hals und fragte:

„Das hier?"

„Ja, das. Wenn Sie Ihre Haltung zur Welt und zu Gott nicht ändern, wird sich der Prozess beschleunigen. Aber wenn Sie versuchen, sich zu ändern, und sich und Ihre Fähigkeiten nicht über Gott stellen, werden Sie gesund."

Später erzählte mir ihre Freundin, dass sie sich stark verändert hat, ebenso ihre Haltung zu den Menschen. Ich betrachtete das Feld der Frau aus der Ferne – es war normal.

„Mein Mann erblindet langsam", erzählte die Frau. „Er wurde operiert, doch nichts hilft. Könnten Sie die Ursache finden?"

„Gewöhnlich ist Verschlechterung des Sehvermögens mit Eifersucht verbunden, doch diesmal ist es eine andere Ursache – die Abhängigkeit von Fähigkeiten und die unterbewusste Aggression gegen Menschen sind sehr stark, die Selbstsucht hat den lebensgefährlichen Grenzwert überschritten. Die Seele Ihres Manns hat Fähigkeiten zum Ziel und Sinn des Lebens gemacht, deshalb hat er unfähige und unvollkommene Menschen oder jene ständig verachtet, die ihn gekränkt und gedemütigt haben. Hinzu kommt noch das Karma der Vorfahren und früherer Leben. Die Verachtung verwandelt sich in ein Selbstvernichtungsprogramm. Der erste Schlag wird gegen den Kopf geführt, d.h. entweder eine Hirnerkrankung, wie z. B. Epilepsie, Parkinson'sche Krankheit usw., oder Kopftraumata, Verschlechterung des Sehvermögens, Hautkrankheiten. In diesem Fall handelt es sich um eine Verschlechterung des Sehvermögens."

Doch das ist noch nicht alles, was die Anbetung der Fähigkeiten betrifft. Wie sich gezeigt hat, gibt es eine Programmresonanz. Wenn Menschen mit gleichen Orientierungen zusammenkommen, erfolgt eine mächtige Verstärkung der Programme. Im Jahr 1993 sprach ich mit einem Mann, der in der Luftfahrt arbeitete. Es ging um ein Flugzeug, das bei Irkutsk abgestürzt war. Er erzählte, dass es Situationen gebe, in denen das Verhalten der Piloten unverständlich sei, weil die Ereignisse der Logik widersprächen. Im gegebenen Fall war tatsächlich alles seltsam. Das Flugzeug rollte zum Start, der Bordingenieur meldete dem Piloten, dass die Anzeigelampe auf einen Triebwerkschaden hinweise, doch der Pilot ignorierte die Meldung und gab den Befehl zum Start.

Ich betrachtete auf der feinen Ebene, was in diesem Augenblick geschehen war und ob anzunehmen war, dass bei der Crew ein sehr starker Verstoß gegen höchste Gesetze und eine hohe unterbewusste Aggression vorgelegen hatten, was dann zum Absturz des Flugzeugs geführt hatte. Völlig unerwartet sah ich etwas vollkommen anderes. Die Balance der Crew war normal, dafür wies das Gesamtfeld der Passagiere eine gewaltige Aggression auf. Selbstsucht und Abhängigkeit von Fähigkeiten überschritten bei den Passagieren das lebensgefährliche Niveau. Die Resonanz der Felder war so stark, dass es dem Piloten unmöglich gemacht wurde, die Situation real einzuschätzen. Das Gesamtniveau der Selbstsucht und der Anbetung der Fähigkeiten war bei den Passagieren kritisch. Deshalb kam es bei dem Piloten zu einer sehr starken Orientierung auf Selbstsucht und verstärktem Vertrauen auf die eigenen Fähigkeiten, wobei das Feld der Passagiere nicht nur die Psyche der Crew, sondern auch den technischen Zustand der Triebwerke beeinflusste.

Vor einigen Monaten war bei mir in der Sprechstunde eine Frau, die mich um Hilfe bat. Sie erzählte, dass zuvor ein Wunderheiler sie geheilt, doch der war vor kurzem bei einem Flugzeugabsturz umgekommen. In diesem Flugzeug war eine Gruppe von Wunderheilern und Sehern zu einer Konferenz nach Singapur geflogen. Ich betrachtete die Ursache und sah denselben Grund – Selbstsucht und Anbetung der Fähigkeiten. Wie später festgestellt werden konnte, hatte die Crew gegen Instruktionen verstoßen, weil sie von ihren Fähigkeiten allzu sehr überzeugt gewesen war. Prahlerei mit den eigenen Fähigkeiten und mangelnde Bereitschaft, einen Misserfolg einzugestehen, verstärken die Bindung an die Fähigkeiten und die Selbstsucht beträchtlich und führen zu Problemen.

Im Mai 1994 war ich im Urlaub in Jalta. Während eines Yachtausflugs beschloss ich, an einem Schleppseil hinter der Yacht her zu schwimmen. Da gab es plötzlich eine heftige Böe, die die Yacht stark beschleunigte. Ich wurde unter Wasser gezogen, ohne vorher Luft holen zu können. Mir war es peinlich, dass ich in dieser Situation hilflos war und fast ertrunken wäre. Ich rettete mich dadurch, dass ich das Seil losließ und im Meer zurückblieb. Nach der Logik hätte ich mich mit aller Kraft am Seil festhalten müssen. Wenn ich etwas mehr von meinen Fähigkeiten überzeugt gewesen wäre, hätte ich mich länger am Seil festgehalten und wäre ertrunken. Es ist besser, Angst zu haben, als nach Ruhm zu streben. Über den Ersten wird gelacht, der Zweite wird beweint. Ehrlichkeit ist ein hervorragendes Mittel, um sich von Selbstsucht zu reinigen. Wenn ich mich nicht scheue zu zeigen, dass mir etwas misslingt, und mich bemühe, meine Misserfolge zu akzeptieren, d.h. innerliche Demütigung zu akzeptieren, dann wird Selbstsucht am besten geheilt. Hieraus ergibt sich die einfache Schlussfolgerung – ein aufrichtiger Mensch lebt länger und wird seltener krank. Ein Mensch mit hoher Selbstsucht ist in der Regel unaufrichtig, rachsüchtig, leicht aufgebracht und empfindlich. Eine solche Weltauffassung wird sehr rigide geheilt.

Wir sind alle bestrebt, die Fähigkeiten der Kinder zu entwikkeln, ihre seelischen Eigenschaften zu fördern, ihnen Weisheit zu vermitteln und ihnen ein glückliches Schicksal zu bereiten. Wir wissen jedoch nicht, dass das Kind, wenn das bei ihm zum Selbstzweck wird, alles verliert, und oft mit der Gesundheit auch das Leben. Gegenwärtig werden überall Schulen eröffnet, in denen die Fähigkeiten der Kinder gefördert werden. Niemand denkt daran, dass Fähigkeiten ein Kraftwagen sind, der zum Ziel bringen, aber auch töten kann. Ohne Ethik und Erkenntnis der Welt machen Fähigkeiten nicht glücklich, sondern töten. Ich kann nicht umhin, noch ein Beispiel anzuführen, in dem das deutlich gemacht wird.

Man erzählte mir eine sehr interessante Geschichte: Ein achtjähriger Junge besaß keinerlei Fähigkeiten. Er war nicht einmal imstande, einige englische Wörter zu lernen. Einmal suchte seine Mutter eine Wunderheilerin auf, und die versprach, dem Kind zu helfen. Die Wunderheilerin sah zwischen den Hirnhälften des Jungen eine Energiesperre und beseitigte diese. Danach geschah ein Wunder – der Junge begann, gut zu lernen, er entwickelte hervorragende Fähigkeiten. Man bat mich, die Situation zu kommentieren. Ich betrachtete den Zusammenhang und sah ein sehr interessantes Bild. Im ersten Fall war das Informationsfeld durch sein Schicksal verschlossen, die Fähigkeiten waren blockiert. Nach der Einwirkung der Wunderheilerin wurde die Blockierung beseitigt, doch im Feld des Jungen tauchte der Tod auf, und die Parameter des Schicksals verfielen. Ich sagte der Mutter, dass es angebracht ist, mit dem Jungen in die Sprechstunde zu kommen.

Nun sitzen Mutter und Sohn vor mir, und ich versuche, ihnen die Situation zu erklären.

„Ihr Sohn hatte im früheren Leben sehr große Fähigkeiten und besitzt sie auch in diesem Leben. Im früheren Leben verlieh ihm das einen hohen gesellschaftlichen Status und ein Image. Doch er wurde vom Image abhängig, stellte es über Gott, verachtete jene, die einen niederen Status hatten, beneidete jene, die ihn überflügelten, hasste jene, die ihn durch Gerüchte und Fehlverhalten in seinem Image demütigten. Die Selbstsucht verstärkte sich bis zur roten Marke, und er starb. Wenn er in diesem Leben einen hohen gesellschaftlichen Status erhält, dann wird er sich daran binden und kann umkommen. Damit er länger leben kann, hat das Schicksal seine Fähigkeiten, die ihm eine hohe Stellung in der Gesellschaft geben würden, blockiert."

Die Frau blickt mich erstaunt und verzweifelt an.

„Was kann man tun?"

„Die Begriffe ‚Karriere' und ‚Stellung in der Gesellschaft' müssen für den Jungen für lange tabu sein. Wenn ein Mensch jederzeit bereit ist zu verlieren und diesen Verlust als gottgegebene Reinigung zu akzeptieren, wenn er bereit ist, alles, was ihn über andere Menschen erhebt, zu verlieren, dann ist dieser Mensch geistig und physisch gesund. Die Eltern denken nur daran, die Fähigkeiten des Kindes zu entwickeln. Fähigkeiten, das sind Mauern eines Hauses, die allen sichtbar sind. Aber das Fundament ist nicht sichtbar, und ohne Fundament gibt es kein Haus. Das Fundament sind die Liebe zu Gott, die größer als zu allem Irdischen ist, sowie die richtige Haltung zu den Fähigkeiten. Dem Kind muss vor allem beigebracht werden, Schwache und Unfähige nicht zu verachten und ihnen nicht hochmütig zu begegnen. Dem Kind muss beigebracht werden, nicht missmutig zu sein und nicht zu verzweifeln, wenn etwas nicht gelingt, und andere, die erfolgreicher sind und denen etwas besser gelingt, nicht zu beneiden und zu hassen. Die Liebe zu Gott, Güte und Anstand – das ist das Fundament, auf dem ein beliebig hohes Haus gebaut werden kann, ohne seinen Einsturz befürchten zu müssen. Das alles wird durch richtige Erziehung und Aneignung geistiger und kultureller Werte erreicht. Für jedes Volk sind die Schaffung günstiger Bedingungen für die Humanisierung aller Prozesse, die Ausgaben für die Kunst und die Entwicklung geistiger Werte entscheidend für das Überleben seiner Nachkommen. Hierbei darf nicht auf den unmittelbaren Nutzeffekt und schnelle Erfolge gesetzt werden – das ist ein menschenfeindlicher Prozess und zeugt von dem Bestreben, die Fähigkeiten über Gott zu stellen. Wenn man sich in der Kunst und Pädagogik dazu hinreißen lässt, kann das zur Degeneration des Menschen und der Gesellschaft insgesamt führen. Gegenwärtig verstehen die Regierungen vieler Länder, dass eine Gesellschaft ohne Weisheit und Ethik, die perspektivische Bedeutung haben, und ohne ihre gesetzliche Verankerung nicht überleben kann. Und je mehr Anstrengungen in dieser Hinsicht unternommen werden, umso geringer sind unsere Verluste in der kommenden Zeit."

Noch ein Beispiel, was die Fähigkeiten betrifft. Vor mir sitzt eine Frau mit einem ernsten Problem. Ihr Sohn will nicht lernen und ist sitzen geblieben. Das berührt ihn wenig. Ich betrachte den Jungen.

„Sie nehmen ihm das übel und verurteilen ihn."

„Natürlich, wie sollte ich nicht, er will überhaupt nichts tun."

„Ich erkläre Ihnen jetzt, wohin eine solche Haltung führen kann. *Erstens*. Der Junge hat große Fähigkeiten. Und sie werden sich bei ihm später zeigen. Wenn sich aber die Seele an sie bindet und stolz wird, kommt er um. Er ist jetzt dreizehn Jahre alt. Die Periode der Pubertät prägt das ganze Leben. Gerade in dieser Periode muss er in Fähigkeiten und Selbstsucht gedemütigt werden, was auch geschieht, indem er sitzen geblieben ist und schlecht lernt. *Zweitens*. Der Urheber der Selbstsucht und der Orientierung auf Fähigkeiten ist seine Mama – also Sie. Sie haben Faule und Unfähige verachtet und waren verzweifelt, d.h. verspürten Lebensunlust, wenn Ihnen etwas misslang. Je mehr Sie sich gekränkt fühlen und ihn verurteilen, umso stärker binden Sie sich an Fähigkeiten und verstärken die Selbstsucht, und bei Ihrem Sohn kommt das vielfach stärker zum Ausdruck. Das bedeutet, er muss noch schlechter lernen und sich demütigen. Denken Sie denn, dass Sie ihm durch Verurteilung und Kränkung helfen und ihn retten? In Wirklichkeit ziehen Sie die Schlinge um seinen Hals nur noch enger zusammen. Und später, wenn er oder seine Kinder aufgrund der von Ihnen verstärkten Unvollkommenheit krank werden und sterben, übernehmen Sie als Urheber den größeren Anteil, und die Ärzte können nicht helfen. Alles Negative, was wir an die Seelen der Kinder weitergeben, wendet sich dann gegen uns selbst. Wenn wir die Kinder nicht verurteilen, dann reinigen wir uns und sie, und wenn wir uns sehr lange auf Kränkung und Hass fixieren, dann gelangt das in die Seele und wird gefährlich. Dann helfen wir nicht, sondern töten wir sowohl unsere Kinder als auch uns. Deshalb muss man eingedenk einer Wahrheit handeln – dem Verhalten des Menschen liegt eine doppelte Logik zugrunde. Seine persönliche, irdische Logik, der wir uns widersetzen können. Sie macht fünf bis zehn Prozent aus. Und die göttliche Logik, die sich unserer Vernunft nicht erschließt, macht neunzig Prozent aus. Diese Logik können wir nur absolut akzeptieren, indem wir alle unsere Kraft nicht auf eine aggressive Reaktion, sondern auf unsere Änderung und die Erhöhung unserer Seele richten."

Manchmal wird jemand, der von Fähigkeiten abhängig ist, erbarmungslos wie eine Fliege gejagt und gequält. Je mehr Ethik ein Mensch besitzt, umso mehr Überlebenschancen werden ihm gegeben und umso mehr geistige Qualen muss er erdulden.

Im Herbst 1993 hatte ich gerade begonnen, mich mit dem Thema Anbetung von Fähigkeiten zu befassen. Auf einer Konferenz sprach mich eine Dame aus der Schweiz an. Mich interessierte, welche Probleme es dort geben konnte. Wie sich herausstellte, waren es in Russland, der Schweiz und anderen Ländern die gleichen. Wir unterhielten uns über einen Dolmetscher.

„Bitte verschweigen Sie nichts", bat sie.

„Nun, es sieht schlecht aus. Bei Ihnen kann eine onkologische Krankheit entstehen. Das ist die Rechnung dafür, dass Sie der Tochter eine unvollkommene Weltsicht übergeben haben. Haben Sie eine Tochter?"

„Ja, sie ist 30 Jahre."

„Und hat sie Kinder?"

„Nein."

„Das ist eine der Ursachen für Ihre Probleme. Sie waren allzu sehr auf Fähigkeiten orientiert, verabsolutierten sie und haben sie über Gott gestellt, vor allem im früheren Leben. Das haben Sie vielfach Ihrer Tochter übergeben. Deshalb können ihre Kinder nicht geboren werden, ihre Seelen sind zu unvollkommen."

„Sagen Sie, wo habe ich im früheren Leben gelebt?"

„Sie lebten auf einem anderen Planeten."

„Ich weiß, dass ich auf einem anderen Planeten gelebt habe", sagte sie und nannte den Planeten.

„Das sind Details, ich versuche, nur das Wesentliche zu sehen."

„Sagen Sie, warum wurde ich dann auf der Erde geboren?"

„Das ist für Sie der Karzer. Sie sind hierher gekommen, um sich abzuquälen und Ihre Seele zu reinigen. Sie haben dort sehr gut gelebt und haben begonnen, Unvollkommene zu verachten."

„Ich möchte sehr gern wieder dorthin zurück, ich will nicht auf diesem Planeten leben."

„Dort würden Sie sofort sterben. Sie haben sich allzu sehr ans Irdische gebunden. Wenn ich ‚Irdisches' sage, ist nicht von Bedeutung, auf welchem Planeten Sie weilen. Man hätte Ihnen die Fähigkeiten nehmen und Sie dort lassen können, doch da Ihre Seele erhöht war, kann sie den großen Belastungen nicht standhalten, und Sie wurden auf die Erde in eine ungewöhnliche Situation versetzt – Hochmut, Selbstsucht und Anbetung der Fähigkeiten sind bei Ihnen weiter vorhanden, doch Sie konnten sie nicht realisieren. Sie mussten Kränkungen und Demütigungen ertragen, um die Seele zu reinigen. Für Sie ist die Erde das Fegefeuer. Doch Sie konnten Ihre Seele nicht ausreichend reinigen und haben viel der Tochter übergeben. Um die Reinigung zu vollenden, müssen Sie, nach allem zu urteilen, schwer erkranken. Oder aber Ihr Leben überdenken, bereuen und beten, sich in Liebe zu Gott hinwenden."

„Sagen Sie, ist die Erde für alle der Karzer?"

„Nein. Wenn der Mensch sich allzu gut auf der Erde eingerichtet hat, dann wird ihm hier alles genommen, was irdisches Glück genannt wird. Und wenn er eine hohe Ethik hat, geht er zu anderen Planeten oder in andere Welten."

„Kehre ich im nächsten Leben auf meinen Planeten zurück?"

„Sie lieben ihn allzu sehr, im nächsten Leben werden Sie in einer anderen Welt geboren."

„Und was ist dort, in dieser anderen Welt?"

„Es ist nicht notwendig, Details zu wissen. Sie müssen jetzt ein sehr wichtiges Problem lösen – Ihr ganzes Leben überdenken und für die Tochter beten. Denken Sie besser daran."

„Ich spüre in mir große Fähigkeiten, möchte eine esoterische Gesellschaft gründen. Kann ich mich damit beschäftigen?"

„Errichten Sie zuerst einmal das Fundament, und dann denken Sie an die Mauern. Zuerst lernen Sie, sich richtig zu Ihren Fähigkeiten zu verhalten, sonst werden Sie von diesen getötet."

Wir unterhielten uns noch einige Zeit, und ich machte mir Gedanken, dass in jedem Schwerkranken, Narr in Christo, Krüppel und unglücklichen Menschen jemand stecken kann, vor dem sich im früheren Leben alle verneigt haben, den sie angebetet und dem sie die Füße geküsst haben. Jeder von uns ist in seinem Leben, nach allem zu urteilen, mal Heiliger und mal Schurke, durchläuft alle Stufen des menschlichen Glücks und Unglücks. Allerdings werden Dauer und Intensität dieses Verweilens vom Menschen selbst durch sein Streben zum Göttlichen bestimmt.

Meine Zukunftsprognosen verwirklichen sich nicht immer. Das
hat einen einfachen Grund. Ich erlaube mir, nur das zu sehen,
was ich ändern kann. Mit meiner Fortbildung und Erweiterung
der Erkenntnis der Welt vergrößern sich die Möglichkeiten, das
Karma zu beeinflussen, immer mehr. Meine Patienten fragen oft,
was mit ihnen in der Zukunft geschieht. Ich antworte, dass ich
die Informationen gebe, die die Zukunft ändern können. Und
das, was nicht geändert werden kann, brauchen sie nicht zu wissen – die Psyche hält das nicht aus. Deshalb arbeite ich mit den
Schichten des Karmas. Die erste Schicht, die auftaucht, ist am
mächtigsten, und nach ihrer Abarbeitung kann eine Verschär-
fung der Situation eintreten. Dann kommt die zweite Schicht –
sie ist gewöhnlich mit den tieferen Strukturen und den Kindern
des Patienten verbunden. Nach gewisser Zeit kommt die dritte
Schicht, die dieses Leben, frühere und künftige Leben und das
Leben der Nachkommen verbindet. Mein Unterbewusstsein ist
irgendwie imstande, das Wesentliche zu gruppieren und auszu-
wählen. Doch wenn das Thema unbekannt ist, dann tauchen
Dutzende und Hunderte von Schichten auf, und ich schwimme
darin wie eine Katze im Wasser, ohne dass sich die Situation ändert.
Aus dieser Lage kann ich mich nur durch eine neue Konzeption
und eine neue Form der Verallgemeinerung retten, d.h. durch Feststellung der übergelagerten Einheit auf immer feinerer Ebene.

In meiner Terminologie gibt es Begriffe wie „Abhängigkeit von
Fähigkeiten", „Anbetung von Fähigkeiten". Ich erkläre den Patienten, dass ein Mensch sich an Fähigkeiten bindet, sie über Gott
stellt. Und ihre Blockierung erfolgt, weil er etwas nicht tun konnte,
er andere beneidet, die es besser machen, und verzweifelt ist,
d.h. nicht mehr leben will, wenn etwas nicht gelingt. Die Folge
sind noch mehr Misserfolge, oder es taucht jemand auf, der ihn
daran hindert, seine Fähigkeiten zu realisieren, d.h. er muss von
dem getrennt werden, woran sich die Seele stärker als notwendig gebunden hat. Heute gehe ich an diese Probleme ruhig und
gelassen heran.

Ich führe ein Beispiel an, das aufzeigt, wie ich begonnen habe. In meiner Sprechstunde waren Eltern mit ihrem Sohn. Es ging um die Frage, ob er eine Lernpause einlegen sollte. Die Psyche des Jungen war eindeutig gestört. Er befürchtete, dass er eine schwere Krankheit hat, und wirkte deprimiert. Als die Mutter hinausging, zeigt er mir irgendwelche Pickel und sagte, er sei schwer krank. Ich versuchte vergeblich, ihn zu beruhigen, meine Worte hatten keine Wirkung. Die Mutter kam zurück, und ich erklärte ihr, dass sie und ihr Mann eine falsche Lebensauffassung hätten. Indem sie andere um ihre Fähigkeiten beneideten und sich hochmütig und verächtlich zu Menschen ohne Fähigkeiten verhielten, hätten sie ihre Seelen ans Irdische gebunden und sie stolz gemacht. Bei dem Jungen sei die Abhängigkeit von Fähigkeiten beträchtlich höher, und die Selbstsucht nähere sich dem lebensgefährlichen Grenzwert. Damit er am Leben bleibe, müsse er von Selbstsucht und Fähigkeiten getrennt werden. Die Selbstsucht würde durch ständige Angst und durch gedemütigtes Selbstvertrauen blockiert. Die instabile Psyche hindere ihn daran, normal zu lernen und die Fähigkeiten zu realisieren. In Abhängigkeit davon, wie die Eltern ihr Leben überdenken und für sich und die Nachkommen beten würden, würde er gesund werden.

Die Eltern hatten mich offenbar verstanden. Eine Woche später saßen sie erneut vor mir. Ich betrachtete den Jungen, sah aber keinerlei Besserungen. Die Mutter überreichte mir schweigend einen Zettel: „Mama und Papa, ich liebe euch, doch ich will nicht mehr leben. Verzeiht mir, seid mir nicht böse!"

„Wir sind unerwartet nach Hause gekommen und haben ihn vom Fensterbrett im sechsten Stock heruntergeholt. Am Tag nach der Sitzung bei Ihnen wollte er aus dem Fenster springen."

Ich war schockiert. Das Thema Fähigkeiten war für mich neu, ich kontrollierte nicht die Situation. Wohin das führen konnte, sah ich gerade. Doch ein Rückzug war bereits nicht mehr möglich. Ich kann in Feldschichten eindringen, wohin gewöhnlich niemand gelangt, doch das Eindringen und die ganze Situation müssen kontrollierbar sein – das ist die Grundlage meines Systems. Ich konnte nicht verstehen, was passiert war. Immer wieder suchte ich die Ursachen, die den Jungen zum Selbstmord verleiteten. Aber ich konnte sie nicht finden. Ich versuchte, die Ursachen im Verhalten der Eltern zu finden, und sagte ihnen, sie sollten ihre Bemühungen fortsetzen.

„Ruft mich zu Hause an, sollte sich die Situation auch nur geringfügig verschärfen", sagte ich zu ihnen. „Und wenn du mit mir sprechen willst, ruf an", wendete ich mich an de Jungen.

Am nächsten Tag klingelte das Telefon. Ich hatte sehr viel zu tun, der Anruf brachte meinen Tagesablauf durcheinander. Der Junge stammelte etwas in das Telefon, und ich versuchte gereizt, von anderen Gedanken abzuschalten. Allmählich verstand ich den Sinn seiner Worte. Er bat mich, seine Eltern zu beruhigen und zu trösten, weil er gleich aus dem Fenster springen würde. Ich begriff, dass mir wenig Zeit blieb. Ich versprach ihm, dass ich das klären würde und wir am nächsten Tag miteinander sprechen würden. Am wichtigsten war in dem Augenblick, bei ihm den Wunsch zu sterben zu beseitigen. Ich versuchte ihm zu erklären, wie töricht das sei. Ich heile mit Worten und kann überzeugen, doch hier waren meine Versuche vergeblich. Ich spürte, dass der Faden, der ihn vom Selbstmord abhielt, immer dünner wurde. Er würde jetzt nicht beten, doch unsere Felder wirkten zusammen und berührten sich.

Ich sprach mit ihm und begann, durch Beten sein Feld zu korrigieren. Doch nach wie vor kamen gegen die Welt, die Menschen und wegen der Fähigkeiten gegen sich selbst gerichtete Aggressionsprogramme auf. Ich reinigte mich. Nach drei Minuten beruhigte sich der Junge, und ich analysierte noch lange die Ursachen. Schließlich fand ich den Grund: Das Eindringen in das Feld eines anderen Menschen kann gefährlich sein. Wenn das Karma nicht blockiert ist, mit einfachen Worten gesagt, wenn ein Mensch mit irdischen Leidenschaften in die Seele eines anderen eindringt, entsteht eine Resonanz, und das kann zu großen Problemen, besonders bei Patienten, führen. Ein weiteres Mal

begriff ich, dass große Wahrheiten und Kenntnisse, über die unvollkommene Menschen verfügen, schaden können. Um voll-
kommenes Wissen zu vermitteln, muss man selbst vollkommen
sein. Nunmehr arbeitete ich vorbeugend und bringe mich in Ordnung, bevor ich die Patienten empfange, und nicht mehr danach.
In komplizierten Fällen gestattet das, sowohl mir als auch dem
Patienten das Leben zu retten. Meine mangelnde Balance und
Abhängigkeit von Fähigkeiten waren in Resonanz mit dem Programm des Jungen gelangt und hätten ihn fast das Leben gekostet.

Davon, was die Menschheit in nächster Zukunft zu erwarten
hat, konnte ich mich überzeugen, als ich Patienten in New York
behandelte. Eine Ehefrau, die sich von ihrem Mann gekränkt
fühlte, ihn hasste und auf ihn eifersüchtig war, wünschte ihm
und den Kindern bereits den Tod. Ständige innere Klagen gegen
den Mann sind ein gegen die Kinder gerichtetes Vernichtungsprogramm. Frauen mit tiefer Ethik richten die Aggression gegen
sich selbst, was ebenfalls ein Programm zur Vernichtung der eigenen Kinder ist, wenn auch in abgeschwächter Form. Dasselbe
trifft auch auf die Männer zu.

Meine beiden Kinder wären in jungen Jahren beinahe an Atem-
not gestorben, und die Ursache war vor allem mein Unvermögen, meine Selbstsucht und Eifersucht zu zügeln. Die Folge davon war ein Selbstvernichtungsprogramm in Form einer Depression.

Die Vereinigten Staaten sind ein Land, in dem die Menschen
sehr fest ans Irdische gebunden sind. Geld und Karriere haben
dort absoluten Wert. Deshalb kann in diesem Land nur ein harmonischer Mensch überleben, der innerlich nicht an sichtbare
irdische Güter gebunden ist. Als ich die Situation analysierte,
begriff ich, warum Amerika das Land mit doppelter Emigration
ist – nicht nur auf direkter, sondern auch auf Karmaebene. Die
Idee Amerikas – das ist die Idee der Realisierung angesammelter
Möglichkeiten. Die Menschheit hatte immer eine Vielzahl von
Ideen, doch nicht die Möglichkeit, sie zu realisieren. Die Mensch-

heit war wie der Weise, der in der Höhle sitzt und alle Kraft dem geistigen Erfassen der Welt widmet. Die USA verliehen der Menschheit die Muskeln, die es gestatteten, den Realisierungsprozess zu beschleunigen. Im Verlaufe der Zeit erschien die Idee der Realisierung geistiger Werte wichtiger zu sein als die Idee ihrer Sammlung. Solange es auf der Erde Länder gab, in denen Ethik gespeichert wurde, stellte Amerika gewissermaßen eine Alternative dar, und eine gewisse Balance blieb erhalten. Als starkes Gegengewicht hierzu handelten die sozialistischen Länder, in denen bekanntlich versucht wurde, die Idee und Theorie über die irdischen Bedürfnisse zu stellen.

Ein gewaltiger Umbruch erfolgte nach dem Zerfall des Sozialismus. Bereits 1987 war das Denken, was als „American way of life" bezeichnet wird, allem anderen spürbar überlegen. Die innere, geistige Bindung Amerikas ans Irdische nahm seit 1987 stark zu. Um in diesem Land zu überleben, darf man innerlich nicht auf sichtbare materielle Güter orientiert sein. Doch es gibt auch unsichtbare. Und an sie ist Amerika stark gebunden – das sind Familie, Stellung in der Gesellschaft, Fähigkeiten, seelische Eigenschaften, Weisheit und Schicksal. Besonders stark ist die Bindung an das glückliche Schicksal. Wenn man sich mit einem Menschen streitet, er betrogen oder gedemütigt wird, kann er denjenigen hassen, der ihm das zufügt. Menschen mit tieferer Ethik hassen sich selbst, d.h. sie werden depressiv. Wenn es keinen eindeutigen Beleidiger gibt, sondern einfach nur Schicksalsschläge eintreten, kommt es gleichermaßen zu geistiger und physischer Depression. Verzweiflung und Depression bedeuten, dass man nicht mehr leben will und sich selbst hasst. Darunter leiden Hirn, Sehvermögen und Gehör. Amerika hatte, verglichen mit anderen Ländern, ein glückliches Schicksal. Das hat dem Körper viel gegeben, doch wenig dem Geist. Deshalb führen in Amerika Schicksalsschläge zu beharrlicher Depression, und die USA wenden in den letzten Jahren sehr viel Mittel für die Heilung von Hirnerkrankungen auf. Die Situation bessert sich nicht, sondern verschlimmert sich weiter. Fast jeder Zweite oder Dritte leidet unter verdeckter Depression. Depression bei den Eltern bedeutet Krankheit der Kinder und Tod der Enkel. Dieser Prozess kann nur aufgehalten werden, indem zu Gott gestrebt wird. Die immer stärkere Bindung ans Irdische führt zu erhöhter Aggression, deshalb wird die amerikanische Kunst immer stärker von unterbewusster Aggression geprägt. Das Land, das der Welt die amerikanische Lebensweise beigebracht hat, muss sie als Erstes aufgeben. Und in den letzten Jahren nimmt diese Tendenz, sich auf Ethik, Selbstlosigkeit und Hilfe zu orientieren, in Amerika immer mehr zu. Die Zukunft der Vereinigten Staaten hängt davon ab, wie sich diese Tendenz durchsetzen und entwickeln kann.

Die Frau, die zu mir in die Sprechstunde gekommen ist, lächelt etwas ironisch.

„Ich habe verstanden, was Sie gesagt haben, aber ich befinde mich in einer ziemlich komplizierten Situation."

„Sie halten Beten und Reue für ineffektiv?", frage ich.

„Nein, nicht ganz", zögert sie mit der Antwort. „Das, was Sie sagen, ist für mich alles neu, sodass ich es schwer begreifen und ändern kann. Und überhaupt weiß ich nicht, ob ich imstande bin, mich zu ändern, ob meine Kräfte dafür reichen."

Ich schaue ihr in die Augen und erkläre langsam:

Vor einem Monat lernte ich einen Mann kennen, und wir unterhielten uns. Er hatte eine gütige Seele, und ich wollte ihm helfen. In seinem Feld sah ich den Tod, und ich sagte ihm, dass er in nächster Zeit sterben kann.

„Kann mir noch etwas helfen?", fragte er.

„Ja", antwortete ich. „Sie dürfen Schurken und Schufte nicht verachten."

Er dachte längere Zeit nach.

„Das ist schwer."

„Das ist schwer, aber die Situation ist sehr ernst. Wenn ich mehr Geld als der andere habe, dann habe ich nicht das Recht, ihn deshalb zu verachten. Wenn ich mehr Anstand und Güte als der andere habe, habe ich nicht das Recht, ihn deshalb zu verachten."

*Eine Woche später kam er zu mir in die Praxis. Ich gab ihm
mein Buch und eine Videokassette mit meinem Vortrag.*

*„Ich werde jetzt nicht diagnostizieren. Schau dir das an, wir
sehen uns in zehn Tagen wieder und werden Bilanz ziehen."*

*Zu unserer Begegnung nach zehn Tagen kam es nicht mehr.
Am Tag zuvor war er ermordet worden. Getötet wurde er von
denen, die er verachtet hat. Offensichtlich hatte der Mann begonnen, etwas zu begreifen, und sich Gott zugewendet. Dennoch
wurde er ermordet. So wie es Trägheitsgesetze für physische
Körper gibt, so gibt es solche Gesetze auch für geistige Körper.
Wenn der Mensch auf eine Mauer zurast, dann kann er, auch
wenn er will, nicht mehr rechtzeitig abdrehen.*

„Also", wende ich mich an die Patientin, „Sie haben noch eine
Zeitreserve, die Möglichkeiten werden von der Intensität unseres Wunschs bestimmt. Wie stark Ihr Wunsch sein wird, sich zu
ändern und zu überleben, hängt von Ihnen ab."

„Sagen Sie, werden diejenigen, die ihn getötet haben, denn
nicht dafür leiden."

„Natürlich, sie werden leiden. Je größer die Bestrebungen des
Opfers zur Reinigung waren, umso härter wird die Bestrafung
der Mörder sein. Ich denke, dass sie dadurch ihre Zukunft verkrüppelt haben, und nicht nur in diesem Leben. Doch aus höherer Sicht sind sie Ausführende, man darf sie nicht verachten und
verurteilen. Den Verbrecher kann man bestrafen, doch an seiner
Seele darf man sich nicht vergreifen.

Wenn ich unvollkommen bin, werde ich zwangsläufig durch
einen anderen Menschen bestraft. Mir hat man vor kurzem eine
Geschichte erzählt: Ein junges Mädchen war bestrebt, überall an
erster Stelle zu stehen. Sie war Bergsteigerin, und um einen Titel
zu erlangen, musste sie noch einen Aufstieg meistern. Der Gipfel war nicht sehr kompliziert. Doch etwas hinderte sie daran, es
ereignete sich etwas Unvorhergesehenes. Als ob man ihr ein
Zeichen geben wollte, dass sie diesmal nicht aufsteigen sollte.
Doch sie beschloss, den Gipfel um jeden Preis zu erklimmen,

obwohl sie fühlte, dass sie in Konflikt mit etwas Höherem geriet. Bei einem der Übergänge setzte völlig unerwartet Steinschlag ein. Die Seilschaft war in offenem Gelände, es gab keine Dekkung. Der Gruppe gehörten fünfzehn Personen an. Eine von ihnen kam um – das Mädchen."

Von außerhalb ruft mich ein Mann an und schildert seine Probleme:

„Ich bin kräftig und gesund. In einer Stunde kann ich den ganzen Gemüsegarten umgraben, doch seit elf Jahren sitze ich zu Hause rum und kann das Gehöft nicht verlassen. Wenn ich die Gartenpforte durchschreite, befällt mich Zittern und Schwanken, ein ständiges Angstgefühl, sodass ich umkehren muss. Sagen Sie, kann dagegen etwas getan werden?"

„Legen Sie die Pfeife auf den Tisch, verlassen Sie das Haus, gehen Sie einige Minuten vor der Gartenpforte spazieren und kommen Sie dann zurück."

„Ich gehe raus", ruft er durch das Telefon. Nach fünf Minuten kommt er zurück und sagt erstaunt, er habe überhaupt keine Beschwerden mehr.

„Sie müssen wissen", sage ich ihm, „im früheren Leben lebten sie in Tibet, besaßen große Fähigkeiten, und die Entwicklung der Fähigkeiten machten Sie zum Selbstzweck. Sobald sich die Seele ans Irdische gebunden hat, nimmt die Selbstsucht stark zu. Um Ihnen das Leben zu retten, mussten die Menschen Sie beleidigen, demütigen und kränken. Je stärker die Kränkung war, umso größer waren die Chancen der Reinigung. Doch Sie haben das nicht verstanden und nicht akzeptiert, sondern eine starke Aggression gegen Menschen entwickelt. Da Sie ein sehr starkes Energiefeld haben, hätten Sie jeden Beleidiger durch unterbewusste Aggression töten können. Deshalb wurde Ihnen der Umgang mit den Menschen verwehrt, und deshalb wurden Sie nicht aus dem Haus gelassen. Beseitigen Sie durch Reue die Aggression gegen die Menschen und beten Sie, dass die Liebe zu Gott zum Sinn Ihres Lebens wird."

ANBETUNG DER WEISHEIT

Man kann sowohl die Weisheit als auch das Schicksal über Gott stellen. Wenn ich einen Menschen wegen seines dummen und törichten Verhaltens verurteile, werde ich von Weisheit abhängig. Wenn ich eine Menschengruppe, eine Organisation, eine Regierung oder ein Volk verurteile, dann verzehnfacht sich diese Abhängigkeit. Wenn ich mich verurteile und hasse, weil ich etwas nicht verstanden habe oder in eine törichte Situation geraten bin, dann geschieht dasselbe. Die Abhängigkeit von Weisheit wird durch psychische Krankheiten und Geistesstörungen blockiert.

Eine Physikerin bat mich, die Ursache des Todes eines bekannten sowjetischen Wissenschaftlers zu betrachten.

„Er hat sich und seine Weisheit über Gott gestellt. Die Selbstsucht überschritt den Grenzwert, es erfolgte die Blockierung durch den Tod. Er wurde von Weisheit abhängig, indem er Dumme verachtet und gedemütigt hat."

„Wissen Sie", erwiderte die Frau lebhaft, „er hat seine Assistenten gedemütigt. Ich habe gehört, dass bei einem Verkehrsunfall nur er allein Schaden erlitten hat. Er zog sich ein sehr schweres Schädel-Hirn-Trauma zu, während eine Schachtel Eier auf dem Rücksitz des Wagens nicht zu Bruch ging. Er war danach lange Zeit bewusstlos."

Ich kam zu dem Schluss, dass die Gesetze der Ethik, gegen die wir auf der Gefühlsebene oft verstoßen, in erster Linie Gesetze unseres eigenen Überlebens sind. Wissenschaftler versuchten lange, das zu finden, was allen Langlebigen eigen ist. Es stellte sich heraus, dass sie die richtige emotionale Einstellung zur Welt haben. Alle Langlebigen sind gütig, sie reagieren nicht mit Hass und Verurteilung auf eine ihnen unangenehme Situation. Das ist innere Demut und das Vermögen, sich nicht ans Irdische zu binden und es nicht zu verehren. Wenn der Mensch zu stark an die

Erde gebunden ist, dann kann er sich untreu werden, d.h. die Logik des Körpers besiegt die Logik des Geistes.

Vor mir sitzt ein junger Mann, der ein sehr ernstes Problem hat. Ich habe ihm bei der ersten Sitzung erklärt, dass seine Seele von Selbstsucht und Weisheit abhängig ist. Er hat gebetet und durch Reue seinen Menschenhass und seine Schuldgefühle beseitigt. Heute ist er zur zweiten Sitzung gekommen, doch in seinem Feld sind deutlich Strukturen einer Selbstverurteilung zu sehen.

„Es ist Ihnen nicht gelungen, die Selbstvorwürfe endgültig zu beseitigen."

„Wie kann ich die Selbstvorwürfe beseitigen, wenn ich selbst schuldig bin und andere damit nichts zu tun haben. Schließlich bin ich unvollkommen, wie soll ich mir da nicht selbst die Schuld geben!"

„Sie müssen eine einfache Wahrheit begreifen", sage ich ihm. „Vollkommenheit und Unvollkommenheit werden gegeben und genommen, damit darf man sich nicht identifizieren. Auf der feinen Ebene steht jeder Mensch, egal wer er ist, über solchen Begriffen wie Vollkommenheit und Unvollkommenheit. Diese Begriffe gehören dem Materiellen an, und das Materielle unterliegt Veränderung und Zerstörung. Wenn Sie sich als klug bezeichnen und darüber nicht nur äußerlich, sondern auch innerlich Freude empfinden, orientieren Sie sich auf Weisheit. Das heißt, wenn eine Situation eintritt, in der Sie sich als Dummkopf bezeichnen, werden Sie sich hassen und verurteilen und dafür eine Krankheit oder den Tod erleiden. Der Mensch ist ein dialektisches Wesen, das aus zwei Gegensätzen besteht – einem göttlichen Kern, bei dem es die Begriffe ‚Vollkommenheit' und ‚Unvollkommenheit', ‚Kraft' und ‚Schwäche' nicht gibt, und einem Kern, der mit dem Materiellen verbunden ist, der im Unterschied zum ersten ständig zerstört wird und wo die Begriffe ‚Kraft' und ‚Schwäche', ‚Vollkommenheit' und ‚Unvollkommenheit' ständig den Sinn wechseln. Je größer das Potential und die

Spannung zwischen ihnen ist, je mehr wir zur Erde streben, umso mehr streben wir zu Gott, und umgekehrt. Doch es ist leichter, zur Erde als zu Gott zu streben, daher muss ein Prioritätensystem eingehalten werden. Der Schwerpunkt darf nicht auf sichtbaren und materiellen irdischen Gütern ruhen, er darf auch nicht auf unsichtbaren Gütern, die mit dem irdischen Leben verbunden sind, ruhen. Wenn wir versuchen, den Schwerpunkt darauf, was uns stabil erscheint, auf das, was die Grenzen eines Lebens überdauert, und auf irdische Werte der dritten Ebene zu setzen, dann machen wir einen Fehler.

Der Schwerpunkt kann nur die Liebe zu Gott sein. Dieses Gefühl gewährt dem Menschen wahres Glück."

Meine Bücher erscheinen in sehr großer Auflage. Informationen werden über das Zentrale Fernsehen gegeben. Und doch fehlt noch etwas. Erforderlich ist ein System zur Änderung der Weltsicht, das ich in diesem Buch geben möchte. Gestern konnte ich mich ein weiteres Mal davon überzeugen, wie dringend es gebraucht wird. Von außerhalb kam die Mutter eines Jungen zu mir, der einen Hirntumor hat. Die Lage ist sehr kompliziert.

„Sie haben eine sehr starke Selbstsucht", erklärte ich der Mutter. „Außerdem besteht das Verlangen, die eigene Weisheit über Gott zu stellen. Aus Ihrer Sicht wurden Sie von allen ungerechtfertigt gekränkt, alle haben sich dumm verhalten. Sie haben immer alle verurteilt, besonders Ihren Mann. Ihr Mann besitzt ebenfalls sehr starke Selbstsucht, deshalb kommt es bei dem Kind nicht nur zu einer Verstärkung, sondern zu einem Ausbruch dieser Programme. Das wird durch eine onkologische Krankheit blockiert. Erzählen Sie von dem ganzen System, das ich Ihnen dargelegt habe, Ihrem Mann. In einigen Tagen rufe ich Sie an."

Übers Telefon bekam ich Kontakt zum Vater des Jungen. In seinem Feld waren drei mächtige Parallelepipeden, der dreifache Tod, ein Selbstvernichtungsprogramm. Bei dem Kind dasselbe. Der Vater stotterte, wodurch die gefährlichen Programme etwas blockiert werden.

„Ihre Selbstsucht ist doppelt so groß wie das lebensbedrohliche Niveau. Sie wird gewöhnlich durch onkologische Krankheiten, Epilepsie, Stottern und Psoriasis blockiert. Bei Ihnen erfolgt die Blockierung sanft, bei Ihrem Sohn ist sie härter. Haben Sie meinen Vortrag ihm Fernsehen gesehen?"

„Ja, ich stimme Ihnen vollkommen zu."

„Gut, es ist so, dass die Seele stolz wird, wenn sie sich an etwas Irdisches bindet. Ihre Seele ist von der Familie und dem glücklichen Schicksal abhängig. Um das zu blockieren, haben Sie Kränkungen und Zwist erleben müssen, die Sie verinnerlicht haben. Daraufhin kamen bei Ihnen Verzweiflung und starke Lebensunlust auf. Gab es einen solchen Zustand?"

„Ja, es gab ihn."

„Verzweiflung ist Hass gegen sich selbst, und Hass trifft den Kopf. Deshalb stottern Sie, und deshalb hat Ihr Sohn den Tumor. Sie müssen Ihr ganzes Leben überdenken und diese Aggression durch Reue beseitigen."

„Alles, was Sie sagen, klingt ziemlich primitiv", antwortete er. „Können Sie es nicht besser und etwas tief gehender erklären?"

„Leider ist das gegenwärtig mein höchstes Niveau. Dasselbe, was ich Ihnen sage, habe ich anderen Krebskranken gesagt, und ihnen hat es geholfen."

„Gut", antwortete er. „Ich habe meine eigene Methode zur Heilung des Kindes entwickelt."

„Beschreiben Sie sie."

„Das ist zu kompliziert, ich kann nicht alles übers Telefon erzählen."

„Wenn Ihrer Methode die Liebe zu Gott zugrunde liegt, arbeiten Sie damit. Wenn nicht, dann wird es Probleme geben. Entscheiden Sie selbst."

„Was soll ich tun?", fragte er mich.

„In Ihrer Sippe besteht in siebzehn Generationen der väterlichen Linie das Verlangen, sich und den geliebten Menschen über Gott zu stellen und eine Reinigung nicht zu akzeptieren. Davon sind auch siebzehn Generationen der Nachkommen betroffen.

Beten Sie für die ganze Sippe, für sich, für Ihre Nachkommen. Sie können das rund um die Uhr tun. Dann wird es dem Jungen besser gehen."

Er versprach, das zu tun.

19. Juni 1994. Heute ist Pfingsten. Vor zwei Tagen kam eine Patientin zu mir. Ich betrachtete ihr Feld.

„Seltsam, Sie haben ein sehr starkes, gegen Kinder gerichtetes Vernichtungsprogramm. Haben Sie Kinder?"

„Ja, zwei Töchter."

Ich betrachtete das Feld der ersten: Um sie herum ist ein Kokon, und außerhalb sind sieben Hieroglyphen des Todes. Ein sehr starkes Vernichtungsprogramm. Wer schützt sie? Die Seelen ihrer zukünftigen Kinder. Auf einmal ist alles klar. Sie lebt, weil sie ein ethischer und gütiger Mensch ist und sehr harmonische Nachkommen hat.

„Haben Ihre Töchter Kinder?"

„Ja", antwortete sie.

Ich betrachtete die Enkel, und mir wurde alles klar.

„Welche Diagnose wurde Ihnen gestellt?", fragte ich sie.

„Oophoron. Und noch etwas wurde im Magen gefunden. Gegenwärtig werden Analysen gemacht."

Ich sah mir das Feld an, danach begann ich zu erklären.

„Die Ursachen Ihrer Krankheiten sind unkompliziert, doch Sie müssen lange an sich arbeiten. Es ist wesentlich schwerer, die Seele als das Bewusstsein zu ändern. Die Krankheit hat folgende Ursache: Die Seele des Menschen muss zu Gott gerichtet sein, das Bewusstsein und der Körper zur Erde. Wenn die Seele sich an die Erde bindet, wird sie stolz und aggressiv."

„Aber meine Seele hängt weder an Geld noch an anderen irdischen Freuden."

„Geld kann andere Formen annehmen. Für Sie haben Weisheit und Familie den gleichen Wert wie Geld. Und wenn man Ihnen das wegnimmt, schmerzt Sie das. Das konnten und können Sie einfach nicht akzeptieren."

Die Frau blickte mich an und versuchte zu verstehen, doch ihre Augen leuchteten noch nicht. Ich fuhr fort:

„Sehen Sie, die Zelle des Organismus lebt unter zweierlei Bedingungen – für sich und für den Organismus. Jeder Befehl des Organismus beeinträchtigt die Eigeninteressen der Zelle. Man muss seine Belange vergessen und an den Organismus denken, auch wenn jeder Befehl des Organismus die Eigeninteressen der Zelle einschränkt. Für den kurzen Zeitraum haben sie unterschiedliche, auf die Dauer einheitliche Interessen. Das Vermögen der Zelle, die traumatisierende Situation, d.h. den Befehl des Organismus, zu akzeptieren, ist Ausdruck ihrer Gesundheit. Wenn die Zelle die traumatisierende Situation nicht akzeptieren will, wird sie zur Krebszelle, und sie muss vom Organismus vernichtet werden.

Der Mensch ist eine Zelle des Universums. Das Vermögen des Menschen, jede Situation, alle Unannehmlichkeiten und alles Unglück als gottgegeben zu akzeptieren, ist Ausdruck der geistigen und letztendlich der physischen Gesundheit des Menschen. Im Christentum nennt sich das Demut. Wenn der Mensch in einer traumatisierenden Situation Gott, der seine Seele reinigt, vergisst und nur den Beleidiger sieht, ähnelt er der Krebszelle. Das Christentum nennt das Selbstsucht und hält es für die Hauptsünde. Jede Zelle lebt unter zweierlei Bedingungen, nach zweierlei Logik – der primären Logik des Organismus und der sekundären eigenen Logik.

Auch dem Menschen ist zweierlei Logik eigen – die Logik des Geistes, die ihn mit Gott verbindet, und die Logik des Körpers, die ihn mit der Erde verbindet. Die Logik des Geistes steht immer über der Logik des Körpers. Wenn ein Schiff untergeht, werden zuerst Frauen und Kinder, danach die Männer gerettet. Wenn ein Mann sich bei der Rettung vordrängt und Frauen und Kinder beiseite stößt, muss er getötet werden, um dem pathologischen Prozess Einhalt zu gebieten. Wenn ein Mensch Probleme hat, ist vor allem seine Seele zu retten. Der Wert der Seele macht 97 % aus, der Wert des Körpers nur 3 %. Wenn der Körper sich vordrängt und sich zu retten versucht, indem er die Seele dem Untergang weiht, muss der Körper vernichtet werden. Wysozky hat es in einem Lied hervorragend ausgedrückt: ,Wir wollen nicht eines qualvollen Lebens sterben, wir wollen dem Tod in Würde entgegensehen.' Unser Körper ist eine Hülle, die nur für ein Leben bestimmt ist. Und unserer Seele steht bevor, sich neu zu verkörpern. Wenn sie nicht gereinigt wird, können wir uns in künftigen Leben nicht verkörpern. Das ist übrigens einer der Gründe, warum gegenwärtig viele Frauen unfruchtbar sind. Die innere Selbstsucht nähert sich der roten Marke, hinter der Unfruchtbarkeit und Entartung der ganzen Menschheit stehen."

Die Frau dachte längere Zeit nach, dann fragte sie erstaunt:

„Warum ist es dazu gekommen?"

„Entwicklung erfolgt über Pathologie. Die Hinwendung zu Gott erfolgt über die Lossagung von ihm. Bereits seit drei Jahrhunderten verliert die ganze Menschheit die Logik des Göttlichen und arbeitet nur für die irdische Logik. Im 17. Jahrhundert schuf die Menschheit die klassische Form einer Krebsgeschwulst mit der Devise ,Der Mensch ist Herr der Natur'. In der Sprache des Organismus bedeutet das: ,Die Zelle beherrscht den Organismus.' Das ist auch das Prinzip der Krebszelle. Gegenwärtig sind die Geistesstrukturen der Menschheit derart an die Erde gefesselt, dass nur vielfaches Streben zu Gott die Menschheit vor Entartung und Tod retten kann. Gegenwärtig muss die Menschheit Liebe zu Gott wie nie zuvor empfinden. Und vor allem benötigen Sie das, denn während wir uns unterhalten, ändern sich bei Ihnen die Weltsicht, die Reaktion auf das Geschehen und damit Ihr Charakter. Da der Charakter das Schicksal bestimmt, ändert sich auch Ihr Schicksal, d.h. Ihr Karma und auch Ihr physischer Zustand. Lassen Sie uns nun betrachten, wie es vor unserer Begegnung war. Ich zeichne eine Skala. Die Situation wird zu 80-100 % akzeptiert – vollkommene Gesundheit; 50-80 % - der Mensch ist gesund; 20-50 % - der Mensch ist krank; unter 20 % - schwer krank; unter 5 % - todkrank. Im Jahr 1990 hatte die Menschheit einen Prozentwert von 3 %, gegenwärtig sind es

10-12 %, d.h. auf Feldebene ist die Menschheit ein schwerkranker Organismus. Bevor Sie zu mir kamen, war Ihre Bereitschaft, eine traumatisierende Situation zu akzeptieren, 1-2 %, nach unserer halbstündigen Unterhaltung beträgt sie jetzt mehr als 50 %. Doch um das zu stabilisieren, müssen Sie an sich arbeiten. Überdenken Sie Ihr ganzes Leben. Alles, was Sie für Unannehmlichkeiten, Kränkungen und Erniedrigungen hielten, betrifft zu 3 % Ihren Körper und Ihr Bewusstsein, doch zu 97 % dient es der Reinigung Ihres Geistes und letztendlich der Rettung Ihres Lebens. Wenn Sie jede Situation als gottgegeben akzeptieren, dann fördert der dabei entstehende Kräftezuwachs die Entwicklung Ihres Geistes. Wenn Sie diese nicht akzeptieren, wird Aggression hervorgerufen. Zuerst Hass und Verurteilung derjenigen, durch die Sie gerettet wurden, dann Hass gegen die eigene Person. Das alles hat Ihre Seele geschwärzt. Den Hass gegen sich selbst, d.h. Verzweiflung, Depression und Lebensunlust, haben Sie an die Tochter und Enkelinnen weitergegeben. Ich sagte zu Beginn, dass Sie ein gegen die Kinder gerichtetes Vernichtungsprogramm haben. Manchmal bestimmt die Großmutter die Weltsicht der Enkel mehr als die Mutter. Bei einer Enkelin hat die Selbstsucht das lebensbedrohlich Niveau überschritten. Sie ist nicht einmal mehr imstande, eine traumatisierende Situation zu 1 % zu akzeptieren. Wie alt ist sie denn gegenwärtig?"

„Zehn."

„Das bestätigt meine Ausführungen. Das Gedächtnis des Karmas wird im Alter von fünf Jahren aktiviert, dann in der Zeit der Pubertät im Alter von zehn bis fünfzehn Jahren. Zu diesem Zeitpunkt sind die Kinder am anfälligsten. Gerade in dieser Zeit erkranken oft die Eltern, um den Kindern das Leben zu retten. Sie erhalten das zurück, was sie den Kindern übergeben haben. Die Enkelin kann sterben, deshalb hat sich innerhalb eines halben Jahrs schnell die Geschwulst einwickelt. Es reicht daher nicht aus, wenn Sie sich ändern. Sie müssen durch Reue alle Kränkungen und Verurteilungen sowie Eifersucht und Lebensüberdruss nicht nur aus Ihrer Seele, sondern auch aus den Seelen der Kinder und Enkel, danach ebenso aus denen der Nachkommen bis zum siebten Glied beseitigen. Sie müssen im Gebet die Liebe zu Gott nicht nur selbst bekennen, sondern auch für die Kinder, Enkel und Nachfahren bis zum siebten Glied dafür bitten. Der Mensch ist für seine Taten vierfach verantwortlich – für das, was er im früheren Leben getan hat; für das, was er in diesem Leben getan hat; für das, was er den Kindern übergeben hat; für das, was er den Enkeln, Urenkeln und ferneren Nachkommen übergeben hat. Je stärker die Aggression, d.h. die Ablehnung des Göttlichen, ist, je tiefer sie in die Seele eindringt, umso mehr Generationen von Nachkommen belastet der Mensch mit seinen Handlungen und umso länger und teurer wird er dafür bezahlen. Je größer Ihre Liebe zu Gott ist und je tiefer Sie verstehen, dass alle Unannehmlichkeiten, Demütigungen und Kränkungen in Ihrem Leben der Rettung Ihrer Seele dienten, umso mehr werden die Seelen Ihrer Nachkommen gereinigt. Nur dann wird es Ihrem Körper gestattet, wieder gesund zu werden."

Wir unterhielten uns noch eine Weile, und ich sah, wie die Frau allmählich ausgeglichener und ruhiger wurde.

„Sagen Sie", fragte sie mich, „ich mache gegenwärtig eine Chemotherapie. Soll ich sie fortsetzen?"

„Die Chemotherapie blockiert die Folge, nicht die Ursache. Sie können die Therapie fortsetzen, müssen dabei aber verstehen, dass Sie Ihre Hoffnung nicht auf die medizinischen Präparate, sondern auf die Erhöhung des Geistes und die Reinigung der Seele setzen müssen."

Heute habe ich vier Patienten betrachtet. Der erste Fall ist eine Frau, die Probleme mit ihrem Sohn hat – er ist in der geistigen Entwicklung zurückgeblieben. Der zweite Patient ist ein junger Mann mit Leukämie. Der dritte – ein junges Mädchen, bei dem nach einem Verkehrsunfall die Psyche und die Koordination der Bewegungen gestört sind. Der vierte Fall ist ein kinderloses Ehepaar. Und in allen Fällen sehe ich ein und denselben Mechanismus wirken, der sich unterschiedlich äußert. Bei allen gibt es eine Ursache – das Verlangen, die Liebe zur eigenen Weisheit und Weisheit anderer höher als die Liebe zu Gott zu stellen. Und das erste Glied der Bindung an die Erde sind Vater und Mutter. Wenn ich Vater und Mutter über Gott stelle, gibt man mir im nächsten Leben dumme, unvernünftige und mich nicht verstehende Eltern. Wenn ich sie wegen ihrer Dummheit verurteile und verachte, führt das zu sehr gefährlicher Selbstsucht. Geld kann man ein Jahr, zwei und viele Jahre besitzen, doch früher oder später verliert man es mit dem Leben. In diesem Leben vorhandene Fähigkeiten und seelische Eigenschaften kann man nicht verlieren, sie können drei bis fünf Leben überdauern, weshalb die Versuchung besteht, den Schwerpunkt auf sie und nicht auf die Liebe zu Gott zu setzen. Weisheit – das ist Kapital, das man über vierzig Leben besitzen kann, deshalb besteht hier die größte Versuchung, sich von Gott loszusagen.

Der Teufel ist der Engel, der seine Weisheit über die Weisheit des Vaters gestellt hat. Eine Frau, die ihren Mann, ihren unvernünftigen Vater, dumme und unvollkommene Menschen verachtet, gebärt Kinder, die zum Teufel und nicht zu Gott streben. Die Menschheit hat sich das letzte Jahrhundert auf Weisheit orientiert. Die Errungenschaften der Wissenschaft und die Ergebnisse bewusster Tätigkeit wurden zum absoluten Wert, deshalb tendiert die Menschheit zum Teuflischen.

„Sehen Sie", erkläre ich der ersten Patientin. „Auf der Linie Ihrer Vorfahren sowie auf der Linie Ihres Mannes besteht infolge von Verachtung unvollkommener Menschen, Selbstbeschuldigung in törichten Situationen und Hass auf Betrüger und Betrogene eine sehr starke Abhängigkeit von Weisheit. Deshalb ist die Selbstsucht bei Ihnen wesentlich größer als bei anderen Menschen, und außerdem besteht das starke Verlangen, das Schicksal über Gott zu stellen. Deshalb mussten Sie äußerlich völlig unmotiviert an empfindlichsten Stellen getroffen werden, und wenn Sie die Situation vernünftig akzeptiert hätten, wäre Ihr Kind gesund. Doch Sie haben nur die Sie kränkenden Menschen gesehen, immer stärker die Bedingungen des Körpers erfüllt und die Bedingungen des Geistes ausgeschlossen. Deshalb überschreiten bei Ihrem Kind die Bindung ans Irdische und Aggression wesentlich die normalen Werte. Um seine Seele zu reinigen und andere Menschen vor dem Tod zu retten, wird es nicht von einer leichten psychischen Störung und nicht von Schizophrenie, sondern von einer härteren Blockierung, d.h. gestörter geistiger Entwicklung, heimgesucht.

Bevor die Seele in den Körper einkehrt, sieht und weiß sie alles, was mit ihr geschehen wird. Da sie sieht, was für ein Körper sie erwartet, leidet und quält sie sich im Voraus, und das reinigt die Seele. Deshalb findet bei dem Kind auf der feinen Ebene der Seele ein sehr starker Erbauungsprozess statt. Wenn Sie diesen unterstützen, indem Sie die Orientierung der Geistesstrukturen vom Irdischen auf das Göttliche vollziehen, helfen Sie Ihrem Kind auf jeden Fall, auch wenn Sie keine Besserung auf physischer Ebene feststellen können."

Dem zweiten Patienten sage ich Folgendes:

„Sie und Ihre Mutter sind von Weisheit, Familie und Wohlergehen abhängig. Ihre Mutter hat Menschen gehasst, die sie gereinigt haben. Deshalb hat sich das alles in Hass gegen die eigene Person und in Lebensunlust umgekehrt, und bei Ihnen ist die Bindung an das Irdische noch bedeutend stärker. Wenn man sich selbst hasst, dann hasst und gefährdet man seine Geistesstrukturen, deshalb wird der Hass auf eine schnelle Zerstörung des Körpers umprogrammiert. Ein Mensch, der sein Leben für andere opfert, tötet seinen Körper, aber er reinigt seine Seele. Ein Mensch, der Selbstmord begeht, fügt seiner Seele größeren Schaden als seinem Körper zu. Zuerst muss man die Lebensunlust bereuen und über die Reue alle Klagen über sich und das Schicksal beseitigen. Danach muss man bereuen, was diesen Kränkungen zugrunde lag: Verachtung, Hass und Verurteilung anderer Menschen. Und dann, was der Aggression zugrunde liegt: Das Verlangen, die Liebe zum Irdischen über die Liebe zu Gott zu stellen, und fehlende Einsicht, dass die Liebe zu Gott das höchste Glück ist."

„Die Situation ist kompliziert", erkläre ich den Eltern des kranken Mädchens. „Sie haben die Tendenz", wende ich mich an die Mutter, „Männer zu verachten und Ihre Weisheit über alles zu stellen. Und Sie", sage ich zu dem Vater, „haben das Verlangen, sich für Misserfolge die Schuld zu geben und dafür zu bestrafen. Das ist ein ethisch motivierter Zug, doch er bindet ebenfalls ans Irdische. Wäre ein Junge geboren worden, dann wäre er deprimiert und kränklich, doch er hätte das alles überwinden können und seine Perspektiven wären gut gewesen. Da aber ein Mädchen geboren wurde, traf es ein schlimmeres Los. Es hatte daher keine Chancen, Kinder zu haben und am Leben zu bleiben. Durch Traumata und psychische Störungen wurden physisch seine Selbstsucht und sein Verstand gedemütigt. In Abhängigkeit davon, wie Sie beide mit ihm beten und freiwillig die Seele reinigen, wird sich die Krankheit erübrigen."

„Seine besten Jahre sind verloren", sagt die Mutter des Mädchens unter Tränen. „Es war einsam und hatte mit niemand Umgang."

„Sie haben nur zum Teil Recht. Seine Seele war dermaßen bereit, den geliebten Menschen zu erhöhen und zu vergöttern, dass, wenn sich eine solche Gelegenheit geboten hätte, seine Lossagung von Gott so stark gewesen wäre, dass es seine Geistesstrukturen verkrüppelt hätte. Bei einer solchen Seele haben Kinder keine Chance, zur Welt zu kommen, und es hätte Probleme mit ihrer künftigen Verkörperung gegeben. Es hat die besten Jahre mit Gott und nicht mit Freunden verbracht.

Sehen Sie, wie es früher war. Stellen Sie sich vor: Eine Frau liebte einen Mann und stellte ihn über Gott, bald darauf starb er. Ihr Kummer war so groß, dass sie, wenn sie nicht Selbstmord beging, die ganze Liebe Gott gegeben hat und ins Kloster gegangen ist. Im nächsten Leben wurde ihr derselbe Mann gegeben. Sie hat ihn erneut wahnsinnig geliebt. Die aus dem früheren Leben stammende Kraft, zum Göttlichen zu streben, war wesentlich stärker als die Liebe zu dem Mann in diesem Leben, deshalb musste der Mann nicht sterben und sie beide waren glücklich.

Um Ihre Tochter zu heilen, müssen Sie sich und Ihre Weltsicht ändern. Wenn Sie beten, müssen Sie vor allem beachten: Im Gebet darf man Gott nicht um Gesundheit und Glück bitten. Während des Gebets verlagert der Mensch den Schwerpunkt auf die Liebe zu Gott, um seine Geistesverfassung leichter ändern zu können. Das Wichtigste bei der Reue ist das Streben zu Gott und der Wunsch, sich zu ändern. Jetzt hängt alles Weitere schon mehr von Ihnen als von mir ab."

Nun noch mein vierter Fall. Ein kinderloses Ehepaar.

„Eure Seelen sind stark an die Erde gebunden, doch das geschah aus Unwissen. Eure persönliche Orientierung auf Gott, die sich in Güte und Streben zum Geistigen äußert, ist größer. In eurer Situation würden andere Menschen erkranken, und zwar sehr schwer, doch dank eurer Güte werdet ihr davor bewahrt und bleibt gesund. Dennoch ist eure Weltsicht falsch, und ihr könnt keine harmonischen Nachkommen haben, weil euch Kinder verwehrt werden.

Überdenkt euer Leben, reinigt eure Seelen. Ich möchte euch vorwarnen: Wenn ihr euch reinigt, kommt alles Unreine des Karmas nach oben, und euer physischer Zustand und die Situation können sich arg verschlechtern. Wenn ihr euch reinigt, betet für die Nachkommen, denn ihr Unreines kommt zu euch herüber, und ihr müsst sie reinigen. Wenn euch Nachkommen mit unreinen Seelen vorbestimmt sind, dann liegt die Ursache hierfür ebenso bei euch, wenn auch in früheren Leben. Die Steine, die ihr in früheren Leben geworfen habt, werdet ihr in künftigen Leben einsammeln. Ihr müsst verstehen, dass es auf der feinen Ebene keine Dummen und Klugen, keine Unehrenhaften und Edlen, keine Unfähigen und Fähigen gibt. Auf der feinen Ebene sind wir alle eins und gleichermaßen rein, wie Wurzeln, die zu dem streben, das ihnen Nahrung gibt – zu Gott. Nunmehr hängt alles von euren Bemühungen ab."

Ich wusste seit langem, dass sich die Einwirkung auf einen

Menschen auch auf seine Verwandten auswirkt. Der physische Zustand der Verwandten ändert sich nach dem Umgang mit dem Patienten. Ich hatte jedoch nicht erwartet, dass sich auch der Geisteszustand des Menschen ändern kann. Wie sich herausstellte, bot sich mit meinem verbesserten Erkenntnisniveau meinen Patienten die Möglichkeit, sich auf tieferer Ebene zu ändern. Im Frühjahr 1994 suchte mich eine junge Frau auf. Als ich ihr Feld betrachtete, wies es Anzeichen einer onkologischen Krankheit auf. Sie war wiederholt operiert worden, doch ihr Zustand verschlechterte sich zunehmend. Ich erklärte ihr, dass ihre Situation ernst sei. Und wenn sie nicht ihre Haltung zum Leben revidiere, könnten ihr die Ärzte kaum helfen.

„Das haben sie mir auch gesagt: ‚Hoffe nur noch auf dich selbst.'"

Wir unterhielten uns etwas eine Stunde. Nach einem halben Jahr kam sie erneut. Sie sagte, dass sie die Ärzte nicht mehr aufsuche und sich vorzüglich fühle. Die Diagnostik ergab: Das Feld war rein, es gab keine Anzeichen von Beschwerden mehr. Aus meiner Sicht war sie gesund.

„Wissen Sie", erzählte sie mir. „Es ist ja verständlich, dass sich die Welt für mich vollkommen geändert hat, doch bei meinen beiden Schwestern hat sich der Charakter gebessert, obwohl ich ihnen nichts erzählt habe. Es ist nur noch ein Problem geblieben – mein Neffe ist nicht imstande, ein Buch zu lesen, er ist unfähig zu lernen."

„Das liegt daran, dass bei Frauen Ihrer Sippe eine Abhängigkeit von Weisheit besteht, daher kommen die Verachtung und Verurteilung anderer Menschen, der Hass gegen Betrüger, die Vorwürfe gegen die ganze Welt, die gewissermaßen für dumm und ungerecht gehalten wird. Ihre Schwester hat vor der Empfängnis des Kindes und während der Schwangerschaft ihren Mann allzu sehr verurteilt und verachtet. Sie hat ihm vorgeworfen, dass er untreu sei, sich töricht verhalte, seine Frau und das Leben nicht verstehe usw. Sie hat ihren Sohn so auf Weisheit geprägt, dass bei ihm jetzt diese Weisheit blockiert wird. Wenn

Sie sich auf der tieferen Ebene ändern würden, dann würden Ihre Neffen und Enkel gereinigt werden."

Eine zarte Frau mit müdem und besorgtem Gesicht erzählt mir ihre Geschichte.

„Vor meinen Augen geht alles in die Brüche, ich verstehe nichts mehr. Meine Mutter rackert sich bei der Arbeit ab, während mein Mann, ein sehr kluger Mensch, nichts tun will und nichts tut, obendrein noch meine Mutter und mich beschimpft. Der Schwiegervater verhält sich gemein zu mir und meiner Mutter. Mit den Kindern habe ich Sorgen – sie sind sehr jähzornig und schwer zu kontrollieren. Neulich war ich bei einer Hellseherin, und sie sagte mir, dass sowohl meine Mutter als auch mein Mann sterben können. Das ganze Leben verwandelt sich in reines Unglück", sagt sie gequält.

Für die Diagnostik reichen einige Sekunden. Auf feiner Ebene ist alles unglaublich einfach.

„Sie und Ihre Mutter tun gewissermaßen alles, damit die Situation normal ist, doch stattdessen geht alles zu Bruch. Und Sie haben den Eindruck, dass die Welt unvernünftig und ungerecht ist. Ich werde versuchen, Ihnen die Ursachen der Situation zu erklären. Sehen Sie, als ich Ihr Feld diagnostizierte, sah ich darin deutlich Strukturen mit sehr starker Aggression - einen Jungen und ein Mädchen, zwei kleine Teufelchen. Das sind Ihre Kinder. Nun wollen wir klären, warum ihre Seelen zu dem wurden. Die Frauen in Ihrer Sippe haben, angefangen bei Ihrer Urgroßmutter, den Vater, seine Weisheit und Wohlergehen über Gott gestellt, und damit sich die Seele nicht noch mehr von Gott trennt, musste ihnen das genommen werden. Sie mussten Väter und Männer erhalten, die kein Ansehen genießen und sich töricht verhalten, d.h. solche, die man als Versager bezeichnet. Wenn die Frauen sich nicht gekränkt gefühlt und sie nicht verurteilt hätten, hätten sie ihre Seelen gereinigt und harmonische Nachkommen zur Welt gebracht. Doch sie haben verachtet, verurteilt, gehasst und sich noch stärker an Weisheit und ein glückliches Schicksal gebunden. Wenn ich meinen Vater, seine Weisheit und alle Güter, die mit ihm verbunden sind, mehr als Gott liebe, dann mache ich mich selbst, da ich ein Teil meines Vaters bin, davon abhängig, und ich muss folglich davon getrennt werden. Die Frauen mussten in ihrer Selbstsucht, Weisheit und ihrem Schicksal gedemütigt werden. Wenn Sie außerstande sind, andere nicht zu verachten, dann wird Ihre Seele gedemütigt, indem Sie gedemütigt werden. Wenn Sie das nicht akzeptieren, erfolgt die Reinigung durch Krankheit oder Tod. Ihre Mutter hat ihren Mann verachtet und sich von ihm gekränkt gefühlt, und damit hat sie Ihre Seele und besonders die Seelen Ihrer Kinder verunreinigt. Früher wäre ihnen gestattet worden zu überleben, doch jetzt hat sich allzu viel Unreines in der Seele der Menschheit angesammelt. Die kleinen Teufelchen müssten eigentlich sterben, doch da der größere Teil dieses Unreinen von der Großmutter und der Mutter gekommen ist, kann die Großmutter die Seele durch ihren Tod und die Mutter durch Zerstörung ihres Schicksals reinigen. Indem Sie ständig Ihren Mann verurteilt haben, haben Sie die Kinder auf die Verurteilung des Vaters und die Lossagung von Gott programmiert und damit ihre Seelen verstümmelt."

„Und das lässt sich nicht mehr ändern?", fragt die Frau erschrocken.

„Es lässt sich ändern, die Seele ist flexibler als der Körper."

Die Frau denkt angestrengt nach. Ich störe sie dabei nicht, schaue aus dem Fenster.

„Wenn mich also der Schwiegervater demütigt, ist das zu meinem Besten?"

„Natürlich. Selbstsucht wird durch Demütigung des Körpers, Krankheit und Tod geheilt."

„Ich glaube, ich beginne etwas zu begreifen", sagt die Frau. „Um die Seelen meiner Kinder zu reinigen, muss ihre Selbstsucht verringert werden. Dazu muss gegen die Ursache der Entstehung dieser Selbstsucht, d.h. mich und meine Mutter, entsprechend vorgegangen werden. Indem er uns beleidigt und demütigt, reinigt mein Mann gleichsam unbewusst die Seelen der Kinder."

„Völlig richtig", sage ich. „Je eher Sie das innerlich akzeptieren, umso schneller reinigen Sie Ihre Seele und die Seelen der

Kinder. Und Demütigungen sind dann nicht notwendig."

„Das heißt also, dass ich und meine Mutter daran schuld sind, dass meine kleinen Kinder andere Menschen angreifen und beißen und als kleine Monster bezeichnet werden?"

„Natürlich", antworte ich.

„Nun gut, ich werde beten und um Vergebung für alle Kränkungen und Verurteilungen, die Verachtung anderer Menschen und meines Mannes bitten. Ich habe begriffen, dass es für meine Kinder Krankheit und Tod bedeutet, wenn ich mich hochmütig gegenüber einem Gedemütigten verhalte und den, der uns demütigt, hasse und mich von ihm gekränkt fühle. Aber warum darf ich nicht meinen Mann und seine Weisheit lieben?"

„Wenn Sie Ihren Mann über Gott lieben, dann ziehen Sie ihn an Gott heran. Wenn Sie aber zuerst Ihren Mann lieben, dann stoßen Sie ihn von Gott weg, binden seine Seele an die Erde und machen ihn stolz. Deshalb kann er umkommen."

„Entschuldigen Sie, mir ist immer noch nicht klar, wie man durch Liebe Schaden stiften kann", fragt die Frau erschöpft.

„Auf diesem Stuhl", fahre ich langsam und betont fort, „saß neulich eine andere Frau mit folgendem Problem:

,Ich habe nur eine Frage", sagte sie. „Erklären Sie mir, warum meine Liebhaber sterben?'

,Wie viel sind denn gestorben?'

,Zwanzig.'

,Sie sind bereit, den geliebten Menschen und seine Weisheit über Gott zu stellen. Sie haben ein sehr starkes Energiefeld, und Sie vernichten sie einfach damit. Während man sich vor Hass schützen kann, so kann man sich vor Liebe nicht schützen. Deshalb tötet Liebe, die zum Irdischen gerichtet ist, schneller als Hass. Wenn Sie wollen, dass der geliebte Mensch gesund ist, sagen Sie morgens beim Aufstehen: <Lieber Gott, ich liebe dich mehr als jeden Menschen auf der Erde, als jede Weisheit und jedes irdische Glück, das er mir geben kann.> Dann beseitigen Sie das <Bindemittel>, mit dem Sie sich an die Männer und ihre Weisheit <binden> – das sind Verachtung, Hochmut und Verur-

teilung dummer Männer. Danach wird alles normal sein.'"

Ich unterhalte mich weiter mit meiner Patientin, wir kommen erneut auf die Kinder zu sprechen.

„Ich habe früher darum gebetet, dass meine Kinder gesund sind. Nach Ihrer Meinung darf man das nicht tun. Aber in der Kirche zündet man doch eine Kerze für das Wohlbefinden an. Wie verhält sich das?"

„Wenn Sie in der Kirche eine Kerze für das Wohlbefinden anzünden, ist nach christlichem Glauben das Seelenheil gemeint. Gott kann man nur darum bitten, dass die Möglichkeit gegeben wird, ihn mehr als alles irdische Glück zu lieben. Und wenn Sie Gott nicht um geistiges, sondern um physisches Wohlbefinden bitten, dann bitten Sie nicht, sondern stehlen Sie. Wenn Sie nur um physische Gesundheit bitten, dann wird die Seele bestohlen. Jetzt erhalten Sie eine Kopeke, später verlieren Sie einen Rubel. Ihre Kinder unterliegen der ständigen Versuchung, in den Menschen nur das Schlechte zu sehen. Unter diesen Bedingungen werden sie nicht überleben. Bringen Sie ihnen immer wieder bei, dass alle Menschen innerlich gut und mit Gott verbunden sind, dass ein Dummkopf und ein Genie dasselbe wert sind und dass alles Leben vernünftig ist. Vor dem Essen sollen sie beten. Sie sollen das erste Konfekt dem anderen geben, danach erst selbst zugreifen. Bringen Sie ihnen bei, anderen selbstlos zu helfen, zuerst an andere zu denken und sich um sie zu kümmern, danach an sich selbst. Halten Sie sich oft mit ihnen in der Natur auf, gehen Sie mit ihnen häufiger spazieren und baden Sie sie kalt. Das Essen soll fleischarm, nicht scharf gewürzt und einfach sein. Zwingen Sie die Kinder nie aufzuessen. Zwingen Sie ein Kind nicht zum Essen, wenn es nicht will. Ihrer Rettung dient alles, was von den Interessen des Körpers zu den Interessen des Geistes überleitet, alles, was bei ihnen logisches ganzheitliches Denken entwickelt – Vortragen von Gedichten, Theaterspielen, Musizieren. Je mehr Sie imstande sind, Ihre Seele, d.h. Ihre Weisheit und Ihren Charakter, zu ändern, desto glücklicher werden Ihre Kinder."

ANBETUNG DES SCHICKSALS

Ich war erstaunt, als ich feststellte, da man lebensbedrohlich von einem glücklichen Schicksal abhängig sein kann. Eine meiner Patientinnen hatte Probleme mit dem Ehemann. Ich erklärte ihr, dass sie bereit ist, sich und die Familie über Gott zu stellen, und dass deshalb ihre Seele durch Unannehmlichkeiten und Krankheiten gereinigt wird. Sie verstand das und begann zu beten, und die Lage besserte sich. Einige Zeit darauf sollte sie nach Indien fliegen. Einen Tag vor dem Abflug betrachtete ich ihr Feld und sah ein sehr schlechtes Bild – die Selbstsucht war auf tödlichem Niveau. Ich rief sie an.

„Sie müssen fliegen, doch Sie können große Probleme haben. Sie sind allzu sehr auf ein glückliches Schicksal orientiert. Sie träumen ständig von Wohlergehen. Überlegen Sie, warum Christus gesagt hat: ‚Denkt nicht an den morgigen Tag, lebt wie die Vögel.' Die Zukunft ist von Gott bestimmt. Wenn ich beginne, mich auf die Zukunft zu fixieren und das emotional zu verfestigen, dann geht das auf die feine Ebene über, und mein Programm kämpft mit dem Programm des Universums. Ich ähnele einer Krebszelle, für die das eigene Programm über dem Programm des Organismus steht. Mein Programm muss daher zunichte gemacht werden. Alles, woran ich in meinen Träumen hänge, muss verloren gehen. Ihre ständigen Träume von einem glücklichen Schicksal und die Verurteilung Ihres Mannes, der Ihnen das nicht bieten kann, haben Sie in eine äußerst gefährliche Lage gebracht. Überdenken Sie Ihr Leben und beten Sie."

Am nächsten Tag klingelte abends das Telefon. Es war meine Patientin.

„Ich war auf dem Flughafen und wartete gemeinsam mit meiner Freundin auf die Aufforderung, zur Abfertigung zu kommen, als plötzlich Chaos herrschte. Nach einiger Zeit gingen wir zur Abfertigung und erfuhren, dass das Flugzeug bereits vor zehn

Minuten abgeflogen war. Nach uns trafen noch weitere elf Personen verspätet ein. Ich kann das nicht verstehen. Können Sie erklären, was passiert ist?"

„Bei diesem Flug kamen Menschen mit verstärkter Orientierung auf das Schicksal zusammen. Sie hätten das Maß zum Überlaufen bringen können, und das Flugzeug wäre verunglückt. Ich möchte Ihnen raten, gegenwärtig weniger nach Wohlergehen und Glück zu streben, sonst verlieren Sie Ihre Gesundheit und Ihr Leben."

Die Dame glaubte mir nicht und rief nicht wieder an. Einen Monat später rief ich ihre Freundin an, die Probleme mit dem Kind hatte. Sie sagte mir, dass sie mit der Freundin keinen Umgang mehr habe, weil diese ihr eigenes Wohlergehen über alles andere stelle. Wir unterhielten uns telefonisch über die Probleme, die der Sohn der Frau hatte.

„Übrigens", sagte sie so nebenbei, „später haben wir erfahren, dass das Flugzeug, das meine Freundin verpasst hatte, ein ernstes Problem hatte und die Crew die Katastrophe gerade noch verhindern konnte."

Die Frau genierte sich anfangs, dann fragte sie doch:

„Mir fällt es sehr leicht, mich zu behexen. Ich brauche nur zu sagen, dass alles gut wird, und schon läuft alles schief. Können Sie erklären, was hier vorgeht?"

„Sie sind auf ein glückliches Schicksal orientiert, das habe ich Ihnen bereits gesagt. Sie brauchen sich nur zu freuen, und schon wird diese Orientierung verstärkt. Und damit die Seele nicht verunreinigt wird, muss bei Ihnen alles schief gehen."

Die Frau breitete verzweifelt die Hände aus.

„Was soll ich jetzt tun?"

„Wissen Sie, warum der Mensch, wenn er befürchtet, etwas heraufzubeschwören, ‚Gott bewahre!' sagt? Dieser Ausspruch ist ein Zeichen der Rückversicherung. Wenn Sie also ‚Gott bewahre!' sagen, beschwören Sie gewissermaßen das Glück und stellen damit Balance her.

Wenn Sie vor dem Essen beten, weisen Sie gleichsam irdisches Wohlergehen zurück, denn über das Essen kann man stark abhängig werden. Tun Sie das, was die Menschen früher getan haben. Wenn Sie sich freuen, danken Sie Gott dafür, d.h. widmen Sie immer das erste Gefühl der Freude Gott, dann werden Sie von nichts abhängig und Sie müssen nicht die Zerstörung alles Irdischen über sich ergehen lassen, um die Seele zu reinigen. Es fällt uns schwer zu glauben, dass Liebe, die zuerst zur Erde und dann zu Gott gerichtet ist, tötet. Sie bindet die Seele an die Erde und verstümmelt sie. Und alles beginnt mit einem geringfügigen Orientierungswechsel. Zu Liebe und Sympathie kommen unmerklich Hass und Kränkung dazu. Wir messen dem keine große Bedeutung bei, was ein Zeichen dafür ist, dass das Irdische auf dem Vormarsch ist."

In letzter Zeit habe ich festgestellt, dass mich die Patienten nicht mehr verstehen. Ich habe das erste Buch geschrieben, um mir die Verständigung mit den Patienten zu erleichtern, denn die Informationen waren ziemlich ungewöhnlich. Jedes Mal muss ich die Informationen in vereinfachter und verdichteter Form geben. Eine Patientin fragte mich beispielsweise:

„Ich habe ja verstanden, dass Kränkung, Hass und Eifersucht Schaden hervorrufen und man beten muss, damit der angerichtete Schaden beseitigt wird. Aber sagen Sie bitte, was ist denn Abhängigkeit vom Schicksal, wie kann man vom Schicksal abhängig werden?"

„Ich werde es Ihnen erklären. Sie haben Möbel, die Ihnen gefallen. Eine Wohnung, die Ihnen gefällt. Einen Wagen, der Ihnen gefällt. Das alles gehört der unbelebten Natur an. Sie haben ein Telefon, das Sie nervt und das Sie hassen. Wenn Sie sich emotional an ein gutes Auto binden, dann binden Sie sich auf der feinen Ebene an die gesamte unbelebte Natur. Wenn Sie das Telefon hassen, dann hassen Sie die gesamte unbelebte Natur. In Ihrem Leben gibt es Hunderte verschiedene Situationen, die mit Ihrem Körper verbunden sind. Alle diese Situationen vereinen

sich zum Begriff ‚Schicksal' und konzentrieren sich auf Ihren
Körper. Aber Sie haben nicht nur ein Schicksal auf der Erde,
sondern auch auf anderen Planeten und in anderen Welten. Es
gibt ein Schicksal höherer Ordnung, das mehr als neunundvierzig
verschiedene Verkörperungen in diesem Weltall und anderen
umfasst. Das Schicksal ist ein reales Wesen, aber nur auf Feldebene. Ich habe gesagt, dass wir uns durch Aggression ans Irdische binden. Ich möchte einige Beispiele anführen, wie man sich
ans Schicksal binden kann.

*Erstes Beispiel. Im Juni 1994 hielt ich einen Vortrag in Riga.
Ich nahm vor dem Mikrofon Platz, blickte in den Saal und begann mit dem Vortrag. In diesem Moment setzte sich eine Fliege
auf meine Nase, ich verscheuchte sie, da setzte sie sich aufs Mikrofon. Dann setzte sie sich erneut auf mein Gesicht. Ich versuchte, die Fragen der Zuhörer zu beantworten, doch die Fliege
belästigte mich hartnäckig und störte mich. Mehrmals versuchte ich, sie zu fangen, doch erfolglos. Die Zuhörer begannen zu
lachen, ich schließlich auch. Keine Situation ist zufällig. Ich
schaute auf der feinen Ebene, wodurch sie hervorgerufen wurde. Wie sich herausstellte, war bei mir eine starke Abhängigkeit
vom glücklichen Schicksal aufgekommen, das sogenannte ‚Al-
les-wird-gut-Gefühl'. Ich achtete nicht mehr auf die Fliege, begann zu beten und mich zu reinigen. Die Feldstruktur änderte
sich, die Fliege ließ von mir ab und setzte sich auf die Blumen
neben dem Mikrofon. Danach kroch sie während des ganzen
Vortrags auf dem Tisch herum und störte mein Wohlbefinden.*

*Zweites Beispiel. Wir waren in der Sauna, alle waren aus der
Dampfzone hinausgegangen, nur ich war zurückgeblieben. Ich
spürte auf einmal das Verlangen auszuspucken, überlegte es mir
aber: ‚Woher kommt dieses Verlangen?' Wie sich herausstellte,
war das ein Gesetzesverstoß und beruhte auf der Abhängigkeit
vom Schicksal, d.h. das Verlangen, das glückliche Schicksal über
die Liebe zu Gott zu stellen. Ganz nach dem Prinzip ‚Was inter-*

*essieren mich andere, Hauptsache mir geht es gut!' Der Mensch
lässt sich davon leiten, und anfangs verläuft bei ihm auch scheinbar alles gut. Doch mit den Jahren dringt das Programm in die
feinen Schichten der Seele ein, wo der Mensch nicht mit der Erde,
sondern mit dem gesamten Universum Umgang hat. Und hier
wird schon nicht mehr verziehen, sondern durch Zerstörung des
Schicksals geheilt.*

*Drittes Beispiel. Ein junger Mann hatte einen Unfall. Die Fol-
ge waren ein schweres Schädel-Hirn-Trauma, heftige Depres-
sionen, ständige Unannehmlichkeiten im Leben. Das alles beruhte auf der Abhängigkeit von einem glücklichen Schicksal, die
er aus dem früheren Leben übernommen hatte und die ihm von
seinen Eltern übergeben worden war. Von Kindheit an wurde er
durch Unannehmlichkeiten geheilt. Anfangs fühlte er sich gekränkt und verurteilte die Menschen, die ihm Unannehmlichkeiten bereiteten. Doch dann plagten ihn Verzweiflung und Depression, weil sich das Hassprogramm gegen ihn selbst richtete. Hass
wird vom Kopf erzeugt und durch eine Kopfverletzung blockiert,
deshalb erlitt er ein Schädel-Hirn-Trauma. Sein Leben kann nur
gerettet werden, wenn er Gott für jeden Schicksalsschlag, den
er erlitten hat, dankbar ist.*

Um nicht vom glücklichen Schicksal abhängig zu werden, sollten Sie vor allem eins beherzigen: Eine Methode, um das Karma
zu reinigen, ist, anderen zu helfen, und je selbstloser die Hilfe
ist, umso schneller reinigt sich das Karma, d.h. wird die Bindung zum irdischen Glück beseitigt.

*Viertes Beispiel. Als ich in Riga zu einem Vortrag unterwegs war,
sah ich eine Menschengruppe neben einem ausgebrannten Wagen, den die Wucht des Aufpralls gegen einen Mast in zwei Stük-
ke zerrissen hatte. Der Motor war fünfundzwanzig Meter weit
weggeflogen. Ich wurde nach der Unfallursache gefragt.*
   Ich betrachtete das Feld des Verunglückten. Dort gab es zwei

Abhängigkeiten – die Abhängigkeit von Selbstsucht und die Ab-
hängigkeit vom glücklichen Schicksal. Die Abhängigkeiten wa-
ren aus der Verachtung anderer Menschen und aus innerem
Hochmut entstanden."

Ich möchte noch von zwei Fällen berichten.

Eine Frau bat mich, Ihren Sohn zu betrachten. Seine Füße sind
verkrüppelt. Die Füße sind mit dem Schicksal verbunden, und
durch die Krankheit wurde die sehr starke Abhängigkeit vom
Schicksal blockiert. Seine Eltern hatten sich von denen gekränkt
gefühlt, die ihnen Schicksalsschläge versetzt hatten, und als die
Unannehmlichkeiten sich häuften, wollten Sie nicht mehr leben.
Und bei dem Jungen war die Abhängigkeit vom irdischen Glück
und glücklichem Schicksal so groß geworden, dass er ihm von
anderen Leuten und vom eigenen Schicksal zugefügte Unannehmlichkeiten nicht hätte akzeptieren können. Das heißt, er wird
sie in kleinen Dosen, aber ständig erhalten. Seine Krankheit
demütigt ihn in seinem Schicksal, wobei die Blockierung niemals in rigider Form erfolgt, sondern anfangs geringfügig ist,
wie in meinem Fall mit der Fliege.

Ein Patient aus Amerika erzählte mir eine etwas komische
Geschichte.

„Ich werde ständig von Pech verfolgt", sagte er. „Stellen Sie
sich vor, ich stehe mit meiner Frau an der Bushaltestelle. Der
Bus muss in fünf Minuten kommen, doch es vergehen fünf, zehn
und zwanzig Minuten, die wir auf ihn warten. ,Geh zur Seite,
sonst kommt der Bus nie.' Ich gehe von der Haltestelle weg, und
alles ist normal – der Bus nähert sich. Und das passiert mir oft.
Wenn ich im Laden an der Kasse anstehe, fällt die Kasse unmittelbar vor mir aus."

Ich betrachtete, was die Ursache war, und antwortete ihm:

„Sie sind ein Glückspilz. Ihre Abhängigkeit vom Schicksal liegt
über dem lebensgefährlichen Niveau, doch da Sie ein ethischer
und gütiger Mensch sind, wird Ihnen nicht mit der Peitsche, son-

dern über längere Zeit mit kleinen Nasenstübern Einhalt geboten. Ein harter und aggressiver Mensch erhält sehr schnell anstelle von Nasenstübern die Peitsche."

„Meine Tochter leidet an Epilepsie", erzählt die Frau. „Ich war
mit ihr bereits bei allen Professoren, doch ohne jeden Erfolg."

Ich betrachte die Feldstruktur des Mädchens. Seine Seele ist
an Geld und ein glückliches Schicksal gebunden. Die Folge ist
ein sehr starkes Selbstvernichtungsprogramm, das durch die
Epilepsie blockiert wird. Sie hat bereits jetzt schon keine Lust
mehr zu leben, obwohl die mit Geld und Wohlergehen zusam-
menhängenden Unannehmlichkeiten noch gar nicht eingesetzt
haben. Die Ursache für die gegen sich selbst gerichtete Aggression ist die Aggression der Mutter gegen andere Menschen.

„Hatten Sie viele mit Geld und Wohlergehen zusammenhän-
gende Unannehmlichkeiten?"

„Ja, natürlich", antwortet sie.

„Sie haben andere, von denen Sie darin gedemütigt wurden,
gehasst, verachtet und verurteilt."

„Ja."

„Ihre gegen andere Menschen angestaute Aggression hat sich
bei Ihrer Tochter gegen sie selbst gerichtet. Reinigen Sie Ihre
Seele und die Seele Ihrer Tochter, erklären Sie ihr, dass sie drei
Regeln einhalten soll. Erstens – wenn sie mit irdischen Gütern
reich bedacht ist und alles zum Besten steht, darf sie sich zu
anderen nicht verächtlich und hochmütig verhalten und Menschen, die das nicht besitzen, nicht durch Worte, Gedanken und
ihr Verhalten erniedrigen. Zweitens – sie darf andere Menschen,
durch die sie von Gott im Besitz von Geld und Wohlergehen
gedemütigt wird, nicht verurteilen, nicht verachten und sich von
ihnen nicht gekränkt fühlen. Drittens – sie darf sich nicht gekränkt fühlen und die ganze Welt verachten, wenn es ihr schlecht
geht. Mit einfachen Worten, sie soll beten, damit sie während
der Reinigung ihrer Seele durch körperliche und seelische Leiden die Liebe in sich nicht durch Worte, Gedanken und ihr Verhalten tötet."

„Sagen Sie, warum setzen Sie die Worte an erste Stelle, und danach die Gedanken? Der Gedanke ist doch primär."

„Das gesprochene Wort hat immer zwei Aspekte – das Wort als Ursache des Gedankens, und das Wort als Folge des Gedankens. In der Bibel heißt es: ‚Am Anfang war das Wort, und das Wort war bei Gott, und Gott war das Wort.'"

Ein Mann, dem ich einmal zufällig begegnete, fragte mich interessiert:

„Ich habe zwei Probleme: Ich selbst bin alkoholsüchtig, und meine Tochter kann auf einem Auge schlecht sehen. Woher kommt das?"

„Das hat ein und dieselbe Ursache – Ihre Seele ist von einem glücklichen Schicksal abhängig, d.h. wenn es für Sie am wichtigsten ist, Ihre Vorhaben zu realisieren, und Ihnen dabei alles andere egal ist, dann binden Sie sich ans eigene Wohlergehen. Wenn Sie das Schicksal anderer zerstören, damit es Ihnen besser geht, binden Sie sich doppelt. Sie haben anderen in früheren Leben Ungemach bereitet, in diesem Leben wurde Ihnen Ungemach bereitet, worauf Sie mit Verachtung reagierten. Verachtung verwandelt sich schnell in ein Selbstvernichtungsprogramm. Sie haben versucht, dieses Programm mit Alkohol zu blockieren. Und bei Ihrer Tochter ist das Selbstvernichtungsprogramm wesentlich stärker. Deshalb kommt es bei ihr entweder zu schwerer Drogensucht, Verstümmelung, Epilepsie und anderen Verletzungen der Hirnfunktion oder zu Beeinträchtigungen von Sehvermögen und Gehör. Das ist die erste Etappe der Blockierung des Selbstvernichtungsprogramms. Wenn Sie imstande sind, Ihre Tochter richtig zu erziehen und ihr das Gefühl zu vermitteln, dass alle Formen irdischen Glücks nur Mittel sind und dass das Gefühl der Liebe in der eigenen Seele und in den Seelen anderer Menschen heilig und unantastbar ist, dann werdet ihr beide keine Probleme mehr haben."

ANBETUNG DES GEISTIGEN VATERS

In letzter Zeit wurde immer deutlicher, welche Ursachen zu schwersten Krankheiten führen. Selbstsucht, die die rote Marke überschritten hat und traumatisierende Situationen hervorruft, und Missachtung der Befehle des Universums werden durch immer schwerere Krankheiten blockiert. Das geschieht, weil im letzten Jahrzehnt die Selbstsucht der Menschheit und die unterbewusste Aggression stark zugenommen haben.

Wir alle sind Passagiere eines Zuges, der nach Nirgendwo fährt. Die Seele wird dann stolz, wenn sie sich an die Erde bindet. Je feiner und ethischer das Irdische ist, umso leichter wird man von ihm abhängig. Deshalb sind die von mir als Irdisches der dritten Ebene bezeichneten Fähigkeiten, seelischen Eigenschaften, Weisheit und Schicksal eine unsichtbare, aber ständige Quelle, die die Selbstsucht speist. Ein Mensch, der versucht, das Irdische von sich zu stoßen, kann nicht begreifen, dass das ebenfalls irdischen Ursprungs ist.

Eine der gefährlichsten Abhängigkeiten ist die Abhängigkeit von der Weisheit. Das erste Glied ist hierbei der Vater. „Mein Papa ist der beste, der klügste, er ist allen anderen überlegen" – das ist der erste Schritt zur Krankheit. Durch Verachtung, Hochmut, Neid und Kränkung, die von dem Verlangen zeugen, das Irdische über die Liebe zu Gott zu stellen, binden wir uns an den Vater und seine Weisheit, und danach stellen wir auch unsere Weisheit über Gott.

Neulich betrachtete ich die Weltreligionen aus der Sicht ihrer Bindung ans Irdische. Wie sich herausstellte, wird von den Religionen die Abhängigkeit vom geistigen Vater und seiner Weisheit nicht blockiert. Das heißt, alle Religionen, die den Menschen zu Gott führen, haben gleichzeitig eine Untergrundströmung – eine immer stärkere Bindung an die Erde, die sich in letzter Zeit noch verstärkt hat. Allmählich begriff ich, was Sache

ist. Alle Religionen werden schwächer, um einem neuen Ab-
kömmling den Weg zu bereiten – einer Religion, die zur Wissenschaft wird, einem neuen Denken, in dem sich Wissenschaft und
Religion vereinen. Da die Abhängigkeit von Weisheit nicht blokkiert wird, muss sich in letzter Zeit die Tendenz des Diabolischen verstärken, denn der Teufel ist der Engel, der sich von
Gott Vater losgesagt und ihn der Unvernunft bezichtigt hat. Warum wird in der Religion die Orientierung auf Weisheit nicht blokkiert? Weil alle Religionen auf Glauben begründet sind. Der Glauben ist das Glied, das den Menschen mit dem verbindet, der die
Religion begründet hat, d.h. mit dem geistigen Vater. Deshalb
wird das Verlangen, den geistigen Vater über Gott zu stellen,
nicht blockiert. Und weil es auf Geistesebene nicht blockiert wird,
schreitet das Leben dagegen ein. Das Verlangen, den geistigen
Vater und seine Weisheit über Gott zu stellen, führt zwangsläufig zur Verurteilung des geistigen Vaters und seiner Weisheit.
Deshalb musste Judas Jesus Christus verraten. Und Christus
wusste und verstand, dass Judas nicht daran schuld war. Was
Christus nicht mit Worten ausdrücken konnte, vermittelte er durch
die Situation. Die Situation zeigte, dass die gegen den geistigen
Vater erhobene Beschuldigung, sich unvernünftig zu verhalten,
auf dem verborgenen Verlangen beruht, den geistigen Vater und
seine Weisheit über Gott zu stellen, und das führt zu Verrat und
Tod. Es ist daher nicht zufällig, dass sich Judas aufgehängt hat.
Die in der Bibel enthaltene Information führt zu einer indirekten
Blockierung einer äußerst gefährlichen Tendenz – des Verlangens, den geistigen Vater und seine Weisheit über Gott zu stellen. Christus sagte: „Nur über mich kommt ihr zu meinem Vater." Über den geistigen Vater erhalten wir Kontakt zum Göttlichen. Es ist schwierig, Vater und Mutter hintenan hinter Gott zu
stellen, noch schwieriger fällt das beim geistigen Vater. Indem
eine Religion diejenigen verurteilt, die nicht an die von ihrem
Begründer verbreiteten Lehren glauben, bindet sie sich immer
stärker an ihn und seine Weisheit.

In den letzten Jahrzehnten haben die Abhängigkeit der Menschheit von Selbstsucht und Weisheit sowie das Verlangen, den geistigen Vater über Gott zu stellen, stark zugenommen. Es ist sehr schwer zu verstehen, dass meine Weisheit, meine Weltsicht und mein Verstand nicht mir gehören. Sie wurden mir nur gegeben und werden mir genommen. Deshalb besteht dieser Zusammenhang: Weisheit, Familie, Geld, Wohlergehen und Schicksal werden durch Epilepsie, Schizophrenie, Diabetes, Asthma, onkologische und kardiovaskuläre Krankheiten blockiert.

Diese Gedanken gehen mir durch den Kopf, während ich den vor mir sitzenden Jungen betrachte. Er hat einen schmächtigen Körper und große blaue Augen. Er ähnelt mehr einem Engel als einem Kind. Er hat ein Sarkom. Vor kurzem habe ich versucht, ein Mädchen mit derselben Krankheit zu heilen, doch es ist gestorben. Ich hatte schon oft Misserfolge. Entweder ist mein Niveau noch zu gering, die Eltern verstehen etwas nicht und wollen nicht an sich arbeiten, dem Kranken steht eine Wiedergeburt an einem anderen Ort auf einem anderen Planeten bevor, oder er hat im früheren Leben etwas begangen, was allein durch Krankheit und Tod abgearbeitet werden muss. Ich versuche zu erkennen, was ich ändern kann. Für mich ist es wichtig, die Ursache der Krankheit zu verstehen. Ich betrachte das Feld des Jungen und sehe deutlich die Todeshieroglyphen vieler Menschen in seinem Feld. In der Seele des Jungen ist eine sehr starke Aggression gegen die Menschen. Er wird dazu bereit sein, sie bei geringster Kränkung zu töten. Wenn eine sehr starke Aggression vorhanden ist, weist das auf eine starke Abhängigkeit der Seele vom Irdischen hin.

„Sehen Sie", erkläre ich den Eltern, „unterbewusste Aggression über 220 Einheiten ist für das Universum gefährlich. Das heißt, wenn die unterbewusste Aggression über diesem Wert liegt, muss der Mensch vernichtet oder diese Aggression rigide blockiert werden. Bei Ihnen", sage ich zu der Mutter, „beträgt die unterbewusste Aggression 200 Einheiten, bei Ihrem Mann – 210, d.h. sie ist nahe dem Grenzwert. Und bei Kindern wird unser

Böses und Gutes verstärkt. Bei Ihrem Sohn umfasst die unterbewusste Aggression 560 Einheiten, was den Tod oder eine rigide Blockierung nach sich zieht. Ich will es auf andere Weise erklären. Jeder Befehl des Organismus beeinträchtigt die Eigeninteressen der Zelle und traumatisiert sie in der Gegenwart, doch in der Perspektive dient er dem Wohl der Zelle. Ich wiederhole immer wieder, dass die Zelle gesund ist, wenn sie die meisten Befehle des Organismus akzeptiert und erfüllt. Wenn es weniger als 50 % sind, beginnt sie, dem Organismus zu schaden, und wird daher krank, und bei weniger als 5 % muss sie vernichtet werden. Gegenwärtig, während wir uns unterhalten, ändert sich Ihre Weltsicht und tritt eine Besserung ein. Wir wollen einmal betrachten, wie der Zustand heute früh war: Ihre Bereitschaft, eine traumatisierende Situation zu akzeptieren, betrug 5 %", wende ich mich an die Mutter. „Und bei Ihnen waren es ebenfalls 5 %", sage ich zu dem Vater. „Und bei Ihrem Sohn waren es minus 100 %. Das bedeutet, dass die Zelle sich nicht nur weigert, Befehle entgegenzunehmen, sondern versucht, sich den ganzen Organismus unterzuordnen, d.h. sie ist bestrebt, die Umwelt zu verderben. Um die Seele zu reinigen, wird dieser Prozess auf den Körper übertragen.

Erhöhte Aggression in der Seele ist das Ergebnis sehr starker Bindung an die Erde. Bei Ihnen beiden ist die Seele an den Körper gebunden, d.h. von Selbstsucht, Weisheit, Geld, materiellen Gütern und einem glücklichen Schicksal abhängig. Das bedeutet, dass völlig unmotiviert Menschen Ihnen Schicksalsschläge versetzen, Sie in Besitz von Geld und materiellen Gütern, Weisheit und Selbstsucht demütigen mussten. Da Sie aber nicht verstanden haben, dass das die schonendste Form der Reinigung ist, haben Sie darauf mit großem Hass, Kränkung und Verurteilung reagiert. Der konzentrierte Hass und die Kränkungen sind nicht verflüchtet, sondern in die Tiefe der Seele gelangt, haben sich verstärkt und sind auf den Sohn übergegangen. Deshalb ist er krank. Er hat solche Eltern erhalten, weil er im früheren Leben ein herrliches Schicksal und materielle Güter hatte und ein

sehr kluger Mensch war. Er begann, dumme und unvollkommene Menschen und jene zu verachten, die ihr Schicksal durch falsches Verhalten zerstörten. Seine Seele war davon derart abhängig, dass er in diesem Leben alles verlieren muss, um sich zu
reinigen. Deshalb wird ihm eine langwierige, quälende Krankheit gegeben.

Je langsamer die Seele von der Erde losgelöst wird, umso mehr
Chancen hat sie, sich zu reinigen. Wir werden nicht nur krank,
wir altern auch mit diesem Ziel. Was müssen Sie also tun, um
sich zu reinigen? Sie müssen jegliche Verurteilung Ihrer Eltern,
besonders der Väter, was Weisheit betrifft, beseitigen. Bitten Sie
Gott um Vergebung dafür, dass Sie Ihre Weisheit und die Weisheit der Eltern über die Liebe zu Gott gestellt haben. Überdenken Sie das ganze Leben und die Haltung zu jeder Situation.
Kränkungen, Neid, Bedauern und Verurteilung, die mit Unver-
ständnis der Welt verbunden sind, haben Sie von Weisheit abhängig gemacht. Überdenken Sie zuerst wiederholt Ihr Leben,
erheben Sie sich über das Verlangen, Ihre Weisheit und seelischen Eigenschaften über die Liebe zu Gott zu stellen. Beseitigen Sie danach die Aggression, die Bindung an materielle Güter
und ein glückliches Schicksal. Bitten Sie um Vergebung dafür,
dass die Liebe zum Irdischen bei Ihnen größer als zu Gott ist,
dass Sie sie Ihren Nachkommen bis ins siebzehnte Glied übergeben haben. Bitten Sie um Vergebung dafür, dass Sie die Reinigung, bei der Sie gedemütigt, gekränkt und betrogen wurden,
nicht akzeptiert, sondern darauf mit Hass, Verurteilung und Kränkung reagiert haben, und dafür, dass Sie das Ihren Nachkommen
übergeben haben, und für den Schaden, den Sie ihnen damit
zugefügt haben. Der Junge muss beten und Gott mehr als alles
auf der Erde lieben. Der Junge muss wissen, dass die ganze Welt
vernünftig ist und alles, was geschieht und wie es auch aussieht,
als gottgegeben akzeptiert werden muss."

„Sagen Sie, wie viel Prozent Erfolgsaussicht haben wir?"

„Diese Frage müssen Sie sich selbst stellen. Jetzt hängt alles
von Ihnen ab."

Als sie am nächsten Tag zu mir kommen, hat sich das Feld des Jungen wesentlich gebessert. Es gibt jedoch noch zwei starke Schichten. Das sind die Bindung ans Irdische über die gegen die Eltern gerichteten Vorwürfe und das Karma der Seelen der künftigen Nachkommen. Ich sage, dass sie beten müssen, um die Seele davon zu reinigen. Später erzählte man mir, dass die Mutter mit Tränen in den Augen gefragt habe: „Kann das denn wirklich helfen?"

Während der Diagnostik habe ich eine sehr wichtige Feststellung gemacht, die mir half zu verstehen, warum viele Krankheiten unheilbar sind. Während ich mit den Eltern sprach, wurde das Feld des Jungen rein, und die Abhängigkeiten wurden praktisch beseitigt. Doch mir war bewusst, dass Dutzende Abhängigkeiten analysiert werden müssen. Als ich den Parameter des Erfülltseins mit Liebe betrachtete, sah ich, dass er bei dem Jungen krampfhaft nach oben strebte und dabei nach unten abstürzte. Etwas, das sehr stark war, hielt ihn zurück. Ich betrachtete es genauer – das waren seine Nachkommen in der Gesellschaft und in der Menschheit. Es war seltsam, doch der Junge war gewissermaßen mit dem Karma der Gesellschaft und der Menschheit eng verbunden. Um ihn zu heilen, müssten die Gesellschaft und die Menschheit geheilt werden, d.h. er war praktisch unheilbar.

Die Ursache lag beim Vater. Ich erinnerte mich an das Prinzip der Abhängigkeit vom Irdischen: Alles, was wir verurteilen, macht uns abhängig. Wenn der Vater oder die Mutter die Gesellschaft oder die Menschheit verurteilt, dann binden sie ihre Nachkommen an das Karma der Gesellschaft und der Menschheit, und die Nachkommen arbeiten dann nicht nur ihr Karma, sondern auch die Sünden der ganzen Menschheit ab. Ich habe festgestellt, dass diese Tendenz eine der Hauptursachen der Hämophilie ist. Wenn ein Mensch einen anderen verurteilt, dann ist das eine Aggressionseinheit; wenn er eine Menschengruppe oder eine Gesellschaft verurteilt, dann sind das Tausende Einheiten; wenn er aber die Menschheit für unvollkommen und sündig hält, dann ist das noch gefährlicher. Die Verurteilung jeder Gruppe von Menschen, ob es sich nun um Homosexuelle, Drogensüchtige, Verbrecher, Religionsgemeinschaften, andere Völker und Staaten handelt, führt zur Entfachung von Hass bei den Nachkommen und wird vom Universum hart blockiert.

Kinder, die auf die Vernichtung der Gesellschaft und der Menschheit programmiert sind, haben gewöhnlich keine Überlebenschancen. Neulich erlebte ich eine paradoxe Situation zu diesem Thema. Ich wurde gebeten, eine Frau zu empfangen, die vor kurzem einen größeren Geldbetrag dafür bezahlt hatte, damit ihr Hund geheilt wurde. In der Sprechstunde erklärte ich ihr, dass sie, indem sie dem Hund das Leben gerettet hatte, ihr Leben rettete, denn sie hatte ein starkes, gegen Männer gerichtetes Vernichtungsprogramm, das jedoch zuerst den Hund traf. Er hatte nur eine Überlebenschance von zwei bis drei Prozent, doch sie versuchte trotzdem, ihn zu retten, und damit blockierte sie ihre Aggressionsprogramme.

Die nächsten Patienten in der Sprechstunde waren Eltern, deren Sohn an einer schwerer Blutkrankheit litt. Als ich sein Feld betrachtete, war ich überrascht. Es war schlimmer, als jede onkologische Krankheit hervorrufen könnte. Am meisten wunderte ich mich darüber, dass das Schicksal der Gesellschaft und der Menschheit Ursache seiner Krankheit war, d.h. von ihnen kam die Krankheit, weil in seiner Seele ein starkes, gegen eine Menschengruppe und die gesamte Menschheit gerichtetes Vernichtungsprogramm war. Bei dieser Sachlage wären, wenn ich die Heilung des Jungen übernommen hätte, meine Überlebenschancen gering gewesen. Ich wollte also den Fall nicht behandeln, war zu dieser Zeit einfach nicht dazu fähig. Deshalb beschloss ich, mich davor zu drücken. Ich nannte den Eltern ein Mindesthonorar für die Behandlung, das etwas über dem lag, was die Frau für die Heilung ihres Hundes ausgegeben hatte, und sagte, dass die Erfolgsaussichten nur 20 % betragen. Die Eltern antworteten, dass sie es sich im Korridor überlegen wollten, und verschwanden klammheimlich.

Ich war über das Verhalten der Eltern des kranken Jungen etwas verwundert, doch begriff ich später, dass sie daran nicht schuld waren. Ich durfte offensichtlich dieses Kind nicht heilen, daher diese „Rückversicherung".

Auf die neue Diagnostikmethode und neue Parameter stieß ich, als ich mich in einer unlösbaren Situation befand. Hier war ich gezwungen, entweder aufzugeben, dem Kranken zu helfen, oder neue geistesseherische Instrumente zu entwickeln.

Erst vor kurzem glückte mir die Lösung eines wichtigen Problems. Für mich war rätselhaft, warum in dem einen Fall eine starke Besserung eintritt, in dem anderen Fall bei gleicher Erkrankung der Effekt aber minimal ist. Danach stellte ich fest, dass das mit dem gegen den Vater gerichteten Vernichtungsprogramm verbunden ist. Auf Energieebene bin ich für den Patienten der geistige Vater, und das Aggressionsprogramm gegen den Vater wird entweder zurückgegeben und bereitet dem Patienten physische Leiden, oder mein Feld wird blockiert und meine Bemühungen sind ohne Effekt. Wie sich herausstellt, findet der Mensch neben seinen persönlichen Bemühungen auch Unterstützung in meinen Feldstrukturen.

Vor mir sitzt ein junges Mädchen, von dessen Problemen ich bereits berichtet habe. Das Verlangen, Arbeit, Prestige und ein glückliches Schicksal über Gott zu stellen, aktiviert ein gegen die eigenen Kinder gerichtetes Vernichtungsprogramm. Ich habe ihm erklärt, wie man beten und was getan werden muss, damit eine Besserung eintritt, doch sie ist bisher nicht erfolgt. Das heißt, es gibt noch eine weitere tief liegende Ursache, die ich nicht erschließen kann. Wenn mir das nicht gelingt, wird alles ergebnislos sein. Ich betrachte erneut die Feldstrukturen und sehe ein sehr starkes, gegen die Kinder gerichtetes Vernichtungsprogramm. Das zwingt mich zum Nachdenken. Hierzu einige abschweifende Bemerkungen.

Viele wollen meine Methode erlernen. Die Erwägungen sind folgendermaßen: „Er lehrt mich, in die Informationsfelder ein-

zudringen und die Strukturen zu sehen, die auf das Schicksal und Krankheiten einwirken. Ich werde dorthin vordringen, Wissen und Weisheit erhalten und beginnen zu heilen." Doch es verhält sich so, dass ich auf der feinen Ebene dann zu sehen beginne, wenn ich zu verstehen beginne. Die Besonderheit meiner Methode besteht darin, dass es bei ihr wichtiger ist, zu verstehen als zu sehen. Zu den feinen Strukturen vorzustoßen und sie zu sehen – das sind fünf Prozent, doch fünfundneunzig Prozent macht die ununterbrochene Arbeit, sie zu verstehen, aus. Die Konzeptionen, mit denen ich zu den Informationsfeldern vordringe, ermöglichen, eine Auswahl zu treffen und Kräfte zu sparen. Ich möchte erklären, wie ich den Mechanismus, die Strukturen zu verstehen, aufdeckte.

Gehen wir von der Anwendung des dritten Newton'schen Axioms „Wirkung = Gegenwirkung" auf einen Stein aus. Im lebenden Organismus verlaufen diese Prozesse etwas anders. Die mechanische Erregung verwandelt sich in Nervenerregung. Die Antwort darauf erfolgt erst ein wenig später. Je größer die Zeitspanne zwischen der Erregung und der Reaktion ist und je schwächer die äußere Reaktion ist, desto mehr physische Energie geht in Nervenenergie über. Von Kindheit an war bei mir der Wunsch, das Geschehen zu verarbeiten und zu erschließen, stärker als der Wunsch, eine Antwort auf die Situation zu geben. Seit dem zehnten Lebensjahr war ich diesbezüglich gehemmt, und wenn man mich schlug, konnte ich mich nicht verteidigen. Die ganze Energie, die beim Zusammenwirken mit der Außenwelt entsteht, habe ich bewusst nicht nach außen, sondern nach innen gerichtet. Ich hatte immer weniger emotionalen Kontakt zur Umwelt, und immer stärker wurde mein Wunsch, die Welt zu verstehen und zu begreifen. Gewöhnlich hört die innere Einkehr einmal auf und der Mensch beginnt wieder, auf die Außenwelt zu reagieren. Doch dieser innerliche Zustand gefiel mir so, dass ich beschloss, darauf nicht zu verzichten. Da war nur das Problem der Reaktion auf die Außenwelt. Es konnte nur einen Ausweg geben – gleichzeitig unter beiden Bedingungen zu arbeiten.

Kommen wir auf meine Patientin zurück. Die Abhängigkeit von Image, Arbeit und Schicksal wird nicht beseitigt, ebenso wenig das gegen die Kinder gerichtete Vernichtungsprogramm. Hier haben wir es also mit einem Folgeglied zu tun, das vorhergehende Glied muss gefunden werden. Ich versuche, nach einem seit kurzem angewendeten Schema vorzugehen, und erkläre:

„Die erhöhte Abhängigkeit vom Irdischen führt zu Aggression und Krankheit. Doch allen Abhängigkeiten auf der Erde liegt ein erstes Hauptglied zugrunde - das sind Vater und Mutter. Von ihnen hängt das Leben des Kindes und seine Existenz ab. Die Versuchung, Vater und Mutter über Gott zu stellen, ist am größten. Daher hat Christus in dem Hauptgebot dieser Tendenz einen Riegel vorgeschoben: ‚Du sollst Gott mehr als Vater, Mutter und deinen Sohn lieben.' Wenn ich den Vater über Gott stelle, dann stelle ich mich selbst über Gott, denn ich bin ein Teil von ihm, d.h. ich stelle meine Kinder, den geliebten Menschen, die Frau, das Haus, in dem die Familie lebt, den Wagen und die Datsche ebenfalls über Gott. Die Bindung an die Erde entsteht dadurch, dass die Liebe zu Vater und Mutter stärker als die Liebe zu Gott ist. Wenn ich den Vater über Gott stelle, dann muss er, um diese gefährliche Tendenz zu unterdrücken, mich kränken, beleidigen und sich von mir trennen. Wenn ich in diesem Leben den Vater verehre, dann erhalte ich im nächsten Leben denselben Vater, aber dann als Schurken, Schuft und Säufer, d.h. als einen Menschen, der sich nicht verehrenswert verhält. Wenn ich nicht verurteilt, übel genommen und verachtet habe, dann habe ich mich gereinigt und das erste Glied der Bindung an das Irdische beseitigt. Wenn ich jedoch verurteilt, gehasst und übel genommen habe, dann habe ich das Programm der Bindung an die Erde aktiviert und bin nunmehr noch stärker an die Erde gebunden. Ich werde dann von ihr durch Krankheiten, Traumata und Unglücksfälle getrennt. Unsere Krankheiten beginnen damit, dass wir unsere Eltern verurteilen und ihnen etwas übel nehmen."

„Sagen Sie, ist es ebenso gefährlich, der Mutter wie dem Vater übel zu nehmen?"

„Wenn Sie der Mutter übel nehmen, ist Ihre unterbewusste Aggression geringer, weil die Mutter Sie geboren und mit ihrer Brust ernährt hat. Der Vorrat an Liebe und Güte lässt nicht zu, dass die Kränkung ins Innere eindringt. Der Vater ist auf physischer Ebene weiter entfernt, doch auf Geistesebene steht er näher, deshalb sind Kränkungen und Verurteilung des Vaters weitaus gefährlicher, und Verachtung und Hochmut gegenüber dem Vater wegen seiner seelischen Eigenschaften oder Weisheit führen zu sehr starker Bindung an die Erde. Die Abhängigkeit von Weisheit wird bei Kindern durch Schizophrenie, Schwachsinn, Epilepsie und onkologische Krankheiten blockiert. Der Teufel ist der Engel, der sich von Gott losgesagt hat, indem er glaubte, dass dieser die Welt unvernünftig eingerichtet hat, d.h. er hat seine Weisheit über die Weisheit von Gott gestellt.

In Ihrer Sippe", wende ich mich an die junge Frau, „haben die Frauen in drei Generationen das Verlangen, den Vater über Gott zu stellen und eine Reinigung in Form von Demütigungen und Kränkungen, die von ihm ausgehen, nicht zu akzeptieren. Das ist auch die Hauptquelle Ihrer Bindung an die Erde."

„Meine Mutter fühlte sich durch ihren Vater sehr gekränkt, an meinen Vater erinnere ich mich nicht. Was soll ich nun tun?"

„Ihre Mutter fühlte sich nicht nur durch ihren Vater, sondern während der Schwangerschaft auch durch ihren Mann gekränkt, dafür muss sie um Vergebung bitten. Und bei Ihnen hat sich das gegen den Vater gerichtete Vernichtungsprogramm aktiviert, als Sie anderen übel nahmen. Es ist so, dass Ihr Lehrer oder Ihr Chef am Arbeitplatz für Sie auf dem Energiefeld der geistige Vater sein kann, und dass das Programm aktiviert wird, wenn Sie sich von ihnen gekränkt fühlen. Weiter: Im Jahr 1990 wurde Ihnen die Gelegenheit gegeben, das Programm zu beseitigen. Sie haben die Prüfung nicht bestanden, deshalb sind Sie jetzt krank."

„Ja, ich erinnere mich", nickt die junge Frau. „Ich habe mich von meinem Freund getrennt."

„Sehen Sie", erkläre ich. „Wenn der geliebte Mensch starken Kontakt zu Gott hat, ist er auf dem Energiefeld der geistige Vater. Es ist so, dass das Programm der Vernichtung des geistigen Vaters ein gegen den Mann und die eigenen Kinder gerichtetes Vernichtungsprogramm ist. Stellen Sie sich vor, ich hasse meinen Vater, und meine Frau ist schwanger. Das heißt, ich bin Vater, und mein eigenes Programm wird mich töten. Der Mann ist während der Schwangerschaft gleichzeitig auch Vater. Daher ist die innerlich empfundene Kränkung durch den Mann ein gegen den Vater, den Mann und die eigenen Kinder gerichtetes Vernichtungsprogramm. Wenn Sie die Prüfung bestanden und nicht Aggression gegen ihn und sich selbst bekundet hätten, hätten Sie das gegen den Vater und die eigenen Kinder gerichtete Vernichtungsprogramm beseitigt. Da Sie die Prüfung nicht bestanden haben, haben Sie nicht nur dieses Programm bewahrt, sondern auch noch die Seelen der Nachkommen bis ins siebte Glied verunreinigt. Nun müssen Sie nicht nur für sich und Ihre Vorfahren auf weiblicher Linie, sondern auch für alle Nachkommen beten."

„Sagen Sie", fragt die junge Frau. „Sie erklärten, dass ich ein gegen die Kinder gerichtetes Vernichtungsprogramm wegen Abhängigkeit von Arbeit und Image habe. Jetzt sagen Sie, dass das Programm mit der Kränkung durch den Vater verbunden ist. Wie ist das zu verstehen?"

„Erstens, in beiden Fällen handelt es sich um Lossagung von Gott, d.h. Lossagung von den künftigen Kindern. Zweitens, Ihr glückliches Schicksal in früheren Leben, die Stellung in der Gesellschaft, Arbeit und Fähigkeiten hatten Sie vom Vater, und alle diese Glieder sind bei Ihnen miteinander verbunden. Wenn Sie an einem Glied ziehen, folgen die anderen nach."

„Und wenn ich in dem nahe stehenden Menschen Gott liebe?"

„Alles Irdische ist ebenfalls Teil des Göttlichen, auch die Krebszelle ist Teil des Organismus, nur in ihr sind die Prioritäten vertauscht. Christus hat deshalb gesagt, dass er gekommen ist, um Bruder und Schwester, Mann und Frau zu trennen. Es ist äußerst schwer, ohne neues Denken im Menschen gleichzeitig sowohl das Irdische als auch das Göttliche zu sehen, etwas trägt immer den Sieg davon – entweder das Irdische oder das Göttliche."

Bei dem Leser kann der Eindruck entstehen, dass ich ruhig und gelassen Informationen empfange. Das ist nicht der Fall. Neue Informationen kann ich nur erhalten, wenn ich Prüfungen bestanden habe.

Einmal bat mich eine Bekannte um Rat, die große Schulden hatte. Ich erklärte ihr, dass sie von einem glücklichen Schicksal und von Geld abhängig sei, deshalb befinde sie sich in dieser schwierigen Situation. Sie bat mich, ihr zu helfen, und dazu musste ich mich finanziell und in meinem Wohlbefinden einschränken. Äußerlich nahm ich das gelassen hin, doch innerlich regte sich bei mir Unbehagen.

Es verging eine gewisse Zeit, und ich begriff ein weiteres Mal, was der Mechanismus des Karmas ist. Wie sich herausstellte, hatte ich dieselben Abhängigkeiten, nur waren sie tief im Innern und traten erst zutage, als ich mich bewusst entschloss, mich in Besitz von Geld und glücklichem Schicksal zu demütigen. Wenn man um Hilfe gebeten wird, geschieht das nicht zufällig: Wenn man materiellen Reichtum weggibt, erhält man dafür geistigen Reichtum.

Nachdem ich mich gereinigt hatte, glaubte ich, dass nun ihre Angelegenheiten in Ordnung kommen, denn mein Feld war gewissermaßen für sie ein Stützpunkt, um nach oben zu streben. Doch die Situation änderte sich nicht, sie hatte nach wie vor Unannehmlichkeiten.

„Ihr Feld ist von meinem Feld isoliert, und es fällt Ihnen schwer, nach oben zu kommen, weil Sie ein gegen den geistigen Vater gerichtetes Vernichtungsprogramm haben. Und auf dem Energiefeld bin ich für Sie der geistige Vater. Wenn Sie den Vater oder den verehrten Menschen verurteilt haben, dann kehrt das gegen den Vater oder geistigen Vater gerichtete Vernichtungsprogramm entweder zurück und fügt Ihnen Schaden zu, oder die Felder werden isoliert. Für mich ist es dann wesentlich schwieriger, Ihnen zu helfen. Im Jahr 1962 wurde bei Ihnen das Programm der Vernichtung des geistigen Vaters und des Mannes aktiviert. Ihr Mann war für Sie gleichzeitig auch geistiger Vater."

„Wie kommen Sie darauf", winkte die Frau ab. „Er war ein Säufer, wie kann er da geistiger Vater sein?"

„Das ist kein Merkmal, ein Säufer ist oft ethischer veranlagt als ein Antialkoholiker. Er hat deshalb getrunken, weil er die geliebte Frau und die Beziehung zu ihr über Gott gestellt hat, und als die Beziehung zerbrach, wollte er nicht mehr leben. Das Selbstvernichtungsprogramm wurde durch seine Trunkenheit blockiert."

„Ja", nickte die Frau. „Er sagte, dass nur ich ihn retten kann. Ich habe ihm viele Jahre Halt gegeben, bis ich nicht mehr konnte."

„Sehen Sie, wie das zusammenhängt", erklärte ich ihr. „In früheren Leben besaß er großen Verstand, hatte sehr viel Geld und ein hervorragendes Schicksal. Sie waren darauf stark orientiert, haben seine Weisheit und alles, was mit ihm verbunden war, über die Liebe zu Gott gestellt. Sie haben auch Ihre Weisheit und materielle Lage über die Liebe zu Gott gestellt. Um Sie zu retten und zu reinigen, wird gerade er in dieser Situation, allerdings bereits in Geld, Weisheit und glücklichem Schicksal gedemütigt, Ihnen zum Mann gegeben. Wenn Sie ihn gerettet hätten, hätten Sie sich gerettet, doch das wussten Sie nicht. Sie haben ihm im täglichen Leben Halt gegeben, doch innerlich haben Sie ihn verachtet. Indem Sie Ihren Mann verachteten und mit der Situation unzufrieden waren, haben Sie Ihre Seele an ein glückliches Schicksal und an Geld gebunden. 30 Jahre später müssen Sie dafür bezahlen, und sehr teuer. Für die Gesundheit ist es gefährlich, Unvollkommenes zu verurteilen. Beten Sie und überdenken Sie das ganze Leben, dann verbessern sich Ihre Chancen, alle Probleme zu lösen."

Nach der Sprechstunde ging ich noch spazieren und dachte darüber nach, was mit einem Menschen passiert, der wegen Weisheit, Geld und glücklichem Schicksal den Vater verachtet. Ich erinnerte mich daran, was in der Bibel dazu gesagt wird, und in diesem Moment wurde mir die Situation mit der Kreuzigung von Jesus Christus klar. Das erste Glied ist die Lossagung von Gott und die Bindung an die Erde: Es besteht das Verlangen, den Vater über Gott zu stellen, die Liebe zur eigenen Weisheit, zu materiellen Gütern und glücklichem Schicksal über die Liebe zu Gott zu stellen. Um uns zu reinigen, erhalten wir im nächsten Leben einen Vater, der in Weisheit, Geld und glücklichem Schicksal gedemütigt ist. Wenn wir ihn nicht verraten, uns nicht von ihm lossagen und ihn nicht verurteilen, wird unsere Seele gereinigt und der Kontakt zu Gott verstärkt. Wenn wir uns lossagen, dann sagen wir uns auch von Gott los, und das werden wir mit Traumata, Krankheiten und Tod büßen.

Jesus Christus sollte nicht nur Informationen, welche die strategische Orientierung des Menschen bestimmen, geben. Er sollte die Menschheit von der Bindung an das Irdische und der verstärkten Abhängigkeit davon befreien. Das konnte erreicht werden, indem alles Irdische, das in ihm war, vernichtet wurde. Er musste physisch gedemütigt werden, und er wurde gekreuzigt; er musste in Weisheit, Geld und glücklichem Schicksal gedemütigt werden, und ihm wurde alles genommen. Das blockierte die Abhängigkeit von irdischem Glück und machte die Information ungefährlich. Doch das war noch zu wenig, es musste noch ein Beispiel für richtiges Verhalten in seiner Lage gegeben werden. Judas verurteilte Jesus, weil er mit Weisheit und Geld falsch umging (die Szene mit dem Mais). Deshalb hing seine Seele an Geld und Weisheit, und schließlich beging er Selbstmord. Christus verstand, dass daran nicht Judas schuld war, sondern die unvollkommene Wahrnehmung der Welt. Petrus verleugnete aus Gründen persönlichen Wohlergehens Christus dreimal und sühnte das mit seiner eigenen Kreuzigung. In der fernöstlichen Philosophie wurde Erhöhung des Geistes durch Vernichtung des Irdischen erreicht. Im Christentum trat an die Stelle von Größe und Macht des Geistes und der physischen Möglichkeiten, die Jesus Christus offenbart hat, die starke Erniedrigung alles Irdischen. Dadurch wurde verhindert, die Größe des Geistes mit physischer Größe gleichzusetzen und dadurch die Entwicklung abzubrechen.

Wenn das Irdische zerstört wird, ergeben sich für einen Menschen, der das Schwergewicht auf dieses Irdische gesetzt hat, zwei Motivationen – entweder sich noch stärker an das Zerfallende zu klammern und Aggression zu entfalten, oder davon abzulassen und zu Gott zu streben. Und seine Zukunft und die Zukunft seiner Kinder hängen davon ab, wie er sich entscheidet.

Mit meinen Patienten rede ich hart, manchmal grob. Bei mir ist das Programm des geistigen Vaters noch nicht beseitigt, deshalb können sie sich, wenn ich sie nicht von mir wegstoße, an mich ebenso wie an alles Irdische binden. Die Versuchung, sich an mich zu binden und mich über Gott zu stellen, ist vielfach stärker und deshalb vielfach gefährlicher. Ich bin Gott für die Menschen dankbar, die sich von mir abwenden und von mir enttäuscht sind.

Es ist sehr schwierig, seinen Retter nicht anzubeten. Es ist auch schwer zu begreifen, dass er nur Ausführender ist, über den die Rettung erfolgt. Wenn ich mich grob verhalte, der Patient mich aber nicht verurteilt, dann weiß ich, dass er sich hochrappeln wird. Ich hoffe, dass sich mein System so gestalten wird, dass ich nicht zu verschiedenen Praktiken und Finten greifen muss, um den Menschen zu retten.

Die nächste Patientin hat ein außergewöhnliches Problem – Spaltung der Persönlichkeit. Ich betrachte ihr Feld und sehe starke Zeichen der Anbetung des anderen Menschen. Das Verlangen, den geistigen Vater über Gott zu stellen, ist sehr stark. Doch hiermit habe ich es erstmalig zu tun. Anbetung des eigenen Vaters als geistigen Vater, an den sich unsere Seele bindet, weil der Mensch Teil von ihm ist, ruft eigene Anbetung hervor. Wenn ich den Vater und geistigen Vater über Gott stelle, entsteht automatisch die Tendenz, sich über Gott zu stellen. Die Selbstsucht nimmt stark zu und kommt als Ablehnung der traumatisierenden Situation – des Willens des Schöpfers – zum Ausdruck. Wenn der normale Grenzwert überschritten wird, kommt es zu Aggression und mit ihr zu Problemen. Bei dieser Frau werden künftige

Krankheiten und der Tod durch Persönlichkeitsspaltung, die die Selbstsucht demütigt, blockiert. Ich muss klären, woher diese Anbetung des geistigen Vaters herrührt.

Wie sich herausstellt, war die Frau vor zwei Jahren Mitglied einer esoterischen Schule, die der Lehre eines vor mehr als hundert Jahren verstorbenen Denkers folgte. Ich betrachte ihre Geistesstrukturen. Das Feld ist unzureichend rein. Das ist übrigens ein Mangel bei allen, die Zugang zu höherem Wissen und zu Lehrmeistern aus anderen Welten erhalten. Da entsteht das Verlangen, die Liebe zum Lehrer, zur Quelle der Information, über die Liebe zu Gott zu stellen. Das ist schwer zu überwinden. Ich betrachte das Feld der Mitglieder dieser Schule und sehe große Probleme. Die Frau bestätigt meine Informationen.

„Ja, ich habe die Schule verlassen. Die Menschen begannen, in Widerspruch zu ihren Worten zu handeln."

Jetzt wird auch verständlich, warum viele esoterische Schulen entstehen und schnell wieder zugrunde gehen. Das strategische Lebenspotential der Gruppe wird von der Reinheit der Geistesstrukturen ihres Begründers bestimmt. Je wertvoller die Informationen, die der Mensch erhält, sind, umso größer ist bei ihm die Versuchung, sich an die Quelle zu binden. Nur sehr wenige können sich darüber erheben und die seelische Harmonie bewahren. Doch wie sieht es bei den anderen aus, die über diesen Menschen Informationen erhalten, aber nicht die Kraft haben zu fühlen, dass der göttliche Bote nicht über Gott gestellt werden darf? Hier gibt es, nach allem zu urteilen, nur einen Ausweg: Der Vermittler der Informationen muss sich zum Gott erklären, um die Wertorientierungen der Menschen nicht zu verwirren. Wahrscheinlich hat sich Christus deshalb zum Gott erklärt. Oder dieser Mensch muss erklären, dass er die Informationen von Gott persönlich erhalten hat, und damit automatisch seine Mitwirkung an der Vermittlung der Informationen ausschließen. Auf der Bewusstseinsebene gibt und kann es nichts Absolutes und Unerschütterliches geben. Das Bewusstsein ist mit der physischen Hülle verbunden und unterliegt ständiger Zerstörung. Daher

wechseln mit der Entwicklung der Menschheit ständig die Formen und Konzeptionen in den Fragestellungen, was der Mensch
ist, was sein Platz in der Welt ist, wie man zu Gott kommt, was
und wer Gott ist.

Die Anbetung des geistigen Vaters, der Informationsquelle, ist
der Wunsch, die vom Bewusstsein erhaltenen Wahrheiten zu
verabsolutieren, d.h. die Form unzerstörbar und unerschütter-
lich zu machen. Das führt zu Verknöcherung und Degradation
des Bewusstseins. Damit das nicht passiert und keine Degradation
erfolgt, wurden die Perioden des absoluten Glaubens an Gott
von Perioden des Atheismus abgelöst. Die erste Periode trug zur
Sammlung von Informationen bei. Die zweite förderte ihre Realisierung, indem sie die formalen Rituale und Traditionen zerstörte, d.h. die Form zerstörte und den Inhalt reinigte. Gegenwärtig, da sich der Entwicklungsprozess beschleunigt hat, ist
daraus eine Doppelspirale geworden.

Die Gegensätze vereinen sich bereits nicht mehr in einem langen, sondern in einem kurzen Zeitraum. Jeder Mensch kann
gleichzeitig Glaubender und Atheist sein. Die Philosophen haben immer gesagt, dass sich Gegensätze zuerst nicht vereinen,
denn ihre Vereinigung ist Neutralisierung, doch später wird das
möglich und beginnt die Aussöhnung der Gegensätze. Gegensätze vereinen sich tatsächlich immer miteinander. Das alles hängt
von ihrem Interimsabstand der Vereinigung ab. Die Entwicklung
im Universum ist seine Erweiterung und Ausdehnung – immer
mehr Materie, immer mehr Raum und mehr Zeit. Das bedeutet
andererseits, es muss eine Kompression der Geistesstrukturen,
ihre Konzentration und ihre Verdichtung erfolgen, d.h. in ein und
demselben Zeitraum eine immer größere Erfassung von Ereignissen, und dann vereint sich das, was früher nicht vereinbar
war, und gibt der weiteren Entwicklung einen starken Impuls.

Das Mädchen, das die noch jungen Eltern im Arm halten, hat
eine schwere Krankheit – Kinderlähmung.

„Bei euch beiden besteht in der Sippe sowohl mütterlicher- als

auch väterlicherseits das Verlangen, Vater und Mutter über Gott
zu stellen. Darum habt ihr Eltern erhalten, die euch kränken und
mit euch hart umgehen mussten, oder die sich umgekehrt demütigen und unwürdig verhalten mussten, um die Bindung eurer
Seele an das Irdische nicht zu verstärken. Doch ihr beide habt
stattdessen gehasst, verurteilt und euch gekränkt gefühlt. Bei dem
Mädchen ist das gegen die Eltern gerichtete Vernichtungsprogramm bereits sehr stark. Gerade dieses Programm ist das
erste Glied der Bindung an das Irdische und zieht alle anderen
nach sich. Erinnert euch an alle Augenblicke, in denen ihr die
Eltern verurteilt und euch gekränkt gefühlt habt, und bittet um
Vergebung dafür, dass ihr das der Tochter und ihren Nachkommen bis ins siebte Glied übergeben habt, damit der von euch
gestiftete Schaden beseitigt wird. Eure Tochter ist das Glied, das
eure Vorfahren, euch und ihre Nachkommen vereint, d.h. die
ganze Sippe muss geheilt werden, indem ihr für die Seelen eurer
Vorfahren, für euch, für sie und für ihre Nachkommen betet."

Ich möchte erzählen, wie ich feststellte, dass es einen Parameter der unterbewussten Aggression gibt. Für mich gab es nur eine
Aggression, die bewusste Aggression, weil das Bewusstsein auf
den Körper und seine Bedürfnisse und das Unterbewusstsein auf
das Universum und Gott gerichtet ist. Ich hatte nur einen
Aggressionsparameter, und auf seiner Grundlage versuchte ich,
den Charakter und das Verhalten des Menschen zu bestimmen.
Alles war auch soweit in Ordnung, doch einmal rief mich eine Frau
an und bat, eine Situation zu erklären. Sie erzählte Folgendes.

Ein Mitschüler hatte ihrem Sohn angeboten, eine Reizgasdose
zu kaufen, doch der hatte abgelehnt. Daraufhin kam dieser Mitschüler zu ihnen nach Hause, zog sich im Flur Filzpantoffeln an,
betrat das Zimmer und sprühte ihrem Jungen Gas ins Gesicht.
Als ihr Junge hinfiel, holte der andere eine in ein Tuch eingewik-
kelte Axt aus der Tragetasche und begann, auf ihn einzuschla-
gen. Ihr Junge musste ins Krankenhaus gebracht werden. Der
Untersuchungsrichter fragte den Jugendlichen, warum er Filz-

pantoffeln mitgebracht habe, und der antwortete: „Damit mir das Zuschlagen leichter fällt." Die Psychiater erklärten ihn für geistig gesund. Und niemand konnte erklären, was der Grund dieses Verhaltens war.

Ich betrachtete das Feld des Attentäters und sah zu meiner Verwunderung, dass seine Aggression sehr gering war. Mein ganzes System von Parametern wurde mit einem Schlag entwertet und zerstört. Doch ich habe die Charaktereigenschaft, von Kindheit an unglaublich hartnäckig zu sein und nicht nur einen, sondern Hunderte Versuche zu unternehmen. Ich begriff, dass ein Parameter der inneren, unterbewussten Aggression in das System aufgenommen werden musste, denn gerade er erwies sich als entscheidend. Das heißt, das Unterbewusstsein lenkt unser Bewusstsein, und nicht umgekehrt. Ich sagte, dass sich die Ursache tief im Innern befindet, und fragte, wie sich der Attentäter äußerlich verhalten habe.

„Das ist es ja gerade, der Bursche war äußerlich vollkommen ruhig und friedlich. Und auch seine Eltern sind sehr anständige Menschen."

Ich betrachtete das Feld und sagte, dass die Ursache im Wesentlichen beim Vater des Jugendlichen liege, denn der habe seinen Hass und seine Verurteilung der Menschen nicht äußerlich bekundet, sondern nach innen, in die Seele, verlagert, und das alles an den Sohn weitergegeben.

Die Frau bedankte sich und legte den Hörer auf. Ich verließ das Haus und ging spazieren, als mich plötzlich gleichsam eine Last bedrückte. Das war ein seltsames Gefühl, und als ich das Feld betrachtete, begriff ich, dass es die Seele des Vaters des Attentäters war.

Ich ging weiter und dachte darüber nach, dass den Menschen nicht bewusst ist, dass scheinbar berechtigter Hass gegen eine oder mehrere Personen sich zunehmend verstärkt und gegen alle richtet, unsere Seelen verstümmelt und unsere Kinder zu Mördern macht. Äußerlich lächeln wir, doch das verkrüppelt sowohl uns als auch unsere Nachkommen.

Vor zwei Jahren kam ein Mann zu mir, der Lymphogranulomatose hatte.

„Deine Lage ist ernst", sagte ich ihm. „Ich erkläre dir, worin deine falsche Weltsicht besteht. Du suchst dir ständig ein Idol und vergötterst das Irdische. Zuerst muss du verstehen, dass vor allem zu Gott gestrebt werden muss. Bedaure nicht die Vergangenheit, habe keine Angst vor der Gegenwart und der Zukunft."

Er kam einige Tage später erneut zu mir zur Sitzung. Ich betrachtete sein Feld:

„Dein Feld ist rein."

Nach einiger Zeit waren die Lymphknoten wieder in Ordnung.

„Ich sehe in dir Gott", bekannte er mir.

„Das darfst du auf keinen Fall, du darfst mich nicht anbeten."

Und beim nächsten Treffen sagte er:

„Ich bete dich nicht mehr an."

Die Situation veränderte sich darauf. Er begann, sich mir gegenüber hochmütig zu verhalten.

Vor kurzem kam der Mann erneut zu mir, weil seine Lymphknoten erneut stark gewachsen sind.

„Du hast in mir Gott gesehen, und ich habe dir das kategorisch verboten, womit ich Unrecht hatte. Wie sich herausstellt, musst du Gott hinter meiner irdischen Hülle sehen. Und nicht nur bei mir, sondern bei jedem Menschen."

Eine Woche später rief er mich an. Die Lymphknoten hatten wieder normale Größe.

„Was glauben Sie, wie viel Avatare gibt es gegenwärtig auf der Erde?", fragt mich mein Gesprächspartner.

„Einen habe ich kürzlich gesehen", antworte ich. „Ein neunzehnjähriger junger Mann mit einer großen Krebsgeschwulst am Hals, Epilepsie und getrübtem Verstand. Im früheren Leben war er, was man einen Avatar nennt. Doch er band sich zu sehr an seine Mission. Seine Reinigung war möglich, indem er in dieser Mission gedemütigt wurde. Aber kein Mensch, sondern die Gesellschaft und die Menschheit mussten ihn kränken. Und er begann, sich von der ganzen Welt gekränkt zu fühlen. Damit seine Aggression nicht die Menschheit tötet, wurde er in diesem Leben durch Krankheiten geschützt. Neulich ist er gestorben. Je höher und reiner die Seele, umso mehr Anstrengungen benötigt sie, um sich im Irdischen zu verkörpern und irdische Logik zu entwickeln. Wenn sie nicht ins Irdische eintaucht, storniert die Entwicklung und verknöchert der Geist. Deshalb sind gestrige Avatare heute Kranke und Krüppel. Der Begriff ‚Avatara' (sanskr. „das Herabsteigen") stammt aus Indien, wie auch der Begriff der Kasten. Wenn es vollkommen reine Seele gibt, die nicht mehr verunreinigt werden können, muss es auch unreine Seelen geben, die sich niemals zu vollkommener Reinheit und zum Niveau eines Avatars erheben werden. Deshalb müssen sie in Kasten unterteilt werden.

Es ist leicht, im Heiligen Geist Gott zu sehen, und wenn eine Frau einen ethischen Menschen liebt, ist das natürlich und dient ihrer Entwicklung. Wenn die Frau jedoch einen Schurken und Schuft liebt, kann man sich schwer vorstellen, dass sie das weiterentwickelt und reinigt. Hinter den feinen Hüllen des Irdischen, ob es nun rein oder unrein ist, verbirgt sich immer das Göttliche. Der Heilige Geist ist die direkte Linie nach unten. Doch die direkte Linie, wohin sie auch immer führt, ist der Tod. Und das Leben entwickelt sich sinuswellenförmig. Je höher das Niveau des Avatars, der die Menschheit rettet, umso mehr irdische Leiden muss er ertragen, um mit seinem sehr hohen Geistesniveau das niedrigste Niveau des Irdischen anzuheben und zu entwickeln.

Sie bringen es nicht fertig, Ihren Beleidiger nicht mehr zu verachten", erkläre ich dem Patienten, „weil Sie nicht spüren, dass er nur Ausführender ist und nur vom Göttlichen geleitet wird. Sie verlangen von anderen adäquates Verhalten und sind der Meinung, dass sich die Menschen zu Ihnen ebenso verhalten müssen, wie Sie sich zu ihnen verhalten. Doch die Menschen reagieren nicht auf Ihr Verhalten, sondern darauf, wie Sie innerlich sind, d.h. ihr Verhalten ist adäquat der Reinheit Ihrer inne-

ren Geistesstrukturen. Ihr jetziges Verhalten ist auch ausschlaggebend für Ihr künftiges Handeln. Ihr Verhalten und Ihre Emotionen gegenwärtig werden die innere Einstellung und Haltung
zu Ihnen in Zukunft bestimmen. Eine Handlung festigt sowohl
die richtige als auch die falsche Weltsicht, und wenn Sie meinen, dass das Gefühl der Liebe auf der Erde geboren wird, dann
werden Ihre Handlungen die falsche Weltsicht verstärken. Wenn
Sie aber begriffen haben, dass Sie den geliebten Menschen erst
nach Gott lieben, dann werden Ihre Handlungen der richtigen
Weltsicht entsprechen.

Jeder Handlung liegt ein bestimmtes System von Ansichten
zugrunde. Wenn Sie meinen, dass die Liebe auf der Erde geboren wird, werden irdische Werte zu Ihrem höchsten Ziel. Ihr Ziel
ist dort, wo das Gefühl der Liebe geboren wird. Wenn Sie begreifen, dass das Gefühl der Liebe nur durch Gott geboren und
uns gegeben wird, damit wir es mehren und zurückgeben, wenn
wir begreifen und spüren, dass das Gefühl der Liebe nicht unser
Eigentum ist und wir nicht das Recht haben, es zu lenken, nur
dann wird Ihnen gestattet, größtes Glück auf der Erde zu haben."

Ich spreche gerade mit einem Patienten und versuche, unangenehme und quälende Empfindungen zu überwinden. Er stellt mir
immer wieder dieselbe Frage.

„Seit nunmehr einem Jahr behandeln Sie mich und versuchen
Sie, mich zu heilen. Das Ergebnis ist gleich null. Obwohl ich im
Verlauf des Jahres alles getan habe, was Sie mir gesagt haben.
Ist es sinnvoll, die Behandlung fortzusetzen?"

Ich suche krampfhaft nach Worten, um ihm zu helfen und nicht
zu schaden. Wenn er jetzt den Weg, den er beschritten hat, auf-
gibt, dann endet das für ihn mit einer Katastrophe. Ich beginne,
langsam zu erklären:

„Ob sich Ihr physischer Zustand nun ändert oder nicht, so
müssen Sie doch eine Sache begreifen: Verachtung und Verurteilung anderer, auch wenn sie sich noch so unehrenhaft verhal-

ten, bedeutet Krankheit. Um gesund zu werden, müssen Sie den Kontakt zu Gott verstärken und das Gefühl der Liebe vergrößern. Lassen Sie uns betrachten, was Sie daran hindert. Sie haben viel gebetet und viel an sich gearbeitet, doch nicht das Wichtigste getan – Sie haben Ihren Charakter nicht geändert. Ein Gebet hat dann Wirkung, wenn es durch eine Handlung untermauert und bestärkt wird. Sie können eine Million Jahre beten, aber wenn Sie wie früher weiterleben und keine konkreten Handlungen und Schritte zur Änderung des Charakters unternehmen, dann hilft Ihnen das wenig. Das zum Ersten. Und zweitens, ich habe nicht erwartet, dass Ihre Aggression gegen Menschen, die auf Tötung der Liebe gerichtet ist, so tief eindringt.

Sehen Sie: Hier sind Gott Vater, Gott Sohn und Gott Heiliger Geist. Gott Sohn ist die Materie; Gott Heiliger Geist – das Feld, der Raum; Gott Vater – das, was sie erzeugt. Wenn ich das Materielle und Irdische verurteile und verachte, oder wenn ich wegen des Irdischen Aggression entwickle, bindet sich die Seele an die Erde, wird schwarz und stirbt. Man darf nicht den Teil über das Ganze stellen, denn alles Irdische ist Teil des Ganzen, Teil Gottes. Und der Heilige Geist ist Teil Gott Vaters, ihn darf man auch nicht anbeten. Ein Mensch, der sich an Niederes gebunden hat, wird seltsamerweise durch dieses gereinigt, während die Anbetung des Heiligen Geistes eine große Aggression hervorruft und die Seelen noch stärker verstümmelt als die Anbetung von Irdischem. Heute ist ein unreiner, niederer Mensch derjenige, der den Heiligen Geist über Gott gestellt und begonnen hat, Menschen zu verachten, die arm an Heiligem Geist sind. Da ich das vor einem Monat noch nicht wusste, konnte ich Ihnen nicht das Gefühl vermitteln, dass die Verabsolutierung des Heiligen Geistes ebenfalls gefährlich ist.

Wie hat sich die Geschichte früher entwickelt? Der Mensch hatte materielle Güter, das hat ihn entwickelt, aber auch an sie gebunden, und er wurde dann zum Bettler. Das heißt, der Traum davon, dass es keine Reichen und keine Armen geben wird, könnte sich nur dann realisieren, wenn der Reichtümer besitzende

Mensch lernen würde, nicht mit seiner Seele an ihnen zu hängen. Dann wäre Armut nicht erforderlich, um die Seele zu reinigen. Dasselbe trifft für den Heiligen Geist zu. Niedere und sündige Menschen gibt es deshalb, weil an Heiligem Geist reiche Menschen sich an ihn gebunden haben. Wenn es keine Verabsolutierung der Ethik und des Verlangens gibt, die Heiligkeit über Gott zu stellen und das Unreine und Niedere zu verachten, dann ist das Unreine und Niedere als Reinigung nicht erforderlich. Man kann sagen, dass der heilige Mensch und der niedere Mensch zwei Hälften eines Wesens sind. Doch es ist nicht ganz so. Wenn der Mensch immer nur reich sein will, dann wird er arm, und wenn er immer arm sein will, kann er Hungers sterben. Wenn der Mensch immer nur heilig sein will, wird er ein Tunichtgut, und wenn er ein Tunichtgut bleiben will, muss er sich, um etwas zu haben, darüber erheben. Um Irdisches zu haben, muss man sich darüber erheben und ethisch sein, um Ethisches und Heiliges zu haben, muss man sich auch darüber erheben. Und über Gott Sohn und Gott Heiliger Geist ist Gott Vater, d.h. die Liebe.

Sie waren Ihr ganzes Leben", sage ich dem Patienten, „ein ethischer Mensch und haben das, was Ihre höchsten Gefühle verletzte, vehement verurteilt. Um Sie zu reinigen, mussten sich die Menschen zu Ihnen im höchsten Grad unanständig verhalten. Daraufhin haben Sie sie verurteilt und verachtet. Früher oder später hat sich das alles in ein Selbstvernichtungsprogramm verwandelt, das durch die Krankheit blockiert wird. Das rettete Ihnen das Leben. Doch Sie haben Ihre Aggression noch tief gehender als den Heiligen Geist eindringen lassen. Materie und Raum werden von der Zeit erzeugt. Die Zeit ist vielschichtig, sie hat etwa sieben Schichten. Wenn die Aggression in die Informationsstrukturen der Zeitzellen eindringt, dann ist Sühne sehr schwer. Das geschieht bei dem Empfinden, dass die ganze Welt unrein, gemein und grausam ist. Je unmoralischer und niederer der Mensch ist, umso gefährlicher ist es, ihn zu verachten. Je ethischer und erhöhter der Mensch ist, umso stärker kann er die Seele durch Verachtung verstümmeln. Doch Sie haben diese, Gott sei Dank, nicht durch Aggression verunreinigt. Die Energiequelle des Universums ist die Zeit. Über der Zeit, dort, wo sich Raum und Materie grundlegend ändern, ändert sich auch der Energiebegriff. Doch das sind nur Hüllen, Stufen zu Gott. Darüber wollen wir jetzt nicht sprechen. Sie müssen vor allem eins begreifen: Das Unvermögen, hinter dem Heiligen oder Unreinen, hinter dem Niederen das Göttliche zu sehen, veranlasst zu dem Verlangen, die Liebe zu töten, und das ist das allergrößte Verbrechen. Durchleben Sie Ihr ganzes Leben erneut unter Wahrung des Gefühls der Liebe. Auch wenn Sie keine wesentlichen physischen Besserungen spüren, müssen Sie begreifen, dass zuerst die Seele geheilt werden muss, und die Seele wird durch Liebe geheilt."

IMAGE

Wenn man mir vor einigen Jahren gesagt hätte, dass das Verlangen, Arbeit und Pflichtgefühl über alles auf der Welt zu stellen, zum Tode führen kann, hätte ich gelacht. Doch gegenwärtig sehe ich, wozu das führen kann, und versuche, mein Wissen darüber anderen zu vermitteln. Ich erinnere mich an ein Gespräch mit einem Arzt:

„Bei Ihnen besteht väterlicherseits das Verlangen, Arbeit und Pflichtgefühl über Gott zu stellen."

„Ich sehe darin nichts Schlechtes, in denke vielmehr, dass man so anderen Menschen besser helfen kann."

„Stellen Sie sich folgende Situation vor. Jemand arbeitet als Arzt. Für ihn wurden Arbeit und Pflichtgefühl zum absoluten Wert, und er kann Tausenden Menschen mehr Hilfe gewähren. Und sein Sohn ist Kommandant eines Konzentrationslagers, für den Arbeit und Pflichtgefühl ebenfalls ein absoluter Wert sind, und er lässt zwei Millionen Menschen mehr verbrennen. Wenn der Mensch das Irdische über das Göttliche stellt, dann stirbt in ihm auch alles Menschliche, weil alle höheren Eigenschaften in der Seele nur durch die Liebe zu Gott geboren werden. Das ist die Quelle, die nicht sichtbar, aber unversiegbar ist."

Zum besseren Verständnis möchte ich ein Beispiel nennen. Vor einigen Jahren kam ein Betriebsleiter zu mir. Er hatte gesundheitliche Probleme. Ich erklärte ihm die Ursachen.

„Sie sind allzu sehr auf die Arbeit fixiert. Versuchen Sie, irgendwie abzuschalten. Sie stehen innerlich ständig unter Stress. Das wirkt sich negativ auf das Nerven- und kardiovaskuläre System aus. Versuchen Sie, sich zu entspannen. Entspannen Sie abends vor dem Schlafengehen fünf bis zehn Minuten den Körper und die Muskeln und sagen Sie: ‚Ich bin ganz entspannt, nichts beunruhigt mich.' Gegen Stress sind rhythmische Übungen, Spaziergänge und Schwimmen sehr hilfreich. Morgens können Sie sich mit kaltem Wasser übergießen oder abwechselnd warm und kalt duschen. An freien Tagen können Sie in die Sauna gehen oder sich in der Natur aufhalten, um Pilze zu sammeln oder zu angeln."

Er begann, das alles zu tun, und sein Gesundheitszustand besserte sich, wurde aber nicht stabil. Außerdem ließ er noch Massage-, Akupunktur- und neuropathologische Behandlungen über sich ergehen. Der Effekt war annähernd derselbe. Mehr als ein Jahr verging, und der Patient hatte wieder gesundheitliche Probleme. Ich diagnostizierte erneut, dass sie auf seiner Abhängigkeit von der Arbeit und die damit verbundenen Klagen gegen andere Menschen beruhten.

„Sie müssen Ihr ganzes Leben überdenken und um Vergebung für die Momente bitten, in denen Sie wegen der Arbeit Menschen verurteilt und gekränkt haben."

Er sah mich skeptisch an.

„In meinem Arbeitskollektiv sind Mitarbeiter, mit denen man nicht sanft umgehen kann, sie lassen die ganze Arbeit liegen."

„Gut, dann reden wir anders miteinander. Kann hartes Durchgreifen eine Führungsmethode sein?"

„Ja, natürlich."

„Gut, und kann Hass eine Methode sein?"

„Sicherlich nicht."

„Sie können Ihre Untergebenen bestrafen, entlassen und hart behandeln, doch wenn Sie schlechte Mitarbeiter hassen und verurteilen, wird Ihre Seele bis zur gefährlichen Grenze mit Hass angefüllt. Dann muss darunter jemand leiden – entweder Sie oder Ihre Untergebenen."

Der Patient versuchte, meinen Worten zu folgen, doch es fiel ihm schwer, daran zu glauben. Einige Monate später wäre er fast gestorben. Hass befällt den Kopf, ihm drohte daher ein Zelebralinsult, eine umfangreiche Hirnblutung, was zu Invalidität oder Tod geführt hätte. Als wir uns trafen, begriff ich, dass gutes Zureden sinnlos war, deshalb sprach ich mit ihm, wie ich gewöhnlich in der Sprechstunde mit den Patienten rede, d.h. offen und erbarmungslos.

„Sehen Sie, Sie haben drei Möglichkeiten: 1. Sie werden Invalide oder sterben; 2. Sie geben Ihre Arbeit auf; 3. Sie ändern Ihre Haltung zu den Mitarbeitern."

Es trat eine Pause ein, er dachte lange nach.

„Die Ärzte haben mir gesagt, dass ich hätte sterben können. Doch es ist glimpflich abgegangen, und gegenwärtig fühle ich mich wohl. Das bedeutet doch, dass sich Ärzte irren können."

„Ja und nein. Was Ihren physischen Zustand betrifft, irren sich die Ärzte nicht. Wenn die Feldstrukturen mehr oder weniger gut sind, kann man Prognosen zum physischen Zustand des Körpers machen. Wenn aber im Feld starke Deformationen vorliegen, kann es, obwohl der physische Zustand offenbar normal ist, zu Infarkten und Insulten kommen. Alles ist möglich." Ich breitete vor ihm zwei Zeichnungen aus. „Hier ist der Zustand Ihres Feldes bis zur gefährlichen Situation, und hier am heutigen Tag. Sehen Sie: Die Zeichnungen sind identisch. Wenn die Ärzte nicht nur eine Diagnose des Zustandes Ihres Körpers, sondern auch des Zustandes Ihrer Feldstrukturen gestellt hätten, hätten sie gesagt, dass sich trotz des mit Mitteln der modernen Medizin erreichten guten physischen Befindens der Zustand des Feldes nicht verändert hat. Das bedeutet, es handelt sich um einen Aufschub, um einen Aufschub mit unvorhersagbaren Folgen. Verstehen Sie, die Medizin hilft nur dann, wenn die Krankheit an der Oberfläche liegt, wenn aber die tiefen Schichten der Seele verunreinigt werden, können nur die Liebe zu Gott, Gebete und Reue heilen. Wenn Sie jetzt nicht Ihre Lebensauffassung überdenken, können Ihnen weder Ärzte noch Wunderheiler helfen."

Er schaute mich besorgt an:

„Ich bin noch jung und möchte nicht in Rente gehen, wie also muss ich mich ändern?"

„Das Schicksal führt Sie unweigerlich zum Tod. Um das Schicksal zu ändern, müssen Sie Ihren Charakter ändern. Ihr Charakter – das ist Ihre Reaktion auf jede Situation, das ist Ihre Weltauffassung. Das heißt, wenn Sie die Haltung zu dem, was Sie erlebt haben, ändern, ändern Sie Ihren Charakter, Ihr Schicksal und Ihr Karma. Der Räuber am Kreuz überdachte sein ganzes Leben, übte Reue und kam ins Paradies. Sie müssen gewissermaßen Ihr ganzes Leben erneut durchleben und jedes Mal jede Situation neu durchdenken. Alles, was Sie für Unannehmlichkeiten, Kränkungen und Erniedrigungen gehalten haben, hat nur Ihren Körper gedemütigt, aber Ihre Seele gereinigt. Als Kränkungen und Erniedrigungen wirkten sie nur zu 3 %, zu 97 % waren sie Reinigung. Wenn Sie Ihr ganzes Leben erneut durchleben, bitten Sie um Vergebung für alle Verurteilungen, Kränkungen und allen Hass. Bitten Sie um Vergebung dafür, dass Sie Arbeit und Pflichtgefühl über Gott gestellt haben. Um die Seele zu reinigen, werden sehr empfindliche Stellen getroffen. Da Sie vom Pflichtgefühl abhängig sind, müssen in Ihrem Umfeld Menschen sein, die Sie gerade in dieser Hinsicht enttäuschen. Hier müssen Sie nicht die Sie kränkenden Menschen, sondern Gott, der Ihre Seele reinigt, sehen. Und weiter. Wenn Sie morgens aufwachen, dann sagen Sie: ‚Lieber Gott, der Sinn meines Lebens und das höchste irdische Glück – das ist die Liebe zu Dir! Ich liebe Dich mehr als die Frau, die Kinder, die Arbeit, die Datsche, das glückliche Schicksal.' Danken Sie von vornherein Gott für die Unannehmlichkeiten, die Sie erwarten. Wenn Sie beginnen, das zu tun, wird sich vieles ändern, doch erwarten Sie keine schnellen Ergebnisse. Es ist sehr schwierig, seine Seele zu ändern. Hier sind ständige beharrliche Bemühungen wichtig. Weiter... Sie werden sich trotzdem noch gekränkt fühlen und ärgern, denn das vergeht nicht sofort. Es ist wichtig, die Kränkung und Verärgerung nicht ins Innere vordringen zu lassen. Schlimmstenfalls können Sie schreien, fluchen und mit den Fäusten schlagen. Wenn Sie mit jemand unzufrieden sind, dann sagen Sie es ihm, machen Sie aus dem Vorwurf keinen Hehl, lassen Sie ihn nicht in die Seele eindringen. Ein Mensch, der gekränkt und beleidigt ist, in dem Geschehen nicht den höheren Sinn spürt und nicht hinter jeder Situation Gott sieht, richtet automatisch die Aggres-

sion gegen andere und gegen sich selbst. Wenn diese Aggression dann noch in entsprechenden Worten und Verhaltensweisen
zum Ausbruch kommt, ist es dreifach gefährlich. Deshalb haben
die Menschen eine spontane Blockierung der Aggression entwickelt. Wenn jemand einen Teller auf den Boden wirft oder zu
schreien beginnt, treten anstelle der Mordlust Handgreiflichkei-
ten und Schimpfworte. Wenn ein Mensch Schimpfworte benutzt,
verliert die Aggression ihre vernichtende Form und nimmt die
Form verbaler Kraftausdrücke an, d.h. Schimpfworte sind ein
Mittel, um Aggression in Formen zu verwandeln, die nicht töten. Schimpfworte, die immer als Beleidigung galten, haben noch
eine besondere Bedeutung – die ganze Aggression wird gebunden und gelangte nicht ins Innere. Als Form der zwangsweisen
Blockierung der Aggression in kritischen Situationen sind sie
einfach notwendig. Verdeckte Vorwürfe sind für Sie tödlich. Sie
müssen jetzt allen Menschen gegenüber vollkommen aufrichtig
sein, das wird Sie retten."

„Muss ich das?! Ich war immer der Meinung, dass gute Erziehung darin besteht, sich nichts anmerken zu lassen."

„Gute Erziehung bedeutet, dass man mit seinen Emotionen
nicht tötet. Alles fängt mit Emotionen an. Die Eltern hassen einander, lächeln sich aber höflich an, und die Kinder töten bereits.
Und niemand kann den Zusammenhang verstehen. Unsere inneren Emotionen sind das Verhalten unserer Kinder und die gesunden Körper unserer Enkel."

Diesmal redeten wir sehr lange miteinander, und ich hatte das
Gefühl, dass er begonnen hatte, etwas zu begreifen – sein Feld
hatte sich gebessert. Eine Woche später rief ich ihn an:

„Nun, arbeiten Sie erfolgreich an sich?"

„Ich bemühe mich", antwortete er. „Ich bitte die Sekretärin,
beide Türen ganz zu schließen, wenn ich mit Untergebenen spreche."

„Als Anfang ist das schon nicht schlecht."

Geraume Zeit später rief ich ihn an und sagte ihm, dass bei
ihm alles normal und er praktisch gesund ist.

Ich schaute überheblich auf die Ärzte, die sich mit der physischen Hülle beschäftigten und nicht das Gesamtbild sahen. Das Karmagesetz wirkt sicher, und schon bald wurde mir eine ernste Lehre erteilt.

Das Feld des Patienten war rein, der Zustand normal, das hatte ich gesehen. Trotzdem hatte er Kopfschmerzen, die immer mehr zunahmen. Nach meinen unverblümten Ausführungen war es ihm peinlich, erneut zu mir zu kommen. Er suchte Fachärzte auf und ließ alle möglichen Untersuchungen über sich ergehen: Computertomographie, Ultraschalldiagnostik u.a. Die Ärzte sagten, dass bei dem Patienten alles normal sei und es keine Abweichungen gebe, doch die Kopfschmerzen hörten nicht auf. Die Medikamente, die er jeden Tag einnahm, halfen nicht. Darauf rief er mich an und sagte entschuldigend, dass die Ärzte nichts hätten finden können und gesagt hätten, dass er gesund sei. Doch seine Leber verkraftete die Kopfschmerztabletten nicht mehr. Ich betrachtete erneut sein Feld und begriff den Grund. Die Ursache lag bei den Kindern. Die Strukturen, die das gemeinsame Karma von Eltern und Kindern verbinden, sind sehr zart. Ich hatte sie einfach übersehen. Wenn die Eltern für das zahlen, was sie den Kindern übergeben haben, treten keine starken Deformationen auf, doch es kommt zu schweren und unheilbaren Krankheiten und ernsten Problemen.

„Jetzt ist alles klar", sagte ich zu ihm. „Sie und Ihre Seele sind gesund, doch Sie zahlen jetzt dafür, dass Sie die Seelen der Kinder und ihrer Nachkommen durch Aggression gegen die Menschen und Ihr Bestreben, Arbeit und Pflichtgefühl über Gott zu stellen, verunreinigt haben. Überdenken Sie erneut Ihr ganzes Leben, besonders die Zeit der Empfängnis und Geburt der Kinder, und beten Sie, dass das von Ihnen, den Kindern und den Seelen der Nachkommen genommen wird."

Wir hatten uns telefonisch unterhalten, und zwei Tage darauf musste ich verreisen. Als ich einen Monat später zurückkehrte, traf ich mich mit ihm.

„Wissen Sie, der Kopf schmerzt nicht mehr."

„Und wann haben die Schmerzen aufgehört?"

„Einige Tage nach unserem Gespräch vor Ihrer Abreise."

Ich dachte darüber nach, dass der Mensch sehr viel und leicht verliert und sich quält, wenn er nicht versteht, wie die Welt beschaffen ist und wie er sich in ihr verhalten muss. Unsere Seelen werden immer abhängiger von der Erde. Wir sagen immer öfter „Gott", spüren jedoch wenig, was das ist und wer Er ist. Wir hängen am Geld, und unsere Kinder und Enkel verlieren Moral, Ehre und Gewissen. Wir geben uns körperlichen und seelischen Vergnügen hin und veranstalten eine Sexrevolution – und Aids kommt auf, um diese Tendenz zu blockieren. Wir binden uns an Familie und Beziehungen – und Untreue, Scheidungen, Ehezwist und unglückliche Kinder sind die Folge. Wir streben nach Komfort und Bequemlichkeit – und das Haus, in dem wir wohnen, und die Ökologie der ganzen Erde werden gestört. Die geistige Unvollkommenheit geht in physische Unvollkommenheit über, und alle äußeren Anstrengungen lösen nicht endgültig das Problem. Wie sehr wir uns auch bemühen, Ökologie und Menschheit vor Entartung und Unfruchtbarkeit zu retten, ohne geistige Harmonie werden wir eine Zukunft nicht erleben. Die persönlichen Bemühungen eines jeden Einzelnen sind entscheidend dafür, ob die Menschheit vernichtet oder gerettet wird. Jeder von uns kann der Tropfen sein, der die Welt rettet oder das Maß zum Überlaufen bringt.

Ich rufe eine Patientin in einer anderen Stadt an. Sie hat ständig hohes Fieber und befindet sich in einem labilen Zustand. Beim ersten Besuch habe ich festgestellt, dass sie bereit ist, den geliebten Menschen und die Familie über Gott zu stellen. Deshalb hat sie eine starke Aggression gegen Männer. Das gegen ihren Mann gerichtete Vernichtungsprogramm vernichtet auch die eigenen Kinder. Und die Tochter, die sich in ihrem Feld befindet, ist sehr ethisch veranlagt und will geboren werden. Deshalb muss sich die Mutter irgendwie vom Irdischen lösen. Das Fieber ist das Mittel dazu. Wenn das Fieber gesenkt wird, wird der Seele des künftigen Kindes geschadet. Deshalb sind die Ärzte außerstande, das Fieber zu senken. Zehn Tage später rufe ich sie wieder an. Ihr Zustand hat sich nicht gebessert. Ich erkläre, sie müsse für die Seele des künftigen Kindes beten und sie reinigen, denn sie sei für ihr Kind verantwortlich. Und sie müsse das unaufhörlich tun. Das Beharrungsvermögen der Seele ist gewaltig. Zehn Tage später rufe ich wieder an – keinerlei Erfolg. Das ist seltsam, die Situation hätte sich doch irgendwie ändern müssen.

„Wissen Sie", sage ich zu ihr, „komplizierte Fälle sind mir fast schon zum Bedürfnis geworden."

Ich betrachte sie erneut auf feiner Ebene, und eine neue Schicht, die früher nicht sichtbar gewesen ist, tritt hervor.

„Gefällt Ihnen Ihre Arbeit?", frage ich sie.

„Ja, natürlich."

„Und wenn Sie Ihr Mann bittet, das alles wegen der Kinder aufzugeben, wären Sie dazu bereit?"

„Ich weiß nicht", antwortet sie zögernd.

„Damit ein harmonisches Kind geboren wird, muss die Frau das, wovon sie abhängig ist, verlieren."

Ich betrachtete eine junge Frau, deren Sehvermögen stark nachgelassen hatte. Ich hatte mich lange mit dem Problem befasst, denn die junge Frau wollte nach Amerika gehen und ich musste rechtzeitig klären, was die Ursache der Beeinträchtigung des Sehvermögens war. Erst kurz vor der Abreise kam ich darauf: Sie war bereit, um Arbeit und Image willen auf Kinder zu verzichten. Und in den USA ist das eines der Hauptprobleme, deshalb können nur Menschen dorthin fahren, die davon innerlich frei sind.

„Sie können fahren, doch Sie müssen an sich viel arbeiten, um zu begreifen, dass die Liebe zu Gott über Karriere und Stellung in der Gesellschaft steht. Dann wird Ihre Tochter geboren werden."

Sie vermochte das zu tun und hat, Gott sei Dank, eine gesunde Tochter geboren.

In meiner Sprechstunde war eine junge Frau mit einem ern-
sten Problem: Ihr fielen die Haare aus und sie wollte Schau-
spielerin werden. Der Haarausfall stand mit ihrer künftigen Toch-
ter im Zusammenhang. Die junge Frau hatte ein gegen die eige-
nen Kinder gerichtetes Vernichtungsprogramm, und dieses Pro-
gramm hatte sich aus irgendeinem Grund verstärkt, seit sie an
der Schauspielschule studierte.

„Sehen Sie", erklärte ich der Mutter. „Unsere Haare verbin-
den uns mit dem Jenseits. Dort befindet sich das Double Ihrer
Tochter, und es ist mit einem Programm erfüllt, die Kinder zu
vernichten. Wenn die Haare ausfallen, verliert das Programm
an Kraft. Das erstens. Und zweitens – seit drei Jahren ist sie
darauf programmiert, auf eigene Kinder zu verzichten."

Die Mutter schaute mich erstaunt an:

„Ja, in der Kindheit sprach sie davon, dass sie keine Kinder
haben will."

„Im früheren Leben hat sie der Karriere und Arbeit willen auf
Kinder verzichtet. In diesem Leben, als ihre Tochter das Studi-
um an der Schauspielschule aufnahm, hat sich das Programm
akut verstärkt. Jede prestigeträchtige Arbeit aktiviert das Pro-
gramm der Vernichtung der eigenen Kinder. Und die gegenwär-
tige Situation beeinträchtigt Image und Arbeit."

„Diese beiden Geschichten habe ich deshalb erzählt, um Ihnen
zu verdeutlichen", sagte ich am Telefon der Patientin, „dass für
die Frau das höchste Glück die Liebe zu Gott sein muss, dann
kommt die Liebe zu den Kindern, dem Mann, der Familie und
danach zu allem übrigen. Die inneren Einstellungen werden an
künftige Leben weitergegeben. Wenn ihre Seele bereit ist, dass
alles zu akzeptieren, dann kann sie auch Geld, Arbeit und Prestige haben."

„Sagen Sie, was muss ich tun?", fragte die Patientin.

„Als Erstes ist erforderlich, alles gut zu überdenken und zu
begreifen, das hat bereits heilende Wirkung."

„Ich bin Geschäftsfrau", erzählt mir die Patientin. „Aber nun habe ich ein Problem, das alle meine Unternehmungen zunichte machen kann, während bisher die Geschäfte hervorragend liefen. Die Ärzte raten mir zu einer Totaloperation. Es ist ungewiss, was weiter sein wird. Sagen Sie, habe ich eine Überlebenschance?"

„Alles hängt von Ihnen ab", sage ich ihr. „Die Frauen Ihrer Sippe sind von vier Dingen abhängig – Selbstsucht, Geld, materiellen Gütern und glücklichem Schicksal. Das heißt, ihnen werden Väter und Männer gegeben, die sie bewusst oder unbewusst in dieser Hinsicht demütigen. Sie haben das nicht akzeptieren können, deshalb musste sich der Zwangsmechanismus verstärken, um Sie vom Irdischen loszulösen. Wenn Ihre Geldgeschäfte fehlgeschlagen wären, dann wäre es nicht zur Krankheit gekommen, doch da Sie eine Finanzexpertin sind, hat es Ihren Körper getroffen. Wenn Sie Ihr ganzes Leben überdenken und durch Reue die Aggression gegen andere Menschen und sich selbst beseitigen, d.h. die Lebensunlust der letzten elf Jahre, wenn Sie jeden Tag beten, dann können Sie Gesundheit und materielles Glück in Einklang bringen. Wenn nicht, müssen Sie die Wahl zwischen beiden treffen."

„Wird die Operation helfen?"

„Wenn Sie sich über die Erde erheben, ist eine Operation nicht erforderlich, wenn Sie sich an die Erde klammern, wird die Operation nicht helfen."

„Sagen Sie, wie muss man das Leben überdenken? Von Kindheit bis zum heutigen Tag, oder rückwärts?"

„Sie können bei dem Punkt anfangen, an dem Sie sich gerade befinden, dann gehen Sie zurück, kehren wieder zu dem Punkt zurück, an dem Sie begonnen haben. Das ist ein Pendelvorgang."

„Sagen Sie", fragt interessiert die Frau. „Ich stehe jetzt vor der Wahl: Soll ich in das Gebiet, in dem ich geboren wurde, zurückkehren oder in Petersburg leben?"

Ich betrachte die Zonen auf der feinen Ebene.

„Das Gebiet, in dem Sie geboren wurden, ist gleichfalls von

Geld, Selbstsucht und glücklichem Schicksal abhängig. Ihre Erfolgschancen sind dort sehr verringert, während in Petersburg die Feldstrukturen rein sind. Also ziehen Sie Ihre Schlussfolgerungen. Petersburg ist ein hervorragender Ort für Unternehmertum, und wenn dieses Potential richtig genutzt wird, kann ein Mensch dort viel erreichen, in erster Linie auf Geistesebene, und wenn Geistespotential entwickelt wird, dann darf sich auch irdisches Potential entwickeln. Somit hängt jetzt alles von Ihnen ab."

„Sagen Sie", fragt mein Patient, „was soll ich tun? Der Geistliche hat neulich dazu aufgefordert, reumütig zu sein. Doch ich kann keine Reue bekunden. Ich bin Betriebsleiter und lebe in der Ukraine: Mein Gehalt reicht gerade für zwei Kanister Benzin, ich brauche aber vier. Die beiden fehlenden muss ich also stehlen. Wie kann ich Reue üben, wenn ich notgedrungen Benzin klauen muss?"

„Haben Sie die Bibel gelesen?", frage ich ihn.

„Ich habe sie gelesen", sagt er.

„Dann erinnern Sie sich an das Gleichnis, in dem Jesus Christus von dem Diener erzählt, der Olivenöl seines Herrn verkauft? Der Sinn des Gleichnisses besteht darin, dass der Mensch die irdischen Gesetze verletzen kann, aber die göttlichen Gesetze nicht verletzen darf. Wenn das Leben Sie dazu zwingt, die irdischen Gesetze zu verletzen, dann bedeutet das nicht, dass man sich, weil man stiehlt, verachten und einen anderen, der sich in einer ähnlichen Lage befunden hat, verurteilen muss. Sie können also Reue bekunden. Für die Verletzung irdischer Gesetze werden Sie sich vor dem Staat, für die Verletzung göttlicher Gesetze vor Gott verantworten. Außerdem haben staatliche Gesetze keinen ewigen Bestand, mit der Entwicklung der Gesellschaft werden auch sie sich ändern. Deshalb führt allzu strikte Einhaltung irdischer Gesetze zu ihrer Entstellung. Bestimmte Verletzungen eines irdischen Gesetzes führen zu seiner Änderung und Entwicklung. Im Gegensatz dazu sind die göttlichen Gesetze unveränderlich und ewig. Gott über alles zu lieben ist irdisches Glück – dieses Gesetz ist ewig. Die irdischen Gesetze sind die Form, die göttlichen – der Inhalt. Die Form wird zerstört, der Inhalt nicht."

Vor mir sitzt ein Patient und beginnt zu erzählen.

„Nach der Lektüre Ihrer Bücher habe ich mich vollkommen geändert. Die Welt wurde mir gleichgültig und ich hatte keine Lust mehr zu arbeiten. Sagen Sie, soll ich weiter arbeiten?"

„Diese Periode von Gleichgültigkeit geht vorüber. Sie ist bald vorbei. Sie sind allzu stark ans Irdische gebunden. Bald wird sich alles normalisieren."

Er denkt längere Zeit nach, dann sieht er mich an und fragt:

„Aber meine Arbeit verlangt, die Menschen zu betrügen, ohne Betrug geht es nicht. Was soll ich tun?"

Ich erkläre ihm:

„Wenn Sie jemand betrogen haben, sich darüber freuen und den Betrogenen verachten, dann ist Ihr Schicksal von Weisheit, Selbstsucht und Fähigkeiten abhängig und wird schwarz. Aber nehmen Sie zum Beispiel zwei Boxer, die sich im Ring auf physischer Ebene schlagen, in ihrer Seele aber hassen, erniedrigen und verachten sie den Gegner nicht. Wenn sie einander die Hände drücken, soll das davon zeugen, dass ihre Seelen frei von Aggression sind. Erinnern Sie sich, was Jesus Christus gesagt hat: ‚Liebet eure Feinde.' Feind bleibt Feind, ihn kann man bekämpfen und im Kampf töten, doch ihn darf man nicht hassen und verachten. Durch die Feinde, die Gott mir schickt, erfolgt meine Reinigung, solange ich sie nicht verachte und mich nicht gekränkt fühle. Wenn mich jemand im Boxring schlägt, dann ist das Sport und dient der Entwicklung, wenn ich innerlich gleichgültig bleibe. Manchmal besteht Hilfe darin, etwas wegzunehmen, und ein großzügiges Geschenk kann schaden. Arbeiten Sie niemals, um jemand zu vernichten, das erzeugt nur Bosheit und Hass. In diesem Leben sind wir Gegner im Ring, und Zusammenstöße, Wortgefechte und Wettkampf sind unvermeidlich. Das

Gesetz der Konkurrenz, des Überlebens und der Rivalität ist vollkommen gerecht und stimuliert die Entwicklung. Doch es ist nur für die physische Hülle gerecht. Wenn es in die Seele gelangt, setzt ein Degradationsprozess ein, und dann hebt man den gefallenen Rivalen nicht auf, sondern versucht, ihn zu vernichten. Das heißt, dass Verachtung, Verurteilung und Bosheit wesentlich gefährlicher als jeder Betrug sind. Betrug am Arbeitsplatz ist eine Verletzung irdischer Gesetze, während eine durch Bosheit und Aggression verunreinigte Seele eine Verletzung göttlicher Gesetze ist.

Hierzu eine Geschichte:

Einer meiner Bekannten, der in Brooklyn in New York lebt, erzählte mir, dass ihm ein befreundetes Ehepaar im ersten Monat seines Aufenthalts mit Ratschlägen geholfen und benötigte Informationen gegeben hat. Ich war erstaunt:

‚Ist denn daran etwas bemerkenswert?‘

‚Und ob, hier ist solche Hilfe nicht üblich. Jeder, dem du mit Ratschlägen hilfst, ist womöglich dein künftiger Konkurrent.‘

Amerika hat der ganzen Welt gelehrt, nach den Gesetzen der Konkurrenz und des Wettbewerbs zu leben, und damit die Entwicklung dessen vorangetrieben, was wir die heutige Zivilisation nennen. Doch wenn ein Schauspieler zu sehr in seine Rolle verliebt ist, hat er vergessen, dass er die Emotionen der dargestellten Person nicht teilen darf, denn wenn er echte Tränen weint, verschwindet die Kunst und stirbt das Theater.

Ich habe betroffen feststellen müssen, dass Amerika gegenwärtig echte Tränen weint. Ein Philosoph hat einmal gesagt: ‚Die Kultur ist die Mutter der Zivilisation, die Zivilisation tötet die Kultur.‘"

Mein Gesprächspartner sieht mich erwartungsvoll an und lächelt.

„Was ist nun, kann ich arbeiten gehen?"

„Natürlich."

Eine Frau erzählt mir aufgeregt:

„Mein ganzes Leben lang suchte ich eine Arbeit, die mir Freude bereitet. Und als ich endlich einen Lebenssinn, eine wahre Berufung und Lieblingsarbeit fand, ließ meine Gesundheit nicht zu, mich mit voller Kraft zu engagieren. In den letzten acht Jahren gab es keinen einzigen Tag, an dem ich mich gesundheitlich wohl fühlte. Nach jeder Operation hat sich der Zustand des Gebisses verschlimmert, die Neurasthenie nimmt zu, Magen und Darm funktionieren schlecht, Osteochondrose und Varikose quälen mich, und vor allem fehlt es mir an Arbeitsenergie."

„Sie haben Ihre Lieblingsarbeit deshalb nicht erhalten, weil Sie sterben könnten. Selbst die edelste Aufgabe tötet, wenn die Liebe zu ihr über Gott gestellt wird. Väterlicher- und mütterlicherseits besteht bei Ihnen das Verlangen, Ihre seelischen Eigenschaften, Ihre Arbeit und Ihr Pflichtgefühl über Gott zu stellen. Wenn Sie andere verurteilten, kam es zu Problemen mit der Leber und den Venen in den Beinen. Wenn Sie mit sich selbst unzufrieden waren und nicht mehr leben wollten, wurde das Energiefeld des Darms und des urogenitalen Systems gestört. Bei Ihrer Tochter hat sich die Orientierung auf Pflichtgefühl und Arbeit über das lebensbedrohliche Niveau erhöht, doch sie ist ein harmonischer Mensch und muss harmonische Kinder haben. Deshalb kehrt jetzt alles zu Ihnen zurück. Wenn Ihnen etwas misslang, man Sie hereinlegte oder betrog, d.h. an sehr empfindlichen Stellen traf und vom Irdischen trennte, haben Sie, anstatt den höheren Sinn des Geschehens zu spüren, zuerst die anderen verachtet, verurteilt und sich von ihnen gekränkt gefühlt, dann sich selbst die Schuld gegeben. Und das haben Sie an die Tochter und ihre Nachkommen weitergegeben. Beten Sie für sich und für sie, und Ihre Probleme werden verschwinden."

Vor mir saßen ein junger Mann und ein junges Mädchen.

„Unser Freund ist ein begnadeter Maler, ein Ausnahmetalent. Die Haut seines Körpers ist zu sechzig Prozent verbrannt, die Nieren haben versagt, und wenn sie nicht im Verlauf von zwei Stunden wieder funktionieren, wird er sterben."

„Wo ist seine Frau?", fragte ich.

„Er ist geschieden."

Ich begann, dem jungen Mann vor mir zu erklären:

„Die Liebe zu Gott muss absolut über jedem irdischen Glück und Bestreben stehen. Sie haben das Verlangen, die geliebte Arbeit und das mit ihr sehr stark verbundene Schicksal über Gott zu stellen. Und wenn sich die Seele ans Irdische bindet, wird sie aggressiv. Anfangs ist die Aggression gegen andere, dann gegen die eigene Person gerichtet. Bei Ihnen besteht gegenwärtig eine starke Aggression gegen sich selbst."

„Entschuldigen Sie", blickte mich der junge Mann wie einen Geistesgestörten an. „Mein Freund stirbt im Krankenhaus, und Sie sprechen über eine Viertelstunde über meine Probleme. Können Sie nun etwas tun oder nicht?"

„Ich tue es bereits seit fünfzehn Minuten. Ihr Feld und das Feld Ihres Freundes befinden sich in Resonanz. Sie haben gleiche Probleme. Während unseres Gesprächs wird Ihr Feld in Balance gebracht, und ich übermittle gleichzeitig über Sie Informationen, die Ihr Freund zum Überleben braucht. Er hat seine Arbeit und das mit ihr verbundene Schicksal extrem über Gott gestellt. Um ihn in Balance zu bringen, wurden ihm seine Frau und die beiden Kinder gegeben, damit ihn der Umgang mit ihnen und die Sorge für sie von der Arbeit stark ablenkten. Er hat jedoch nicht den darin enthaltenen höheren Sinn gespürt, und als er sich von allem der Arbeit willen lossagte, sagte er sich von Gott los. Seine Seele begann, sich zu deformieren und mit Aggression zu füllen, und da er ein ethischer Mensch ist, fand die Umkehr der Aggression gegen ihn selbst sehr schnell statt. Das Selbstvernichtungsprogramm führte zu seiner Verletzung und gleichzeitig zur Reinigung der Seele. Wenn der Mensch etwas Irdisches zum Ziel und Lebenssinn macht, dann bindet sich seine Seele daran und wird schwarz. Und alles Irdische wird nicht zur Quelle von Glück, sondern von Leid. Misserfolge und Verluste bereiten großen Kummer und fügen psychische Traumata zu. Wenn er Misserfolge hatte, wollte er nicht mehr leben, und das alles traf das urogenitale System. Deshalb haben auch seine Nieren versagt. In Abhängigkeit davon, wie Sie nun Ihre Haltung zu vielen Situationen ändern, wird sich der Zustand Ihres Freundes bessern. Sie bewegen sich auf demselben Weg wie er und können in einem Jahr in einer ähnlichen Situation sein. Ihr Freund ist Ihnen nur etwas voraus, denken Sie darüber nach. Geben Sie mir Ihre Telefonnummer, ich rufe Sie an, um mich über seinen Zustand zu erkundigen."

Die jungen Leute verließen etwas ungläubig meine Praxis, offensichtlich hatte ich nicht vermocht, ihnen alles verständlich zu erklären. Doch das Feld des Malers, der auf der Reanimationsstation lag, besserte sich. Am Abend rief ich an und erfuhr, dass die Nieren wieder funktionierten und sich der Zustand gebessert hatte. Doch in der Stimme seines Freunds war kein Verlangen zu spüren, mit mir weiter Umgang zu haben. Manchmal fällt es mir schwer, das erworbene Wissen in Worte zu kleiden. Hierin besteht das Hauptproblem. Mir fällt es wesentlich leichter, Informationen zu erhalten, als sie an andere weiterzugeben.

Ich führe Sprechstunden im Office einer amerikanischen Firma durch. Wenn ich aus dem Fenster sehe, blicke ich auf den Atlantik. Vor mir sitzt ein Patient und erzählt mir seine Geschichte.

„Mein Sohn und ich sind Maler. Vor einigen Monaten war mein Sohn in Moskau. Er wohnte im Haus meines Freundes, der ebenfalls Maler ist. Dessen Mutter ist entweder eine Zauberin oder Wahrsagerin. Nach seiner Heimkehr fühlte sich mein Sohn unwohl und konnte nicht mehr arbeiten. Wunderheiler sagten, dass eine starke Behexung auf ihm ruht. Daraufhin beschloss die Frau eines meiner Freunde, nach Moskau zu reisen, um die Lage zu klären. Sie sagte: ,Wenn sich das bestätigen sollte, dann zünde ich für ihr Seelenheil eine Kerze an.' Doch die Frau ist unterwegs tödlich verunglückt. Können Sie mir sagen, ob auf meinem Sohn eine Behexung ruht und wer ihn behext hat?"

„Natürlich, er wurde behext, und zwar von dieser Zauberin. Danken Sie Gott, dass das geschehen ist."

Der Maler wundert sich.

„Wofür soll ich da Gott danken?"

„In Amerika herrschen sehr starke Bindungen an Selbstsucht, Image und glückliches Schicksal. Bei Ihrem Sohn sind solche Bindungen ebenfalls vorhanden, d.h. er hat bereits darauf angesprochen. Je mehr Ihr Sohn sein Talent entfalten kann, umso stärker bindet er sich an diese irdischen Werte, und er wird vom Irdischen durch schwere Krankheit oder Tod getrennt. Wahrscheinlich wäre er bald gestorben, denn seine Selbstsucht nimmt schnell zu. Die Behexung hat seine Selbstsucht, sein Image und Schicksal gedemütigt und ihm dadurch das Leben gerettet. Gott hat ihm durch diese Frau in Moskau die schonendste Variante einer Zwangsreinigung gegeben. Die Frau des Freundes, die nach Moskau gereist ist, um einen Menschen zu vernichten, hat ungewollt ein Vernichtungsprogramm gegen das Göttliche, von dem jeder Mensch ein Teil ist, ausgelöst. Das hat sich sofort umgekehrt, gegen sie selbst gerichtet und sie getötet. Sie müssen Gott für alle Situationen danken, in denen Selbstsucht, Image und glückliches Schicksal gedemütigt wurden. Man muss die höhere Vernunft hinter allem spüren, und das Gefühl von Freude und Schönheit zuerst Gott und nicht dem Bild widmen. Wenn früher die Entwicklung spiralförmig erfolgte und der Maler, der Ethik durch Verzicht auf Irdisches in früheren Leben erworben hatte, all das durch sein Streben zum Irdischen in diesem Leben realisierte, so verläuft jetzt die Entwicklung in einer Doppelspirale, d.h. der Maler muss sowohl Einsiedler als auch Erdenbürger gleichzeitig sein. Die Seele muss immer stärker zu Gott streben, und das Bewusstsein – zur Erde. Wenn Ihnen und Ihrem Sohn das gelingt, dann sind Krankheiten, Traumata und Verwünschungen überflüssig."

Ein junges Paar war in meine Sprechstunde gekommen.

„Unser Kind leidet häufig unter Anfällen. Wir haben bereits alle Ärzte aufgesucht. Erklären Sie bitte, was mit ihm ist."

„Bitte, schauen Sie. Bewusste Aggression – null; unterbewusste

– 300. Für das Universum sind 210 bis 220 gefährlich. Das heißt, die Aggression muss entweder durch Krankheit oder durch Tod aufgehalten werden. Im Unterbewusstsein des Kindes ist das, was sich im Bewusstsein der Eltern befand.

Sie", wendete ich mich an den Vater, „haben dem Sohn die Abhängigkeit von dem geliebten Menschen und Beziehungen weitergegeben. Ihr wundester Punkt sind Beziehungen. Und bei Ihnen", sagte ich zu der Mutter, „ sind es Selbstsucht, Image, Weisheit und glückliches Schicksal."

„Keineswegs", antwortete die Frau. „Ich habe niemals ein Gefühl der Überlegenheit anderen Menschen gegenüber wegen meiner Weisheit oder Stellung in der Gesellschaft gespürt. Und es kam auch nie Aggression auf, wenn ich deswegen gedemütigt wurde."

„Sie sind vom Image und von der Weisheit Ihres Mannes abhängig. Sie haben Menschen verachtet und gehasst, wenn sie ihn verachtet und betrogen haben."

„Ist das denn etwa auch Abhängigkeit?"

„Natürlich. Aggression aus eigenem Anlass wegen nahe stehender Menschen oder der Kinder ist und bleibt Aggression und bindet nicht nur Ihre Seele, sondern auch die Seelen der Nachkommen an die Erde. Der Junge hat deshalb eine so hohe Aggression, weil Sie", sagte ich zu der Mutter, „vor der Empfängnis und Geburt des Kindes die Gesellschaft verurteilt haben. Das sah etwa so aus: ‚An der Spitze des Staats sind lauter Idioten, wir leben in einem Land, in dem Dummheit regiert, in einer Gesellschaft ohne Ethik und Moral.' Das Schicksal eines jeden Menschen wird von oben bestimmt, umso mehr das Schicksal einer ganzen Menschengruppe. Äußerliche Aggression bei Stress verwandelt sich in aktive Einflussnahme auf die Situation, innere Aggression verwandelt sich in unsere Krankheiten, die Krankheiten und den Tod unserer Kinder."

„Das heißt, man muss erneut geboren werden, um davon loszukommen?"

„Das schlage ich auch vor. Überdenkt euer ganzes Leben, durchlebt alle Situationen erneut. Erwartet keine schnellen Änderungen. Wenn ihr durch Gebete die Seele des Kindes reinigt, schaltet das Bewusstsein ab. Das Bewusstsein bindet uns an die Erde und ruft Aggression hervor. Seine erste Funktion besteht darin, die Situation zu bewerten, zu vergleichen und zu kritisieren. Eine Zeitlang solltet ihr es unterlassen, Situationen zu kritisieren, zu analysieren und an die Vergangenheit zu denken. Wenn ihr spürt, dass das noch nicht ausreicht, wendet Techniken zur Abschaltung des Bewusstseins an: Fasten, Hungern, Beten, Stillsitzen im Dunkeln und vollkommene Entspannung. Auch Atemkontrolle und Atmen in bestimmtem Rhythmus sind hilfreich. Nur durch Beten und Reue könnt ihr euer Schicksal und das Schicksal eures Kindes ändern."

Ein Patient bat mich bei folgender Situation um Rat.

„Ich bin Anwalt, war in meiner Tätigkeit sehr erfolgreich, wobei ich genau weiß, dass sich mein professionelles Niveau nicht verschlechtert hat. Außerdem bin ich vollkommen davon überzeugt, dass meine Erfahrungen und mein Wissen zugenommen haben. Doch ein Fall nach dem anderen geht verloren, und ich kann daran nichts ändern."

„Sie werden es vielleicht als komisch empfinden, wenn ich die Ursache Ihrer Probleme nenne. Ich will es anhand von Beispielen verdeutlichen. Stellen Sie sich zwei Gerichtsprozesse vor. Bei dem einen hält der Anwalt eine glänzende Rede, die eindringlich, formvollendet und überzeugend ist. Alle sind von der Verteidigung begeistert, doch der Angeklagte erhält aus irgendeinem Grund die Höchststrafe. Beim zweiten Prozess strengt sich der Anwalt offenbar nicht sonderlich an, und der Angeklagte wird freigesprochen. Und warum? Deshalb, weil im ersten Fall der Anwalt versucht hat, die Verteidigung ganz allein auf seine Person zu lenken – er ist es, der beweist, dass der Angeklagte unschuldig ist, und nur er allein. Und im zweiten Fall erklärt der Anwalt: ‚Auf mich kommt es hier nicht an. Dieser Mensch muss nicht verteidigt werden, denn er ist unschuldig, ist das denn nicht klar?' Die Verteidigung ergibt sich gewissermaßen von selbst, ohne sichtbare Bemühungen des Anwalts.

Um die Situation zu steuern, muss man nicht innerhalb, sondern außerhalb von ihr sein. Je weniger spürbar Ihre Einwirkung auf die Situation ist, desto besser kontrollieren Sie sie. Stellen Sie sich zwei Leiter vor. Der eine lässt einen Untergebenen kommen und sagt: ,Du bist ein Faulenzer, kannst nicht richtig arbeiten und störst nur. Ich entlasse dich.' Der Untergebene beginnt darauf, ihn zu hassen oder auf Rache zu sinnen, und der Leiter bekommt Probleme. Der zweite Leiter hingegen sagt: ,Ich verstehe ja, dass du dich anstrengst, doch dir gelingt nichts. Ich würde dich ja gern behalten, aber ich kann es nicht. Das Kollektiv ist dagegen, die ganze Situation spricht dagegen, auch dein Verhalten spricht dagegen.' Wenn sich der Untergebene in diesem Fall gekränkt fühlt, dann durch das ganze Kollektiv oder die ganze Umwelt, und er bekommt reichlich Probleme, jedoch nicht der Leiter. Um es in der Sprache des Karmas auszudrücken: Bei dem ersten Anwalt und Leiter liegen übermäßige Selbstsucht und Orientierung auf das Image vor, beide stehen unter dem Zwang, persönlich etwas zu beweisen oder zu ändern. Das heißt, sie sehen in anderen Menschen immer mehr persönliche Schuld, und so kommt bei ihnen immer mehr Aggression gegen andere Menschen auf.

Bei Ihnen wird die Orientierung auf Selbstsucht und Image durch die beruflichen Misserfolge blockiert. Wenn das nicht mehr ausreicht, werden Sie auch noch physisch beeinträchtigt. Für die akute Verschlechterung der Situation gibt es eine einfache Erklärung: Sie haben Ihre falsche Weltsicht an die Kinder weitergegeben, deshalb können Sie keine Enkel haben. Da sich für diese die Situation auf der feinen Ebene verschlechterte, werden Sie als Quelle ihrer Unannehmlichkeiten gereinigt. Alles, was Sie in der Kindheit gesät haben, geht jetzt auf. Kehren Sie in die Jugend zurück, durchleben Sie Ihr Leben mit der richtigen Einstellung erneut und ändern Sie Ihre Haltung zu den Menschen, dann verschwinden die Probleme."

SELBSTSUCHT UND STOLZ

Selbstsucht und Stolz, das ist scheinbar ein und dasselbe. Früher konnte ich keinen Unterschied feststellen, doch nun habe ich ihn erkannt.

Krieger sind drei Tage durch die Wüste marschiert, dann kommen sie zu einer Wasserquelle. Manche stürzen gierig darauf zu und trinken, wobei sie alles andere vergessen, während die anderen sich beim Trinken ruhig und würdig verhalten. Sie werden im Kampf die Sieger sein. Für sie haben geistige Prinzipien den Vorrang vor körperlichen Bedürfnissen. Der Krieger siegt im Kampf durch Geisteskraft, nicht durch Körperkraft. Solche Menschen sind für mich stolz. Stolz besteht darin, sich nicht einer Situation unterzuordnen, in der verlangt wird, die Interessen des Körpers über die Interessen des Geistes zu stellen, d.h. nicht das Umfeld darf mich beherrschen, sondern ich muss mir das Umfeld entsprechend meinen geistigen Prinzipien unterordnen. Der Mensch besteht aus zwei entgegengesetzten Wesen. Seine physische Hülle strebt zum Irdischen, sie muss sich der Umwelt widersetzen und sich die Umwelt unterordnen. Unsere innere Geisteshülle strebt zum Universum und zu Gott. Und sie muss in allen irdischen Erscheinungen das Göttliche sehen. Wenn die Situation äußerlich abgelehnt wird, wird die Entwicklung vorangetrieben, wird sie innerlich abgelehnt, führt das zu Degradation. Das menschliche Denken war immer ein dialektischer Prozess, doch das Ausmaß der Widersprüche war zu jeder Zeit verschieden. Der Mensch lehnte entweder die Situation auf allen Ebenen ab oder er erklärte sich bereit, jede Situation zu akzeptieren. Auf welche Weise kam das dialektische Denken zustande? Von Kindheit an wurden dem Menschen Wahrheiten eingehämmert, die auf seine Geistesstrukturen ausgerichtet waren. Du sollst Gott lieben, alles Irdische ist Sünde! Wenn man dir auf die eine Wange schlägt, halte auch die andere hin! Die Erziehung des Menschen begann mit der Belehrung, dass jede Situation als gottgegeben hinzunehmen ist. Der Mensch wuchs heran und verstand, dass es bei einer solchen Auffassung unmöglich ist, etwas zu schaffen und zu erreichen. Und er begann, die Situation nicht mehr zu akzeptieren und sich ihr nicht mehr unterzuordnen. Es entstand eine etwas seltsame Lage: Die Religion appellierte, gehorsam und demütig zu sein, wie von Kindheit an eingeschärft wurde, die Menschen handelten aber anders, und alle waren gewissermaßen zufrieden. Damit entstand die Grundlage der dialektischen Weltauffassung. Während der Mensch in seinen feinen Geistesstrukturen weiterhin darauf beharrt, die Situation zu akzeptieren, wird er äußerlich von den Lebenserfahrungen veranlasst, das Gegenteil zu tun. Wenn es auch kein Modell dialektischen Denkens gab, so war die Situation selbst doch dialektisch. So auch in der Bibel – Informationen, die nicht allgemein verständlich vermittelt werden konnten, wurden durch Situationen, in denen Verhaltenselemente zusammenwirkten, gegeben. Das beste Beispiel hierfür ist die Kreuzigung von Jesus Christus. Zur damaligen Zeit war es nicht möglich, die Information, dass das Göttliche absolut zu akzeptieren ist, in Geboten oder Gleichnissen auszudrücken. Das Leben und die Ereignisse sind an sich dialektisch, doch um ein Denken zu begründen, das die Dialektik in sich aufnimmt, muss man sich über die Ereignisse erheben und sie miteinander vereinen. Und das ist nur möglich, wenn man sie innerlich vollkommen akzeptiert. Das ist die Denkweise, die innere Demut genannt wird.

Somit ist Demut die höchste Technik zur Entwicklung des Geistes. Philosophie ist eine Wissenschaft, die alle Erscheinungen der sichtbaren Welt verallgemeinert. Dafür ist es erforderlich, dass jede Erscheinung als Teil des einheitlichen Ganzen vollkommen akzeptiert wird, und das ist nur möglich, wenn das einheitliche Ganze wahrgenommen und zu ihm gestrebt wird. Das ist Glaube an Gott. Der Philosophie liegt die Religion zugrunde. Die Philosophie hat eine Weltkonzeption vermittelt und eine Reihe von Mitteln, Methoden und Verfahren hervorgebracht, die zur Wissenschaft wurden. Daher sind alle wesentlichen intellektuellen Errungenschaften der Menschheit aus dem Streben zu dem Großen, Unteilbaren und Unbekannten hervorgegangen, das uns, unsere Körper und Seelen geschaffen hat. Jetzt reift die Zeit heran, in der die dialektischen Situationen vom dialektischen Denken gekrönt werden müssen, d.h. die Quelle der Entwicklung muss nach innen verlegt werden. Wenn ich vom Leben zur Entwicklung gedrängt werde, ist das die dialektische Situation. Wenn ich aufgrund von Erkenntnis selbst vorwärts schreite, ist das dialektisches Denken.

Religion hat dem Menschen von Kindheit an das Gefühl gegeben, durch Demut Kontakt zu Gott zu haben. Der Glaube und die Unfehlbarkeit geistlicher Postulate waren hier ausschlaggebend. Der Glaube ist, unter Umgehung des Bewusstseins, an die Seele des Menschen gerichtet. Doch gerade das Bewusstsein der Menschheit hat sich in den letzten Jahrhunderten so sehr entwickelt, dass es heute unmöglich ist, den Menschen ohne eine Orientierung auf das Bewusstsein zu erziehen. Das heißt, es wird immer weniger möglich, das Kind mit Hilfe der Religion zur Demut zu erziehen. Hieraus folgt, dass in verstärktem Maße die Situation äußerlich und innerlich nicht akzeptiert wird, der Kontakt zum Universum stark abnimmt und die Menschheit lebensunfähig wird. Das einzige Mittel, das Kind von klein auf an Demut heranzuführen, besteht darin, sich nicht nur an seine Seele, sondern auch an den Verstand zu wenden. Das bedeutet, dass Religion eine Wissenschaft werden muss. Ohne diese Vereinigung und Schaffung einer dialektischen Denkweise hat die Menschheit keine Zukunft. Damit dieses Denken aufkommt, muss bei allen Menschen das beseitigt werden, was sie daran hindert, demütig zu sein und die Welt, wie sie ist, zu akzeptieren und zu begreifen. Dabei handelt es sich darum, dass das Geschehen nicht akzeptiert, sondern darauf mit Hass, Kränkungen, Bedauern, Verachtung und Verurteilung reagiert wird. Gegenwärtig sind wir alle geistig krank, unabhängig davon, ob wir auch physisch krank sind. Deshalb muss jeder von uns an seiner geistigen Bagage und seiner Weltauffassung arbeiten. Indem wir unsere Weltauffassung ändern, ändern wir unsere Weltsicht, und es ist die Weltsicht, die unser Schicksal und unser Karma grundlegend ändert.

Nun zu Selbstsucht und Stolz. Die Unkenntnis der Regeln geistigen Verhaltens ruft immer mehr Probleme auf physischer Ebene hervor. Neulich war ich mit meiner Familie in einem Ferienzentrum. Ich war schon früh auf den Beinen, um für Einlasskarten in die Sauna anzustehen. Da hörte ich, wie eine Frau an der Rezeption darum bat, in der Stadt anrufen zu dürfen. Ich hörte nur Wortfetzen: „...völliger Wasserentzug... kann kein Wasser trinken... ihm ist übel... habe alles versucht... sowohl Mangan- als auch Kohletabletten... eine sehr starke Vergiftung... kein Arzt zu erreichen... was soll ich tun, hilf mir", bat sie jemand telefonisch um Rat. Die Frau legte den Hörer auf und ging weg. Ich bot ihr meine Hilfe an, die Frau war einverstanden und wir gingen zu ihr aufs Zimmer. Ich betrachtete den Jungen.

„Ihr Sohn hat sich nicht vergiftet. Durchfall und Erbrechen sind nur äußere Anzeichen. Die Ursache liegt woanders. Ein mächtiges Aggressionsprogramm ist gegen den Vater gerichtet. Der Junge ist jetzt vierzehn Jahre, und seine gegenwärtige Weltauffassung wird sehr stark sein weiteres Leben bestimmen. Gerade jetzt müssen alle gefährlichen Programme, die die Seele und danach auch den Körper deformieren können, aufgehalten werden. Es schaltet sich ein Blockierungsmechanismus in Form einer Krankheit oder zeitweiliger Funktionsstörung ein, in diesem Fall der Gallenblase und der Bauchspeicheldrüse. Die Aggression gegen den Vater stammt von Ihnen. Eine Frau, die sich gekränkt fühlt und den Mann verurteilt, programmiert die Kinder auf Verurteilung. Die Kinder erhalten ein gegen den Vater gerichtetes Vernichtungsprogramm, das aber noch vielfach verstärkt ist. Ihre Seele ist auf irdische Werte orientiert, und eine an die Erde gebundene Seele kann durch Tod, Krankheit oder ungerechtfertigte Kränkungen von nahe stehenden Menschen gereinigt werden. Ihnen wurde die schonendste Variante gegeben, doch

Sie sind sehr selbstsüchtig, d.h. Sie können sich mit der traumatisierenden Situation nicht abfinden, und anstatt die Reinigung zu akzeptieren, haben Sie eine Aggression entwickelt, die sich noch verstärkt hat und an den Sohn weitergegeben wurde."

Ich erklärte ihr, wie man beten und die Aggression beseitigen muss.

Ihre Antwort überraschte mich:

„Ich hätte niemals vermutet, dass Selbstsucht etwas Schlechtes ist."

Einige Stunden später ging ich erneut zu ihnen aufs Zimmer. Die Frau sagte, der Sohn habe nach unserem Gespräch wieder Wasser trinken können und auch nicht mehr erbrochen. Er habe sich beruhigt und bis Mittag geschlafen. Am nächsten Morgen kam die Frau von selbst zu mir und fragte, was sie weiter tun solle – den Sohn in die Stadt bringen oder nicht. Der Junge wies keine Krankheitssymptome mehr auf. Ich sagte, dass er nicht nur äußerlich, sondern auch innerlich gesund sei, somit kein Grund zur Sorge bestehe.

Ich sprach mit einer Frau, die eine sehr komplizierte Krankheit hatte.

„Ihre Probleme hängen damit zusammen, dass Sie Ihre körperliche Hülle über die geistige gestellt haben. Wenn ein einfacher Mensch eifersüchtig ist, ist die Folge eine Krankheit. Ein stolzer Mensch hingegen wünscht, wenn er eifersüchtig ist, dem Objekt seiner Eifersucht offen den Tod, und er stirbt selbst. Ein Mann, der Sie auf Händen trägt, kommt für Sie nicht in Frage, weil Ihre Seele durch Selbstsucht und Orientierung auf die Familie verunreinigt ist. Sie und Ihre Kinder kann nur ein Mann retten, der Ihre Selbstsucht erniedrigt, Sie kränkt und die stabilen Familienbande zerstört. Doch Sie wollen das nicht akzeptieren, deshalb haben Sie Ihre Selbstsucht noch verstärkt und das alles an die Kinder und Enkel weitergegeben."

„Aber wie kann ich denn akzeptieren", antwortete sie gequält,

„dass er mich demütigt und verhöhnt? Soll ich da noch dankbar sein und mich damit abfinden?"

„Er hat damit nichts zu tun. Sie müssen Gott danken, nicht dem Menschen, das wäre Masochismus. Äußerlich können Sie handeln, wie Sie es wollen, und wenn Sie ihm einen Teller an den Kopf werfen, denn äußerlich haben Sie mit dem Menschen Umgang, innerlich aber mit Gott. Hier darf nur Liebe und Dankbarkeit herrschen. Da der Mensch jedoch nicht spürt, wie bewusste Aggression ins Unterbewusstsein übergeht, ist es vor allem anfangs besser, keine äußere Aggression zu bekunden, d.h. alles als gottgegeben vollkommen zu akzeptieren."

„Das heißt, er kann mich demütigen und beleidigen, ich aber soll mich freuen? Das ist grotesk und ungerecht!"

„Kann man sich denn zu einer Krebszelle human verhalten? Wir können nicht sehen, was mit unserer Seele geschieht. Diese Fähigkeit besaßen nur die Heiligen. Stellen Sie sich vor, ein Mensch ist am Ertrinken, jemand packt ihn bei den Haaren und zieht ihn aus dem Wasser. Vor Schreck klammert er sich an den Retter und behindert ihn. Wenn er jedoch versteht, dass er dadurch gerettet wird, dann gibt er den Widerstand auf. Im Christentum wird das Demut genannt. Jetzt ist die Zeit gekommen, in der sogar Demut zu wenig ist. Man muss nicht nur den Schmerz akzeptieren, sondern sich freuen, dass er die Seele und natürlich auch den Körper rettet. Innerlich soll man nicht nur den Schmerz demütig akzeptieren, sondern damit auch helfen, den Körper zu retten. Unser Retter ist Gott, wir helfen ihm bei der Reinigung unserer Seelen, wenn wir im Gebet von vornherein alle Erniedrigungen und Unannehmlichkeiten für unseren Körper akzeptieren, über die auch unsere Seele gereinigt wird. Je mehr Leiden die Seele übernimmt, umso weniger bleiben für den Körper übrig."

„Soll man etwa ohne Emotionen leben? Kann man das dann noch Leben nennen?"

„Nein, man muss mit Emotionen leben. Nur innerlich für die glück- und freudenstrahlende Liebe, äußerlich entsprechend der

Situation. Wenn Sie äußerlich verzagt und traurig sind, dann muss bei Ihnen innerlich Freude und Liebe herrschen. Alles Irdische unterliegt der Zerstörung, das Geistige aber nicht. Es tut uns weh, wenn der Körper zerstört wird. Da unsere Körper der Erde gehören, werden wir erkranken, uns quälen und sterben. Es gibt jedoch Qualen, und es gibt Leiden. Wenn wir verstehen können, dass alles Irdische der Zerstörung unterliegt, dann sind wir imstande, uns nicht tödlich an die Erde zu binden und den Schwerpunkt nicht auf das Irdische, sondern auf die Liebe zu Gott zu legen. Die alten Römer hatten einen Brauch: Auf dem Höhepunkt des Festmahls und Vergnügens ertönte Trommelschlag, dann wurde auf einer Tragbahre eine halbverweste Mumie in den Saal gebracht. Einige Minuten lang schauten alle sie schweigend an, dann wurde die Mumie wieder herausgetragen, und das Fest ging weiter. Die Alten verstanden und wussten, wie man sich vergnügt, doch sie sahen und wussten auch, was mit einem Menschen geschieht, der vergessen hat, dass man den Schwerpunkt nicht auf das Irdische setzen darf."

Wir unterhielten uns weiter. Ich sah, dass die Frau ein Problem quälte. Sie erzählte:

„Ich bin nicht verheiratet. Aber ich habe einen Geliebten, der verheiratet ist, deshalb möchte ich mich nicht mehr mit ihm treffen. Doch er ruft an und drängt darauf, dass wir uns treffen. Ich verstehe, dass ich eine Sünde begehe, wenn ich mich mit ihm treffe, und meine Probleme hängen offensichtlich wesentlich damit zusammen."

„Ja, sie hängen damit zusammen, doch Ihre Sünde besteht darin, dass Sie Ihre Liebe unterdrücken und sich von dem Menschen, den Sie lieben, abwenden wollen. Innerlich denken Sie weniger an die Sünde, sondern an Ihre Ambitionen, Ihre Selbstsucht und den Wunsch, stabile Beziehungen zu haben. Einer Frau, die von Beziehungen und Selbstsucht abhängig ist, wird die Liebe zu einem verheirateten Mann gegeben, weil gerade diese Situation die Selbstsucht und die Anbetung der Familie vernichtet und positiv ihre Seele beeinflusst. Das Fundament der Liebe ist im Himmel, das Fundament der Ambitionen – auf der Erde. Und wenn das Irdische versucht, das Göttliche zu unterdrücken, dann muss der Mensch dafür bezahlen. Die Liebe steht über Anstandsregeln, Familie, materiellen Gütern, Untreue und allem anderen. Eine Frau sagte mir, dass sie keine Liebe empfindet, weil sie betrogen wurde. Ich antwortete, dass das kaum Liebe gewesen sein kann, denn Untreue reinigt die Liebe und tötet sie nicht. Wahre Liebe hängt von nichts Irdischem ab, deshalb kann die Zerstörung von Irdischem sie nicht töten. Verrat ist die Zerstörung von Beziehungen, der wahren Liebe kann er nichts anhaben.

Der Mensch lebt, indem er Gott und anderen Menschen gegenüber seine Pflicht erfüllt. Doch wenn die Pflicht Gott gegenüber in Widerspruch zur Pflicht den Menschen gegenüber gerät, muss der Mensch, wenn er eine gesunde Seele, gesunde Kinder und Nachkommen haben will, kurz entschlossen der Pflicht Gott gegenüber den Vorrang geben. Das Verlangen, die Pflicht gegenüber den Menschen an erste Stelle zu setzen, schlägt schnell ins Gegenteil um.

So wurden unter dem Sozialismus, um die Arbeiterklasse zu retten, diejenigen getötet, die dieser Klasse nicht angehörten. Und um die Gerechtigkeit wiederherzustellen, führte dann diese Idee, die einen zu töten, um die anderen leben zu lassen, zur Ermordung sowohl der einen als auch der anderen. Wenn man versucht, das Glück auf der Grundlage des Irdischen zu errichten, d.h. auf der Grundlage von Klassen-, Rassen-, Kasten-, Besitz- und anderen Interessen, endet das mit dem beschleunigten Verfall des Irdischen. Je stärker sich die Zelle auf sich selbst konzentriert, umso schneller geht sie zugrunde. Liebe ist ein Gefühl, das nicht zulässt, dass wir uns ans Irdische binden, und nur ein Mensch, der sich im Namen der Liebe über Rassen-, Klassen-, Eigentums-, physische und andere Schranken erhebt, kann das wahre Glück erlangen."

In meiner Sprechstunde ist eine Frau mit ihrem zwölfjährigen Sohn. Sie bittet den Jungen, das Zimmer zu verlassen, und erklärt mit verschwörerischer Stimme:

„Wissen Sie, mein Sohn ist grausam, er hegt starke Aggression gegen die Menschen. Und wenn er böse ist, dann schreit er die ganze Zeit, dass er des Teufels Sohn ist, und mit seiner Seele geschehen überhaupt seltsame Dinge."

Ich betrachte aufmerksam die Frau und stelle die Frage:

„Was denken Sie, warum geschieht das, womit hängt das zusammen?"

Sie zuckt die Achseln.

„Nun, da sind irgendwelche dunklen Kräfte am Werk, darüber wird gegenwärtig viel geschrieben."

„Was kann es noch sein?", lächle ich sie an. Sie lächelt zurück, und plötzlich erstirbt das Lächeln auf ihrem Gesicht.

„Bin etwa ich der Grund?"

„Nicht Sie, aber Ihre falsche Haltung zu den Ereignissen. Sie haben allzu große Selbstsucht und das Verlangen, Ihre Fähigkeiten, seelischen Eigenschaften und die Weisheit über Gott zu stellen. Das manifestierte sich bei Frauen ihrer Sippe über zehn Generationen. Alle Frauen Ihrer Sippe hielten sich für besser, talentierter und anständiger als ihre Männer. Ihre Verachtung und Ihr Hochmut gegenüber Ihrem Mann haben sich bei den Kindern in Hochmut gegenüber dem Vater verwandelt. Das ruft große Selbstsucht hervor, wobei hier die Orientierung auf Weisheit und Verachtung von Dummheit besonders gefährlich ist. Sie ist etwas Diabolisches. Der Teufel ist der Engel, der sich für klüger als Gott hielt. Um Ihre Seele und die Seele Ihres Sohnes zu reinigen, musste Ihr Mann Sie in Ihrer Selbstsucht, Weisheit und Ihren seelischen Eigenschaften demütigen, d.h. Sie eine dumme Gans nennen, sich zu Ihnen unanständig verhalten und Sie in törichte Situationen bringen."

Die Frau blickt mich an und sagt langsam:

„Aber das war schwer zu akzeptieren."

„Natürlich ist es wesentlich leichter, krank zu werden, zu sterben und unvollkommene Kinder zu gebären. Das Schicksal Ihres Sohnes hängt gegenwärtig davon ab, wie Sie Ihre Haltung zur Vergangenheit, Gegenwart und Zukunft ändern. Und noch ein wichtiger Aspekt. Ein stolzer Mensch ist immer leicht gekränkt und verärgert. Versuchen Sie, jede Situation, die Sie demütigt, zur Reinigung zu nutzen. Ich lehre Sie eine Methode, die sehr gut hilft. Wenn Sie unsanft geschubst wurden – bitten Sie in Gedanken um Verzeihung. Das scheint etwas ungewöhnlich, erklärt sich tatsächlich aber sehr einfach. Äußere Aggression gegen Sie wird immer durch Ihre innere Aggression erzeugt. Und je geringer die Aggression ist, mit der Sie darauf reagieren, umso schneller wird Ihre unterbewusste Aggression abgebaut. Sie bitten in Gedanken um Vergebung für die unterbewusste, innere Aggression, die die äußere Aggression verursacht hat, und dafür, dass Sie durch Ihre innere Aggression die äußere Aggression provoziert haben."

Eine Frau mit etwas ungewöhnlichen Problemen kommt in meine Sprechstunde.

„Mit meiner Gesundheit ist alles in Ordnung, nur irgendwie geht alles schief. Und in letzter Zeit möchte ich am liebsten alles hinschmeißen und ins Kloster gehen."

Ich betrachte das Feld auf der feinen Karmaebene und sehe ein Selbstvernichtungsprogramm von einer Stärke, die das tödliche Niveau dreifach übersteigt. Seltsam, da spricht ein Mensch von Misserfolgen, dabei ist er ein Todeskandidat.

Ich betrachte die dichteren Feldstrukturen, die mit dem Körper verbunden sind. Der Körper ist von einem Schutzkokon umgeben und gewissermaßen mit dem Zeichen des Göttlichen versiegelt. Ich betrachte die Ursachen dieser Absicherung – es sind die Seelen der künftigen Kinder, die sich in ihrem Feld befinden. Ihre Ethik und Güte gestatten es, diesen Schutz zu gewähren. Ich betrachte, woran ihre Seele auf der Erde gebunden ist – es sind der geliebte Mensch, Selbstsucht, Weisheit, Stellung in der Gesellschaft, ein glückliches Schicksal.

Im früheren Leben lebte sie im Südwesten der USA. Im Prinzip hätte die Frau bereits vor langem sterben müssen, sie ist allzu stark ans Irdische im früheren Leben gebunden gewesen. Doch der Tod ist nicht genug, um ihre Seele zu reinigen, und ihre Kinder werden dann im nächsten Leben nicht geboren. Das heißt, sie muss einerseits vor dem Tod bewahrt werden und andererseits häufige Misserfolge und Unannehmlichkeiten erleiden. Das Irdische, das sie mehr als Gott zu lieben begann, muss für sie „unappetitlich" werden. Da sie ein gütiger und ethischer Mensch ist, kann sie durch Unannehmlichkeiten und Unglück ausreichend gereinigt werden, ohne dass zu stärkeren Einwirkungen geschritten werden muss. Die Kinder wollen in diesem oder im nächsten Leben zur Welt kommen, deshalb muss die Seele der Mutter ausreichend rein sein. Kränkungen, Zwist und Unannehmlichkeiten sind in diesem Fall für die Reinigung das ideale Mittel.

Neulich war in meiner Sprechstunde eine Frau, die auf den geliebten Menschen und die Familie orientiert und dementsprechend eifersüchtig war. Das gegen ihren Mann gerichtete Vernichtungsprogramm hatte die rote Marke überschritten. Da der Mann ein sehr harmonischer Mensch war, musste diese ganze Aggression zu ihr zurückkehren und sie töten. Es drohte Brustkrebs oder Gebärmutterkrebs. Da sie jedoch ein ethischer und gütiger Mensch war, erfolgte von oben eine Absicherung, und das Programm wurde gestoppt und rückgängig gemacht. Doch eine Absicherung ist nicht für ewig, sie ist nur ein Aufschub in der Erwartung, dass sich der Mensch auf den richtigen Weg begeben wird. Bei der Frau begann dieser Schutz nachzulassen, es kam zu endokrinen Störungen. Ich begann ihr zu erklären, dass falsche Haltung zu Kränkungen, Zwist und Unannehmlichkeiten sowie die fehlende Einsicht, dass alles Irdische nur Mittel und niemals Ziel sein kann, ihr sehr ernste Probleme bereiten können.

Das Gefühl der Liebe zu einem Menschen ist wichtiger als dieser Mensch selbst. Der Mensch ist nicht das Ziel, sondern Mittel, wenn es um Liebe geht. Wenn wir den anderen Menschen lieben, dann lieben wir vor allem das, was er real ist – eine Geistes- und Feldstruktur. Und seine physische Struktur, die wir gewöhnlich Mensch nennen, lieben wir ebenso wie die Kleidung des geliebten Menschen, die uns an ihn erinnert. Wenn wir die Seele des Menschen, sein wirkliches Wesen, das Teil des Göttlichen ist, nicht sehen, kann bei uns die Versuchung aufkommen, uns an die physische Hülle zu binden. Wenn ich sage, dass ich Gott mehr als den geliebten Menschen liebe, dann bedeutet das, dass ich das Geistige in diesem Menschen mehr als das Physische liebe. Diese Liebe vergeht und verschwindet nicht, wenn der geliebte Mensch Arme oder Beine verliert, sein Gesicht entstellt wird, er viele Jahre ans Bett gefesselt ist oder stirbt. Diese Liebe erlischt nicht, wenn die Seele des Menschen zerbricht und er ein geistiges Wrack wird, denn sie ist nicht vom Irdischen abhängig. Und diese Liebe führt uns zu Gott.

Ein junger Mann befand sich an der Schwelle des Todes, weil er sich von dem Mädchen, das er liebte, getrennt hatte und versuchte, zu einem anderen Mädchen Beziehungen zu knüpfen.

„Die Zweite habe ich mehr geliebt, die Erste hatte einen widerwärtigen Charakter, sie ging mir einfach auf die Nerven."

„Du redest dir ein, sie zu lieben, und handelst wie ein Mädchen, das sich vormacht, jemand zu lieben, obwohl sie ihn nur deshalb heiratet, weil er reich ist. Deine Gefühle für dieses Mädchen sind eigennützig und keine Liebe."

„Das ist nicht so", antwortete er mir. „Wenn es um sie geht, so interessieren mich weder Geld noch alle materiellen Werte."

„Es gibt immaterielle Werte, die ebenfalls irdisch sind. Sage mir, wodurch unterscheidet sie sich von der Ersten?"

„Die Erste hat mich überhaupt nicht verstanden und mir nur die Stimmung verdorben, während die Zweite mich versteht. Und die Zweite ist übrigens auch klüger."

„Verstand ist ebenfalls Kapital und wichtiger als Geld. Du liebst die Zweite wegen desselben geldwerten Reichtums, auch wenn du nicht das Geld siehst. Du bist fast schon tödlich auf Weisheit und Selbstsucht orientiert. Deshalb wurde dir ein geliebter Mensch gegeben, der dich in deiner Weisheit demütigen

muss, sich töricht verhält und dich nicht versteht. Du hast einer
leichteren und gemäßigten Verschmutzung der Seele den Vor-
zug vor einer quälenden Reinigung gegeben, daher haben sich
deine Überlebenschancen verringert."

„Es ist so", erkläre ich meiner heutigen Patientin. „Alles Irdische muss periodisch ‚unappetitlich' werden, damit wir uns an
Gott erinnern. In der Regel erinnern wir uns an Gott entweder
vor dem Tod oder wenn ein Unglück nach dem anderen passiert.
Um weiterzuleben, beseitigen Sie die gegen die Menschen und
sich gerichteten Vorwürfe und vor allem den Lebensüberdruss."

„Soll ich denn ins Kloster gehen?", fragt sie.

„Das Kloster ist für Sie ein allzu leichter Weg. Natürlich werden dort glückliches Schicksal, Weisheit und Selbstsucht wesentlich eingeschränkt und Ihre Seele wird gereinigt. Wenn man
nicht mehr die Kraft hat, sich über das Irdische zu erheben, dann
muss man sich von ihm trennen. Da jedoch Ihr Geistespotential
ausreichend hoch ist, können Sie dasselbe tun, ohne ein Gelüb-
de abzulegen. Doch dazu muss die Seele von dem Unreinen gereinigt werden, das Sie angesammelt haben, als Sie die Reinigung in Form von Erniedrigung, Zwist und Schicksalsschlägen
nicht akzeptierten."

Die Frau denkt nach.

„Ich hatte eine große Liebe, die mein ganzes Leben verändert
hat. Ich habe die Arbeitsstelle gewechselt und arbeite jetzt in
einer großen Firma. Ich habe den Beruf gewechselt, wurde praktisch ein anderer Mensch, und das alles aus Liebe. Alles, was ich
tue, alle meine Bemühungen sind der Versuch, dem geliebten
Menschen gleichzukommen und sein Niveau zu erreichen. Doch
ich werde ständig von Misserfolgen verfolgt. Sagen Sie, woran
liegt das?"

„Wenn Sie nach Erfolg und Weiterkommen im eigenen Interesse streben, könnten Sie umkommen, denn Sie würden sich noch
stärker ans Irdische binden. Wenn Sie das für andere tun, ist das
eine gute Blockierung. Ebenso verhält es sich, wenn für Sie Geld

zum Ziel wird. Wenn Sie das Geld für Ihr persönliches Glück brauchen, verlieren Sie es, wenn Sie es aber als Mittel brauchen, um anderen zu helfen, können Sie es in jeder Menge besitzen. Für Sie sind Erfolge ein irdisches Ziel, deshalb misslingen Ihre Bemühungen. Ihre Seele, die noch immer dem früheren Leben verfallen ist, ist auf ein glückliches Schicksal, Weisheit und Image orientiert. Und anstatt jetzt die Situation zu akzeptieren und sich zu reinigen, wollen Sie nicht mehr leben, d.h. Sie geraten in Verzweiflung. Danken Sie Gott für diese Unannehmlichkeiten, sie sind eine hervorragende, wenn auch bittere Medizin."

Die Aura der Frau beginnt, in goldenen und silbergrünen Farbtönen zu schillern. Es ist möglich, dass wir bei der nächsten Sitzung in einem Monat bereits einen Erfolg verzeichnen können.

Die Fortsetzung dieses Buches erfolgt als **Karma-Diagnostik, Band 4**, mit dem Untertitel „Das reine Karma II", ISBN 978-3-9809005-3-9 (alte ISBN 3-9809005-3-3).

Demnächst erscheint **Karma-Diagnostik, Band 6** mit dem Untertitel „Kontakt mit der Zukunft", ISBN 978-3-9809005-5-3.

Informationen über alle weiteren Bände der Reihe „Karma-Diagnostik" finden Sie auf der nächste Seite oder unter: www. lazarew.com

Jeder folgende Band ist ein neuer Schritt in Lazarevs Forschungen mit neuen Informationen und Ergebnissen seiner Arbeit, welche vielfach überprüft und bestätigt wurden.

Bisher erschienen in der Reihe „Karma-Diagnostik" folgende Bücher von S. N. Lazarev in deutscher Sprache (seit dem 01.01.2007 gilt eine neue 13-stellige ISBN- Nummerierung):

Karma-Diagnostik, Band 1 „System der Feldselbstregulierung", ISBN 978-3-9809005-0-8 (alte ISBN 3-9809005-0-9).

Karma-Diagnostik, Band 2 „Antworten auf Fragen", ISBN 978-3-9809005-1-5 (alte ISBN 3-9809005-1-7).

Karma-Diagnostik, Band 3 „Das reine Karma I", ISBN 978-3-9809005-2-2 (alte ISBN 3-9809005-2-5).

Karma-Diagnostik, Band 4 „Das reine Karma II", ISBN 978-3-9809005-3-9 (alte ISBN 3-9809005-3-3).

Karma-Diagnostik, Band 5 „Liebe", ISBN 978-3-9809005-4-6 (alte ISBN 3-9809005-4-1).

Demnächst erscheint **Karma-Diagnostik, Band 6** mit dem Untertitel „Kontakt mit der Zukunft", ISBN 978-3-9809005-5-3.

Die Informationen über die weiteren Bände der Reihe „Karma-Diagnostik" unter: www.lazarew.com